思想道德修养与法律基础练习册

主　编　张　平
副主编　陈　宁　赵伯祥

北京理工大学出版社
BEIJING INSTITUTE OF TECHNOLOGY PRESS

版权专有 侵权必究

图书在版编目（CIP）数据

思想道德修养与法律基础练习册/张平主编. —北京：北京理工大学出版社，2018.3
ISBN 978 – 7 – 5682 – 5403 – 8

Ⅰ.①思⋯　Ⅱ.①张⋯　Ⅲ.①思想修养 – 高等学校 – 习题集②法律 – 中国 – 高等学校 – 习题集　Ⅳ.①G641.6 – 44②D920.4 – 44

中国版本图书馆 CIP 数据核字（2018）第 049572 号

出版发行 / 北京理工大学出版社有限责任公司
社　　址 / 北京市海淀区中关村南大街 5 号
邮　　编 / 100081
电　　话 / （010）68914775（总编室）
　　　　　（010）82562903（教材售后服务热线）
　　　　　（010）68948351（其他图书服务热线）
网　　址 / http：//www.bitpress.com.cn
经　　销 / 全国各地新华书店
印　　刷 / 三河市华骏印务包装有限公司
开　　本 / 787 毫米 × 1092 毫米　1/16
印　　张 / 15.25　　　　　　　　　　　　　　　　责任编辑 / 王俊洁
字　　数 / 359 千字　　　　　　　　　　　　　　　文案编辑 / 王俊洁
版　　次 / 2018 年 3 月第 1 版　2018 年 3 月第 1 次印刷　责任校对 / 周瑞红
定　　价 / 38.50 元　　　　　　　　　　　　　　　责任印制 / 施胜娟

图书出现印装质量问题，请拨打售后服务热线，本社负责调换

前　言

《思想道德修养与法律基础》（以下简称《思修》）是对大学生进行思想道德修养与法制观念教育的必修课程，基于大学生系统学习掌握该课程理论知识和提高实际分析能力的需要，嘉兴学院南湖学院张平等老师编写了《思想道德修养与法律基础练习册》一书。

本书围绕2015年部编教材的知识要求，按章节顺序进行编写。在编写时，加强基础知识的练习，同时配以适量的论述题和材料分析题，帮助学生提高结合实际分析问题的能力。

本书结构清晰，每章均包括单选题、多选题、判断题、辨析题、简答题、论述题和材料分析题七个题型，有助于学生有针对性地进行练习；本书还与教材保持同步，便于学生课前自学、课后复习。

本书主要适用于大一学生，可以作为学生学习《思想道德修养与法律基础》课程时的自学材料。

编写分工为：张平编写绪论、第一章、第二章、第三章、第四章、第五章，陈宁、赵伯祥编写第六章、第七章、第八章。

本书的编写者在编写时参考了有关学者的资料，在此表示感谢。由于时间仓促、水平有限，不足之处还请大家批评指正。

编　者
2017年11月

目 录

绪论　珍惜大学生活　开拓新的境界 …………………………………………（1）
　一、单选题 …………………………………………………………………（1）
　二、多选题 …………………………………………………………………（6）
　三、判断题 …………………………………………………………………（11）
　四、辨析题 …………………………………………………………………（12）
　五、简答题 …………………………………………………………………（12）
　六、论述题 …………………………………………………………………（12）
　七、材料分析题 ……………………………………………………………（12）

第一章　追求远大理想　坚定崇高信念 ……………………………………（14）
　一、单选题 …………………………………………………………………（14）
　二、多选题 …………………………………………………………………（27）
　三、判断题 …………………………………………………………………（37）
　四、辨析题 …………………………………………………………………（39）
　五、简答题 …………………………………………………………………（39）
　六、论述题 …………………………………………………………………（39）
　七、材料分析题 ……………………………………………………………（39）

第二章　弘扬中国精神　共筑精神家园 ……………………………………（41）
　一、单选题 …………………………………………………………………（41）
　二、多选题 …………………………………………………………………（51）
　三、判断题 …………………………………………………………………（59）
　四、辨析题 …………………………………………………………………（61）
　五、简答题 …………………………………………………………………（61）
　六、论述题 …………………………………………………………………（61）
　七、材料分析题 ……………………………………………………………（61）

第三章　领悟人生真谛　创造人生价值 ……………………………………（63）
一、单选题 ……………………………………………………………（63）
二、多选题 ……………………………………………………………（73）
三、判断题 ……………………………………………………………（79）
四、辨析题 ……………………………………………………………（81）
五、简答题 ……………………………………………………………（81）
六、论述题 ……………………………………………………………（81）
七、材料分析题 ………………………………………………………（81）

第四章　注重道德传承　加强道德实践 ……………………………………（83）
一、单选题 ……………………………………………………………（83）
二、多选题 ……………………………………………………………（93）
三、判断题 ……………………………………………………………（102）
四、辨析题 ……………………………………………………………（103）
五、简答题 ……………………………………………………………（104）
六、论述题 ……………………………………………………………（104）
七、材料分析题 ………………………………………………………（104）

第五章　遵守道德规范　锤炼高尚品格 ……………………………………（105）
一、单选题 ……………………………………………………………（105）
二、多选题 ……………………………………………………………（115）
三、判断题 ……………………………………………………………（123）
四、辨析题 ……………………………………………………………（124）
五、简答题 ……………………………………………………………（124）
六、论述题 ……………………………………………………………（124）
七、材料分析题 ………………………………………………………（125）

第六章　学习宪法法律　建设法治体系 ……………………………………（126）
一、单选题 ……………………………………………………………（126）
二、多选题 ……………………………………………………………（145）
三、判断题 ……………………………………………………………（154）
四、辨析题 ……………………………………………………………（157）
五、简答题 ……………………………………………………………（157）
六、论述题 ……………………………………………………………（157）
七、材料分析题 ………………………………………………………（157）

第七章　树立法治观念　尊重法律权威 ……………………………………（168）
一、单选题 ……………………………………………………………（168）
二、多选题 ……………………………………………………………（177）
三、判断题 ……………………………………………………………（182）

四、辨析题 …………………………………………………………（184）
　　五、简答题 …………………………………………………………（184）
　　六、论述题 …………………………………………………………（184）
　　七、材料分析题 ……………………………………………………（184）
第八章　行使法律权利　履行法律义务 ………………………（191）
　　一、单选题 …………………………………………………………（191）
　　二、多选题 …………………………………………………………（208）
　　三、判断题 …………………………………………………………（216）
　　四、辨析题 …………………………………………………………（219）
　　五、简答题 …………………………………………………………（219）
　　六、论述题 …………………………………………………………（219）
　　七、材料分析题 ……………………………………………………（220）
参考答案 ……………………………………………………………（223）

绪 论

珍惜大学生活　开拓新的境界

一、单选题

1. 大学生进入崭新的生活学习环境，面临的首要问题是（　　）。
   A. 尽快化解思想情绪
   B. 尽快结识新同学
   C. 尽快适应大学生活
   D. 尽快进入学习状态
2. 大学生在大学阶段的主要任务是（　　）。
   A. 培养必要的专业技能
   B. 掌握获得知识的本领
   C. 掌握先进的仪器设备
   D. 接触广博的知识
3. 在良师的指导下，同学们可以提高专业能力，尤其是（　　）。
   A. 专业创造能力
   B. 专业适应能力
   C. 专业研究能力
   D. 专业动手能力
4. 大学学习自由支配的时间增多，学生需要强化自身学习的（　　）。
   A. 广泛性
   B. 选择性
   C. 前沿性
   D. 自主性
5. 培养学生思考、分析和解决问题的能力，是大学阶段学习的（　　）。

A. 一般形态

B. 特殊形态

C. 一般特点

D. 重要特点

6. 适应大学新的学习和生活环境，很重要的一点就是要培养和提高自身（　　）。

A. 独立生活的能力

B. 交际交往的能力

C. 解决衣食住行的能力

D. 获取信息的能力

7. 大学阶段，不仅要努力学习，而且要（　　）。

A. 学习生活

B. 学会学习

C. 积累经验

D. 摆脱依赖

8. 自主学习是一种（　　）。

A. 积极的学习

B. 能动的学习

C. 自动的学习

D. 自学的学习

9. 创新学习的基础是（　　）。

A. 认真钻研

B. 基础厚实

C. 奇思异想

D. 求真务实

10. 优良的学业来自优良的学风，优良的学风的基础是（　　）。

A. 勤奋

B. 聪明

C. 灵活

D. 思考

11. "才者，德之资也；德者，才之帅也。"司马光这句话对我们今天的青年确立成才目标仍然具有重要的启示。这句话告诉我们（　　）。

A. 德是人才素质的灵魂

B. 智是人才素质的基本内容

C. 体是人才素质的基础

D. 美是人才素质的综合体现

12. 法律是成文的道德，道德是内心的法律。这句话是要强调（　　）。

A. 法律和道德两种规范调节的领域相同

B. 法律和道德两种规范的实现方式相同

C. 法律和道德两种规范的实施载体相同
D. 法律和道德都具有规范社会行为、维护社会秩序的作用

13. 道德和法律是维护社会秩序的两种基本手段。下列关于二者关系的说法中，正确的是（　　）。
   A. 法律是道德形成的基础，能够为道德规范的制定提供依据
   B. 凡是道德所反对和谴责的行为，必定是法律所制裁的行为
   C. 法律的调节更有广泛性，能够渗透到道德不能调节的领域
   D. 凡是法律所禁止和制裁的行为，通常也是道德所反对和谴责的行为

14. 党的十八大明确提出了培育和践行社会主义核心价值观的根本任务，强调要倡导富强、民主、文明、和谐，倡导自由、平等、公正、法治，倡导爱国、敬业、诚信、友善。其中，自由、平等、公正、法治回答了我们要（　　）。
   A. 建设什么样的国家的问题
   B. 建设什么样的社会的问题
   C. 建设什么样的政府的问题
   D. 建设什么样的公民的问题

15. 爱因斯坦曾说过："大多数人都认为是才智成就了科学家，他们错了，是品格。"下列名言与这段话含义一致的是（　　）。
   A. 道虽迩，不行不至；事虽小，不为不成
   B. 才者，德之资也；德者，才之帅也
   C. 不学礼，无以立
   D. 是非之心，智也

16. 当代社会主义大学的培养目标是（　　）。
   A. 培养德智体美全面发展的人才
   B. 培养德智体美全面发展的社会主义建设者
   C. 培养德智体美全面发展的社会主义建设者和接班人
   D. 培养专业化、创新型的社会主义人才

17. 现代人才综合素质的灵魂是（　　）。
   A. 人才的思想道德素质
   B. 人才的文化素质
   C. 人才的心理素质
   D. 人才的专业素质

18. 民族精神是一个民族赖以生存和发展的精神支撑。中华民族在五千年的发展中所形成的伟大民族精神的核心是（　　）。
   A. 爱国主义
   B. 人道主义
   C. 科学主义
   D. 革命英雄主义

19. 世界政治格局发展的必然趋势是（　　）。

A. "多极化"

B. 单边主义

C. 两极格局形成

D. 一超独霸

20. 在全面发展的教育中，德、智、体、美是缺一不可的，统一存在的，其中处于主导地位的是（　　）。

A. 德育

B. 智育

C. 体育

D. 美育

21. 拉丁文中的"大学生"是指（　　）。

A. 年龄大

B. 学历层次高

C. 学习的知识多

D. 如饥似渴地刻苦学习的人

22. 所谓使命，是指（　　）。

A. 奉命出行

B. 肩负重大的任务和责任

C. 执行任务

D. 行使权力、履行义务

23. 独立生活意识是指（　　）。

A. 自己的事情自己处理，不需要别人管

B. 自己想干什么就干什么

C. 自信、自律、自立、自强

D. 天马行空，独来独往

24. 任何社会都有自己的核心价值体系，社会主义意识形态的核心内容是（　　）。

A. 共产主义

B. 中国特色社会主义

C. 马克思主义

D. 社会主义核心价值体系

25. 思想道德素质和（　　）是人的基本素质。

A. 理论素质

B. 政治素质

C. 心理素质

D. 法律素质

26. （　　）是大学生应具备的各种素质中最基本的素质。

A. 政治素质

B. 法律素质

C. 道德素质

D. 思想素质

27. 中国最早的现代大学是（　　）。

A. 清华大学

B. 北京大学

C. 复旦大学

D. 浙江大学

28. 人才的本质特征是（　　）。

A. 社会性

B. 创造性

C. 进步性

D. 阶级性

29. （　　）是我国立党立国的根本指导思想。

A. 毛泽东思想

B. 邓小平理论

C. 科学发展观

D. 马克思主义

30. "知之为知之，不知为不知"是（　　）优良学风的体现。

A. 勤奋

B. 严谨

C. 求实

D. 创新

31. 大学时期是人生（　　）形成、发展和成熟的一个重要阶段。

A. 道德品质

B. 道德意识

C. 道德境界

D. 道德素质

32. 与（　　）相联系，是进行道德修养的根本途径。

A. 自我教育

B. 自我审度

C. 社会实践

D. 自我约束

33. 一个社会是否和谐，国家能否实现长治久安，很大程度上取决于全体社会成员的（　　）。

A. 科学文化素质

B. 思想道德素质

C. 公民整体素质

D. 技术技能素质

二、多选题

1. 大学生肩负着（　　　）。

   A. 人民的重托

   B. 家庭的重担

   C. 人生的责任

   D. 历史的责任

2. 大学是知识的海洋，关键是大学有（　　　）。

   A. 精良的实验设备

   B. 教书育人的良师

   C. 浓厚的学习研究和成才氛围

   D. 良好的校园环境

3. 大学的灵魂是（　　　）。

   A. 引领学术风气

   B. 促进思想交流

   C. 陶冶品德情操

   D. 建设精神文明

4. 大学阶段需要大力发挥学习的（　　　）。

   A. 主动性

   B. 创造性

   C. 互动性

   D. 个体性

5. 进入大学意味着走向社会和生活，需要树立的精神是（　　　）。

   A. 自信

   B. 自律

   C. 自立

   D. 自强

6. 自主学习要求学生积极主动地掌握相关的（　　　）。

   A. 目标

   B. 知识

   C. 技能

   D. 方法

7. 大学阶段自主学习的客观条件是（　　　）。

   A. 大量的自学时间

   B. 明确的专业方向

   C. 规定的教学计划

   D. 自由的学习空间

8. 创新学习力求（　　）。
A. 有所发现
B. 有所发明
C. 有所作为
D. 有所创造

9. 进行创造性的学习和思维，就是要（　　）。
A. 不拘陈规
B. 无所顾忌
C. 一鼓作气
D. 敢为人先

10. 社会选人、用人、评价人的基本尺度是（　　）。
A. 德才兼备
B. 学历文凭
C. 以德为本
D. 以才为先

11. 与中学生活相比，大学生活发生了哪些显著的变化？（　　）
A. 学习要求的变化
B. 生活环境的变化
C. 社会活动的变化
D. 物质消费水平的变化

12. 大学生的综合素质应当包括（　　）。
A. 思想政治素质
B. 法律素质
C. 专业素质
D. 劳动技能素质

13. 调节人们思想行为、协调人际关系、维护社会秩序的基本社会规范是（　　）。
A. 道德
B. 法律
C. 政策
D. 乡规民约

14. 大学的特点表现在（　　）。
A. 大学是知识的海洋
B. 大学有教书育人的良师
C. 大学有浓厚的学习氛围
D. 大学有浓厚的成才氛围

15. 新的学习理念表现在（　　）。
A. 自主学习
B. 全面学习

C. 创新学习

D. 终身学习

16. "思想道德修养与法律基础"课是帮助大学生树立正确（　　）的一门课程。

A. 世界观

B. 人生观

C. 道德观

D. 价值观

17. 大学生要形成正确的价值判断，正确区分（　　）。

A. 荣辱

B. 善恶

C. 美丑

D. 是非

18. 社会主义核心价值体系的内容包括（　　）。

A. 坚持马克思主义指导思想

B. 确立中国特色社会主义共同思想

C. 弘扬以爱国主义为核心的民族精神和以改革创新为核心的时代精神

D. 树立社会主义荣辱观

19. "思想道德修养和法律基础"课具有以下特点（　　）。

A. 鲜明的政治性

B. 较强的理论性

C. 很强的实践性

D. 较深的哲理性

20. 学习和践行社会主义核心价值体系是大学生提高（　　）的中心环节和根本要求。

A. 思想道德素质

B. 法律素质

C. 专业素质

D. 心理素质

21. 学习"思想道德修养与法律基础"课的方法是（　　）。

A. 注重理论联系实际

B. 注重学习相关的基本知识

C. 注重理论学习

D. 注重知行合一

22. 社会主义核心价值体系的基本内容包括马克思主义指导思想，以及（　　）。

A. 社会主义荣辱观

B. 构建社会主义和谐社会

C. 中国特色社会主义共同理想

D. 以爱国主义为核心的民族精神和以改革创新为核心的时代精神

23. 求实，就是要脚踏实地（　　）。

A. 求真务实

B. 不轻信

C. 不弄虚作假

D. 不贪图名利

24. 实现大学生提高思想道德修养和法律基础水平的目的,强调知行统一,不断增强（　　）。

A. 自我教育能力

B. 自我约束能力

C. 自我批评能力

D. 自我激励能力

25. 大学生应树立（　　）的学习理念。

A. 全面学习

B. 独立学习

C. 创造学习

D. 终身学习

26. 大学生应养成（　　）的学习习惯。

A. 全面学习

B. 自主学习

C. 创新学习

D. 终身学习

27. 提高思想道德素质和法律素质,最根本的是要明确（　　）。

A. 坚持什么

B. 反对什么

C. 倡导什么

D. 抵制什么

28. 狭义的学风是指学校学习方面的风气,包括（　　）。

A. 学习的态度

B. 学习的风格

C. 学习的方法

D. 学习的环境

29. 现阶段我国发展面临的主要挑战是（　　）。

A. 世界科技文化的发展

B. 网络时代的到来

C. 复杂的国际环境

D. 新世纪我国的发展任务

30. 优良学风的基本要求有（　　）。

A. 勤奋

B. 严谨

C. 求实

D. 创新

31. 养成优良学风应在（　　）上下功夫。

A. 勤奋

B. 严谨

C. 踏实

D. 创新

32. 大学生全面发展、健康成长的重要条件包括（　　）。

A. 树立社会主义荣辱观

B. 与时俱进

C. 加强思想道德修养

D. 做一个知荣辱、讲道德的人

33. 影响大学生成才的因素有（　　）。

A. 社会环境

B. 机遇

C. 智商

D. 情商

34. 道德和法律的区别包括（　　）的不同。

A. 调节领域

B. 调节方式

C. 调节目标

D. 调节手段

35. 法律素质是指人们（　　）的素养和能力。

A. 知法

B. 守法

C. 用法

D. 护法

36. 人才的特征包括（　　）。

A. 社会性

B. 进步性

C. 相对性

D. 创造性

37. "法安天下，德润人心"，说明治理国家、治理社会光靠法律是不够的。法律和道德相辅相成，法治和德治相得益彰。以下选项内容正确的是（　　）。

A. 法律是成文的道德，道德是内心的法律

B. 道德是法律的保障

C. 法律是道德的基础

D. 法律和道德都具有规范社会行为、维护社会秩序的作用

38. "四有"指的是（　　）。
   A. 有理想
   B. 有道德
   C. 有文化
   D. 有纪律
39. 社会主义荣辱观具体落实到每个社会成员身上，就是要努力学习和践行社会主义荣辱观。学习和践行社会主义荣辱观要（　　）。
   A. 知荣知耻
   B. 贵在践行
   C. 分清荣耻
   D. 树立荣辱意识

三、判断题

1. 上大学就是学习专业知识，其他问题是毕业后的事。（　　）
2. 学习中通过耳濡目染就能从良师那里学到做人的道理。（　　）
3. 图书馆资料是大学生获取知识和信息的最主要渠道。（　　）
4. 大学生既要学会过集体生活，也要学会独立处理学习生活中的各种实际问题。（　　）
5. 想尽快提高自己的素质，那就要多读书，各方面的书都读一点。（　　）
6. 自主学习就是要使自己成为学习的主人。（　　）
7. 善于组合、加工、消化已有知识对创新学习十分必要。（　　）
8. 大学毕业，就是要和学习告别，今后完全靠自己的本事吃饭。（　　）
9. 历史使命可以超越具体的社会历史条件。（　　）
10. 有知识、有能力、会做事就是全面发展。（　　）
11. "才者，德之资也；德者，才之帅也。"对一个人而言，德是灵魂，是向导；才是能力，是工具。（　　）
12. 德是指一个人对社会、对他人责任心的一种表现。才是指一个人实现自我价值的能力和手段。（　　）
13. 大学生应努力做到德、识、才、学、体全面发展，知、情、意、行协调发展。（　　）
14. 言行一致是一个人立身处世的基础。（　　）
15. 坚持马克思主义的指导地位，是社会主义核心价值体系的灵魂。（　　）
16. 树立中国特色社会主义共同理想，是社会主义核心价值体系的主题。（　　）
17. 培育和弘扬民族精神和时代精神，是社会主义核心价值体系的精髓。（　　）
18. 树立和践行社会主义荣辱观，是社会主义核心价值体系的基础。（　　）
19. 道德和法律是调节人们思想行为、协调人际关系、维护社会秩序的两种基本社会规范。（　　）

20. 社会主义思想道德为社会主义法律提供了思想基础和价值目标。（   ）
21. 社会主义法律为社会主义思想道德提供了法制保障。（   ）
22. 修以求其粹美，养以期其充足，修犹切磋琢磨，养犹涵育熏陶。（   ）
23. 当今，世界单极化影响和平发展的不稳定、不确定因素不断增多。（   ）
24. 与人相处，既要重其言，更要重其行。（   ）
25. 目前的学术腐败和高科技犯罪等现象，为人们敲响了正确把握德才关系的警钟。
（   ）
26. 大学生树立怎样的理想，学好怎样的知识，具有怎样的能力，对民族的未来关系重大。（   ）
27. 是非、善恶、美丑，明眼人一看就知道，何必澄清。（   ）
28. 社会主义荣辱观克服了道德虚无主义的倾向。（   ）
29. 当代大学生应当学会以开阔的视野观察发展的中国和变化的世界。（   ）
30. 社会主义法律的实施为社会主义思想道德建设提供了道义基础。（   ）
31. 大学就是规模很大的学校。（   ）
32. 上大学要学好专业知识，更重要的是学会学习。（   ）
33. 创新就是要不拘陈规，敢为人先，进行创造性的学习和思维。（   ）
34. "思想道德修养与法律基础"课有助于当代大学生摆正德与才的位置。（   ）
35. 思想道德素质主要包括政治素质、道德素质和人文素质。（   ）

四、辨析题

1. 交友和参加各种社会活动是大学生的主要任务，是大学生活动的中心内容。
2. "才者，德之资也；德者，才之帅也。"对一个人而言，德是灵魂，是向导；才是能力，是工具。

五、简答题

1. 大学生怎样才能尽快适应大学生活？
2. 简述社会主义核心价值观的基本内容。

六、论述题

1. 大学生应树立怎样的学习理念？培养良好的学风，应在哪些方面下功夫？
2. 如何理解思想道德素质和法律素质对大学生成长成才的作用？

七、材料分析题

结合材料回答问题。

【材料】

　　学生陈某，在中学时学习成绩突出，曾经多次获得当地数学、英语等竞赛奖，以较好的成绩考入某医学院。但是到了大学以后，他的父母不能再一天到晚地从各方面无微不至地关心照顾他了，大学的学习环境和学习方式与中学大不一样了，有时不按时起床、不去听课、不上自习也没人过问。于是他就到图书馆借小说，从武侠小说到言情小说，一本接一本地看，或者到录像厅看录像，到网吧上网，甚至与录像厅、网吧的老板都成了朋友，有时竟彻夜不归。

　　第一个学期过去，6门功课有5门不及格。第一个学年过去，仍有多门功课不及格。按照学校学籍管理规定，该生应该退学。但他的父亲来到学校，再三要求学校宽大处理，他本人也写出书面保证，表示从此浪子回头。鉴于这种情况，学校同意该同学随下一级跟班试读。然而，他不肯悔改，尽管辅导员、老师、家长都做了很多工作，但都不起作用。第二学年过去，照样多门功课不及格，最终退学。

　　请回答：

　　（1）陈某从一个优秀生到一个退学生的原因是什么？

　　（2）从陈某的身上你得到了什么启示？

第一章

追求远大理想　坚定崇高信念

一、单选题

1. 理想，是人们在实践中形成的，具有（　　）的对美好未来的追求和向往，是人们的政治立场和世界观在人生奋斗目标上的体现。
   A. 实现必然性
   B. 不可实现性
   C. 超越客观性
   D. 实现可能性
2. 实现理想的思想基础是（　　）。
   A. 正确认识理想与现实的关系
   B. 确立正确的理想和信念
   C. 正确对待实现理想过程中的顺境与逆境
   D. 认清实现理想的长期性和复杂性
3. 马克思主义具有（　　）的理论品质和持久的生命力。
   A. 革命性
   B. 科学性
   C. 与时俱进
   D. 实践性
4. 检验信念正确与否、科学与否的唯一标准是（　　）。
   A. 科学理论
   B. 社会实践
   C. 主观愿望
   D. 真诚信仰

5. "现实是此岸，理想是彼岸，中间隔着湍急的河流，行动则是架在川上的桥梁。"这个比喻表达的是（　　）。

　　A. 理想来源于现实，等同于现实

　　B. 理想要变成现实，必须经过人们的实践和辛勤劳动

　　C. 只有经过实践检验，成为现实的理想才是科学的理想

　　D. 只要投身实践，任何美好的想象都能成为现实

6. 一个人如果没有崇高的理想或者缺乏理想，就会像一艘没有舵的船，随波逐流，难以顺利到达彼岸。这主要说明了理想是（　　）。

　　A. 人生的指路明灯

　　B. 人们的主观意志和想当然

　　C. 人们对未来缺乏客观根据的想象

　　D. 人们对某种思想理论所抱的坚定不移的观念和真诚信服的态度

7. 邓小平曾经指出："为什么我们过去能在非常困难的情况下奋斗出来，战胜千难万险使革命胜利呢？就是因为我们有理想，有马克思主义信念，有共产主义信念。"由此可见，理想信念是（　　）。

　　A. 人们的主观意志

　　B. 人们的丰富想象

　　C. 人生的现实境遇

　　D. 人生的精神支柱

8. 人们在一定的认识基础上确立的对某种思想或事物坚信不疑并身体力行的态度是（　　）。

　　A. 信念

　　B. 意志

　　C. 情感

　　D. 理想

9. 实现理想的根本途径在于（　　）。

　　A. 坚定信念

　　B. 勇于创新

　　C. 躬行实践

　　D. 读书学习

10. 人们在实践中形成的具有实现可能性的对未来的向往和追求，称为（　　）。

　　A. 幻想

　　B. 理想

　　C. 信念

　　D. 信仰

11. 即使一个人，也会形成关于社会生活不同方面的许多理想信念。这说明，理想信念具有（　　）。

　　A. 稳定性

B. 亲和性

C. 多样性

D. 坚定性

12. 由于人们的社会生活可以分为不同的领域，理想也就呈现出不同的类型。其中，人们在做人方面的向往和追求是（　　）。

A. 道德理想

B. 职业理想

C. 政治理想

D. 生活理想

13. 由于人们的社会生活可以分为不同的领域，理想也就呈现出不同的类型。其中，认定某种工作为社会所需要、为自己所喜爱，并不断取得成绩，成就一番事业的是（　　）。

A. 道德理想

B. 职业理想

C. 政治理想

D. 生活理想

14. 人们的理想遍及社会生活的所有领域，呈现出许多不同的类型。下列选项中，属于社会理想的是（　　）。

A. 追求健康、文明、科学的生活方式

B. 选择一种理想的职业，找到一份理想的工作

C. 建立社会主义制度，进而在全世界实现共产主义

D. 追求高尚的理想人格，使自己成为一个为社会所需要的人才

15. 信念同理想一样，也是人类特有的一种精神现象，在信念的鼓舞下，人们的意志是坚强的，行为是坚决的，而且始终不渝。这说明，信念是（　　）。

A. 人们对客观事物的正确认识

B. 一种处在不断变化中的思想观念

C. 人们对未来美好生活的向往和追求

D. 人们对某种思想或事物坚信不疑并身体力行的态度

16. 在现实生活中，当人遇到特殊困难或重大打击时，如果没有一种力量来支撑，人就会垮下来。这时起着精神支撑作用，支撑人的精神和意志，使人在困难和逆境中振作起来，战胜艰难险阻的是（　　）。

A. 人的理想信念

B. 人的主观想象

C. 人的经济实力

D. 人的思想感情

17. 理想是多方面和多类型的。从对象上划分，理想有（　　）。

A. 科学理想和非科学理想

B. 个人理想和社会理想

C. 长远理想和近期理想

D. 政治理想、道德理想、职业理想和生活理想

18. 如果说，现实是此岸，理想是彼岸，那么，唯有（　　）才是联系二者的桥梁。
   A. 实践
   B. 工作
   C. 梦想
   D. 理论

19. 在人生旅途中，既可能遇到顺境，也可能遇到逆境。对待顺境的正确态度是（　　）。
   A. 麻痹大意，得意忘形
   B. 顺潮快上，乘风勇进
   C. 怨天尤人，自暴自弃
   D. 玩世不恭，虚度光阴

20. 理想与现实本来就是一对矛盾统一体，它们是对立统一的关系。其中，统一性表现在（　　）。
   A. 理想是主观的，现实是客观的
   B. 理想是未来的，现实是当下的
   C. 理想是完美的，现实是有缺陷的
   D. 理想来源于现实，现实中孕育着理想

21. 理想的实现需要每个人从我做起，从现在做起，从平凡的工作做起，这是因为（　　）。
   A. 理想是人们的主观意志和想当然
   B. 只要进行社会实践，就能实现理想
   C. 把理想变为现实，要靠实实在在的实践
   D. 有了坚定的信念，理想就会自动变为现实

22. 追求崇高的理想需要科学的信念，具有坚定社会主义信念的人，坚信（　　）。
   A. 通往共产主义的道路是遥远的，可望而不可即的
   B. 社会主义道德将成为所有人自觉的行为习惯和准则
   C. 社会主义必然代替资本主义，全世界最终必然实现共产主义
   D. 不同的团体有相同的信念

23. 信念作为人的意识的一部分，是人类特有的一种精神状态，信念对人生的重要作用体现在，信念是人们（　　）。
   A. 对真理的追求
   B. 评判事物的标准
   C. 追求理想的强大动力
   D. 对客观事物的本质和发展规律的正确反映

24. 理想是（　　）。
   A. 为社会的少数人谋利益
   B. 不可能实现的向往

C. 经过奋斗能够实现的想象和目标

D. 纯粹主观的

25. "一个人做点好事并不难,难的是一辈子做好事,不做坏事,一贯地有益于广大群众,一贯地有益于青年,一贯地有益于革命,艰苦奋斗几十年如一日……才是最难最难的!"这说明了（   ）。

A. 人才成长的道路

B. 实现人生理想的途径

C. 个人修养是一个不断的长期的曲折的实践过程

D. 修养的境界是一个人修养所达到的实践水平或程度

26. 下列对信念的理解中,正确的是（   ）。

A. 信念强调的是认识的正确性

B. 信念表达的是一种真诚信服的态度

C. 信念反映的是客观事物的发展规律

D. 信念体现的是人们对人生目标的追求,具有合理性、科学性

27. 理想和现实的统一性表现在（   ）。

A. 理想就是现实

B. 有了坚定的信念,理想就能变为现实

C. 现实是理想的基础,理想是现实的未来

D. 理想总是美好的,而现实中既有美好的一面,也有丑陋的一面

28. 信念一旦形成,（   ）改变。

A. 不可

B. 很难

C. 不必

D. 容易

29. 人生理想的实现就是把理想从观念转变为（   ）。

A. 态度

B. 行动

C. 现实

D. 结果

30. 人们对未来的工作部门、工作种类以及业绩的向往和追求是（   ）。

A. 职业理想

B. 社会理想

C. 生活理想

D. 道德理想

31. 在今天,社会倡导、人们呼唤爱国主义、集体主义、为人民服务、实事求是、艰苦创业、大胆革新、乐于奉献等理想人格,并以此作为做人的楷模和标准。这样的向往和追求是人生理想中（   ）。

A. 生活理想的内容

B. 职业理想的内容

C. 道德理想的内容

D. 社会理想的内容

32. 现阶段，我国各族人民的共同理想是（   ）。

A. 建立共产主义社会

B. 反对霸权主义，维护世界和平

C. 民族独立，当家做主求解放

D. 建设中国特色社会主义，实现中华民族伟大复兴

33. 信念具有层次性，在下列信念中，相比较高层次的一种信念是（   ）。

A. 追求爱情的信念

B. 成为作家的信念

C. 中国特色社会主义的信念

D. 对金钱的崇拜和信仰

34. 一个人内心空虚，成天无所事事，做一天和尚撞一天钟，其深层次原因是（   ）。

A. 没有事情可做

B. 缺乏激情

C. 缺乏理想

D. 贪图享受

35. 孔子说："三军可夺帅也，匹夫不可夺志也。"墨子说："志不强者智不达。"诸葛亮说："志当存高远。"这里的"志"是指（   ）。

A. 志趣

B. 志气

C. 理想信念

D. 意志

36. 孙中山曾激励广大青年："要立志做大事，不要立志做大官。"就是希望青年人要（   ）。

A. 个人奋斗

B. 不做大官

C. 做对自己一生发展有影响的大事

D. 以国家民族的命运为己任，不以个人的荣华富贵为人生理想

37. 一般而言，理想越高远，实现过程就越（   ）。

A. 容易和顺利

B. 复杂和漫长

C. 简单和短暂

D. 不需要意志和信心

38. 实现理想的思想基础是（   ）。

A. 解放思想

B. 正确认识理想与现实的关系

C. 创新思维

D. 阶级分析方法

39. 理想转化为现实的桥梁是（　　）。

　　A. 认识

　　B. 实践

　　C. 情感

　　D. 意志

40. 东欧剧变、苏联解体后，中国人民坚定不移地走社会主义道路，中国特色社会主义的成功实践，使社会主义运动又展现了光明的前景。这说明理想的实现是（　　）。

　　A. 不可预测的

　　B. 靠运气的

　　C. 艰难曲折的，但要经过坚持不懈的奋斗

　　D. 非常少的

41. 实现理想会出现逆境，逆境（　　）。

　　A. 降低了实现理想目标的可能性

　　B. 不会消解实现理想目标的可能性

　　C. 提高了实现理想目标的可能性

　　D. 消解了实现理想目标的可能性

42. 树立中国特色社会主义共同理想的信念，必须坚定走中国特色社会主义道路的信念、坚定实现中华民族伟大复兴的信心、（　　）。

　　A. 坚定对中国共产党的信任

　　B. 坚定战胜国际金融危机的信念

　　C. 坚定中国改革成功的信念

　　D. 坚定"缩小贫富差距"的信念

43. 对于理想和信念的关系，错误的理解是（　　）。

　　A. 理想和信念总是如影随形、相互依存的

　　B. 理想是信念的根据和前提

　　C. 信念是实现理想的重要保证

　　D. 理想和信念是互不相干的两种意识形式

44. 下列各项，不是从理想的内容上来划分的是（　　）。

　　A. 职业理想

　　B. 社会理想

　　C. 生活理想

　　D. 长远理想

45. 人生信念多种多样，按其性质可分为科学信念与非科学信念。下列选项中属于科学信念的是（　　）。

　　A. 金钱是伟大的，人是渺小的

　　B. 人生充满苦难和罪恶，尘世很难有幸福，幸福只能在天国

C. 人类社会最终必然实现共产主义

D. 社会只是个人达到目的的一种手段

46. 理想的含义是指（　　）。

A. 与现实有很大距离没有实现可能的一种未来想象

B. 与生活愿望相结合并指向未来的想象

C. 缺乏客观根据的随心所欲的对未来的想象

D. 在实践中形成的、具有实现可能性的对美好未来的追求和向往

47. 古人说："道虽迩，不行不至；事虽小，不为不成。"这表明（　　）。

A. 应立志做大事

B. 立志当高远

C. 不管大事小事，做了就能成功

D. 立志须躬行

48. "理想以预见的方式反映未来，是未来的现实。"这句话最能说明理想具有（　　）。

A. 实践性

B. 超前性

C. 时代性

D. 阶级性

49. 理想虽然是人的精神现象，但它是在实践中产生、检验、修正、发展以及实现的，这表明理想最大的特征是（　　）。

A. 实践性

B. 超前性

C. 时代性

D. 阶级性

50. 同样是致力于社会的变革，王安石、张居正与毛泽东、周恩来等的理想不同，这体现了理想的（　　）。

A. 实践性

B. 超前性

C. 时代性

D. 阶级性

51. 从20世纪50年代开始，人们对于生活中"三大件"追求的变迁，说明了理想具有（　　）。

A. 实践性

B. 超前性

C. 时代性

D. 阶级性

52. 属于从性质上划分的理想是（　　）。

A. 长远理想和近期理想

B. 个人理想与社会理想

C. 科学理想与非科学理想

D. 生活理想与道德理想

53. 信念是（ ）。

　　A. 认识、情感和意志的融合和统一

　　B. 一种单纯的知识或想法

　　C. 强调的是认识的正确性

　　D. 唯一的，不是多种多样的

54. 列宁说："要成就一件大事业，必须从一点一滴做起。""少说些漂亮话，多做些日常平凡的事情。"列宁的话表明（ ）。

　　A. 立志当高远

　　B. 青年应立志做大事

　　C. 要正确对待顺境和逆境

　　D. 立志须躬行

55. 理想作为一种精神现象，是（ ）。

　　A. 人与生俱来的

　　B. 社会实践的产物

　　C. 人们成年后的必然产物

　　D. 人类进化到今天的结果

56. 下面关于理想的表述不正确的是（ ）。

　　A. 理想是一定社会关系的产物

　　B. 理想源于现实，又高于现实

　　C. 理想是人的主观思维的产物，无客观性可言

　　D. 理想具有时代特征

57. 下面关于信念的表述，不正确的是（ ）。

　　A. 信念一旦形成，就不会改变

　　B. 信念同理想一样，也是人类特有的精神现象

　　C. 一定的思想或事物成为一个人的信念，需要有明确的认知和强烈的情感

　　D. 同一个人，也会形成不同的信念

58. 理想与现实它们是对立统一的关系，其中统一性体现在（ ）。

　　A. 理想是"应然"的，现实是"实然"的

　　B. 理想是观念的，现实是客观的

　　C. 理想是完美的，现实是有缺陷的

　　D. 理想来源于现实，在将来又会变成新的现实

59. 理想信念的实践性是指，人们的理想信念（ ）。

　　A. 在阶级社会里会打上阶级的烙印

　　B. 是一种纯粹的主观想象和静止的精神状态

　　C. 存在于人的内心深处，属于一种精神现象

D. 包含着人们的行动意志,是一种从精神向行动的转变过程

60. 解决人生目的和奋斗目标的问题,最根本的是要靠( )。

A. 法制教育

B. 理想信念

C. 社会舆论

D. 文化素质

61. 推动人生自觉活动的力量可能来源于人自身内部或外部的许多方面,但其中最根本最持久的是( )。

A. 人的素质和品德

B. 人的修养和境界

C. 人的理想和信念

D. 人的情感和态度

62. 以下观点正确的是( )。

A. 理想与信念具有相同的内涵

B. 理想与信念是紧密相连、相互依存的

C. 信念是理想的根据和前提

D. 理想是实现信念的重要保障

63. 下列属于理想特征的是( )。

A. 实现的可能性

B. 实现方法的多样性

C. 实现过程的长期性和艰巨性

D. 实现途径的共同性

64. 属于社会理想的是( )。

A. 科学发展观

B. 社会主义初级阶段

C. 小康社会

D. 中国特色社会主义的共同理想

65. 马克思主义的理论品格是( )。

A. 科学性

B. 与时俱进或实践性

C. 革命性

D. 崇高性

66. 在伦敦海格特公墓的马克思墓碑上,镌刻着马克思的一句名言:"哲学家们只是用不同的方式解释世界,而问题在于改变世界。"这句话鲜明地表明了马克思主义的基本特征是( )。

A. 以认识世界为己任

B. 重视实践,以改造世界为己任

C. 具有持久的生命力

D. 是科学的又是崇高的

67. 在理想的内容体系中，（　　）是其中的核心。

A. 职业理想

B. 社会理想

C. 生活理想

D. 道德理想

68. 下面关于理想的表述，不正确的是（　　）。

A. 理想具有现实性，也具有预见性，是推动人们创造美好生活的巨大力量

B. 从理想的内容上划分，理想有科学理想和非科学理想、崇高理想和一般理想等

C. 理想与空想的区别在于，理想具有实现的可能性，空想则没有

D. 理想在现实中产生，但它不是对现状的简单描绘，而是与奋斗目标相联系的未来的现实，是人们的要求和期望的集中表达

69. 在人生理想中，居于核心地位并规定和制约着其他方面的是（　　）。

A. 生活理想

B. 道德理想

C. 职业理想

D. 社会理想

70. 中国有句古话："千里之行，始于足下。"这句话对我们在人生哲理方面的启发是（　　）。

A. 立志存高远

B. 立志做大事

C. 立志须躬行

D. 心存鸿鹄之志

71. 道德理想是（　　）。

A. 对未来的物质、精神、文化方面消费性生活的向往

B. 对未来工作部门、工作种类及业绩的向往和追求

C. 对未来社会制度和政治结构的追求、向往和设想

D. 对未来道德关系、道德标准和道德人格的向往

72. 职业理想是指（　　）。

A. 对未来的物质、精神、文化方面消费性生活的向往

B. 对未来工作部门、工作种类及业绩的向往和追求

C. 对未来社会制度和政治结构的追求、向往和设想

D. 对未来道德关系、道德标准和道德人格的向往

73. 现阶段，在我国，社会理想是指（　　）。

A. 道德理想

B. 职业理想

C. 生活理想

D. 社会主义共同理想

74. 2013年5月4日，习近平在同各界优秀青年代表座谈时指出："宝剑锋从磨砺出，梅花香自苦寒来。"人类的美好理想，都不可能唾手可得，都离不开筚路蓝缕、胼手胝足的艰苦奋斗。广大青年一定要矢志艰苦奋斗。艰苦奋斗其主旨在于（　　）。

　A. 奋斗

　B. 艰苦

　C. 为事业而贡献

　D. 居安思危

75. 追求崇高的理想需要坚定的信念。坚定社会主义信念的根本途径是（　　）。

　A. 大胆畅想美好未来

　B. 努力保持心理健康

　C. 模范遵守社会公德

　D. 积极参加社会实践

76. 下列人物的言行不属于"志存高远"的是（　　）。

　A. 陈胜"燕雀安知鸿鹄之志"

　B. 见秦始皇南巡仪仗万千、威风凛凛，刘邦道："大丈夫生当如此。"

　C. 项羽见秦始皇南巡仪仗万千、威风凛凛，道："彼可取而代也。"

　D. 获得全国最高科技奖的袁隆平是从田间小路上走出来的科学家

77. 信念（　　）。

　A. 是一种知识体系

　B. 强调的是认识的正确性和科学性

　C. 是一种思想和理论

　D. 是认识、情感和意志的融合和统一

78. 当教师，要当一个模范教师；当科学家，要当一个对国家有突出贡献的科学家；当解放军战士，要当一个最英勇的解放军战士；当工人，要当一个新时代的劳动模范；当农民，要当一个对改变农村面貌有贡献的农民。这些都是人生理想中（　　）。

　A. 生活理想的表现

　B. 社会理想的表现

　C. 道德理想的表现

　D. 职业理想的表现

79. 人生信念按其性质可分为（　　）。

　A. 资产阶级信念和无产阶级信念

　B. 唯物主义信念和唯心主义信念

　C. 宗教信仰和非宗教信仰

　D. 科学信念和非科学信念

80. 人生信念多种多样，按其性质可分为科学信念与非科学信念。确立科学信念的基础是（　　）。

　A. 投入全部感情

　B. 畅想美好未来

C. 正确认识事物的发展规律

D. 保持真诚信服与坚决执行的态度

81. 宗教信仰是（　　）。

A. 科学信念形式

B. 非科学信念形式

C. 社会主义信念形式

D. 资本主义信念形式

82. 青年人要想有大成就，就应当志存高远。以下事例能很好地说明这一点的是（　　）。

A. 袁隆平"大科学家"的称号是从田间小路上一步一步走出来的

B. 居里夫人从几吨沥青中提炼出 0.12 克镭

C. 周恩来中学时期就立下了"为中华之崛起而读书"的志向

D. 自学成才的张立勇让清华学子钦佩

83. 下列属于科学信念的是（　　）。

A. 生死有命，富贵在天

B. 金钱万能，有钱就有一切

C. 个人利益就是人生目的，社会只是个人达到目的的一种手段

D. 社会主义必然代替资本主义，全世界最终必然实现共产主义

84. 以下不是理想的作用的是（　　）。

A. 指引人生的奋斗目标

B. 预见社会发展前景

C. 提高人生的精神境界

D. 提供人生的前进动力

85. 立志存高远，立志做大事，立志需躬行。大量事实告诉人们，那些在事业上取得伟大成就、对人类作出卓越贡献的人，都在青年时期就立下了鸿鹄之志，并为之坚持不懈、努力奋斗。以下与此含义一致的是（　　）。

A. 功崇唯志，业广为勤

B. 夙夜在公

C. 己欲立而立人，己欲达而达人

D. 己所不欲，勿施于人

86. 社会主义信念是一种科学信念。这主要因为社会主义信念（　　）。

A. 已经为当今世界多数人所确立

B. 反映了人们对美好未来的向往和追求

C. 是以对人类社会发展规律的正确认识为基础的

D. 表达的是一种坚定不移的观念和坚决执行的态度

87. 生活理想是（　　）。

A. 对未来的物质、精神、文化方面消费性生活的向往

B. 对未来工作部门、工作种类及业绩的向往和追求

C. 对未来社会制度和政治结构的追求、向往和设想

D. 对未来道德关系、道德标准和道德人格的向往

88. 社会理想是（　　）。

A. 对未来的物质、精神、文化方面消费性生活的向往

B. 对未来工作部门、工作种类及业绩的向往和追求

C. 对未来社会制度和政治结构的追求、向往和设想

D. 对未来道德关系、道德标准和道德人格的向往

二、多选题

1. 理想信念的作用主要表现在（　　）。

A. 指引人生的奋斗目标

B. 提供人生的前进动力

C. 提高人生的精神境界

D. 增加人生的成功机会

2. 科学崇高的理想信念对人生价值的实现具有重要意义。在确立理想信念时，应该（　　）。

A. 把崇高的理想和坚定的信念结合起来

B. 学会对不同的理想信念进行辨别和选择

C. 把个人的理想信念与社会的理想信念结合起来

D. 离开人的生活体验和实际行动，单纯地读书学习

3. 在追求理想的过程中，面对理想和现实的矛盾，应该（　　）。

A. 用理想的标准来衡量和要求现实

B. 不加分析地全盘认同当前的现实

C. 充分认识理想实现过程的长期性、曲折性和艰巨性

D. 既看到理想与现实矛盾冲突的一面，又看到它们相一致的一面

4. 马克思主义作为我们党和国家的根本指导思想，是由（　　）决定的。

A. 马克思主义严密的科学体系

B. 鲜明的阶级立场和巨大的实践指导作用

C. 近代以来中国历史发展的必然结果

D. 中国人民长期探索的历史选择

5. 关于信念，正确的论述是（　　）。

A. 信念是认知、情感和意志的有机统一体

B. 是人们在一定认识基础上确立的对某种思想或事物坚信不疑并身体力行的心理态度和精神状态

C. 信念是对理想的支持，是人们追求理想目标的强大动力

D. 信念具有高于一般认识的稳定性

6. 树立科学的思想信念，应该（　　）。

A. 确立马克思主义的科学信仰

B. 树立中国特色社会主义共同理想

C. 坚定走中国特色社会主义道路的信念

D. 坚定实现中华民族伟大复兴的信心

7. 理想是人们在实践中形成的、有可能实现的、对未来社会和自身发展的向往与追求，是人们的（　　）在奋斗目标上的集中体现。

A. 世界观

B. 人生观

C. 价值观

D. 法律观

8. 在理想与信念的关系上，（　　）。

A. 理想与信念总是相互依存的

B. 理想是信念的根据和前提

C. 信念是实现理想的重要保障

D. 当理想作为信念时，它是指人们确信的一种观点和主张

9. 理想信念的作用有（　　）。

A. 理想信念对人生历程起着导向的作用，是人的思想和行为的定向器

B. 指引人生的奋斗目标

C. 提供人生的前进动力

D. 激励人们向着既定奋斗目标前进的动力，是人生力量源泉

10. 青年大学生在立志时，应（　　）。

A. 立志当高远

B. 立志做大官

C. 立志做大事

D. 立志须躬行

11. 邓小平说："美好的前景如果没有切实的措施和工作去实现它，就有成为空话的危险。"这说明（　　）。

A. 社会实践是科学真理产生的源泉

B. 社会实践是联系理想和现实的桥梁

C. 有了理想并不意味着成功，更不意味着已经成功

D. 把理想转变为现实要付出辛勤的劳动，要靠实实在在的实践

12. 对于理想和现实的关系，正确的理解有（　　）。

A. 理想不等同于现实，不是立即可以实现的

B. 现实是理想的基础，理想是由对现实的认识发展而来的

C. 现实是不完善和有缺陷的，理想的生命力表现为对现实的否定

D. 理想可以转化为现实，但这个转化是有条件的，是个艰苦奋斗的过程

13. 无产阶级革命家、共产主义战士陈毅元帅曾经说："我们是世界上最大的理想主义者。我们是世界上最大的行动主义者。我们是世界上最大的理想与行动的综合者。"这句话

包含着陈毅元帅对共产主义的理解有（　　）。

A. 共产主义既是一种社会理想，也是一种社会的现实运动

B. 既要树立共产主义的远大理想，又要在实践中为实现这个远大理想而不懈奋斗

C. 在共产主义社会制度完全实现之前，不可能存在共产主义理想和共产主义实践

D. 共产党人选择的共产主义理想，是人类历史上最远大、最进步、最美好的理想

14. 理想的作用有（　　）。

A. 指引人生的奋斗目标

B. 预见社会发展前景

C. 提高人生的精神境界

D. 提供人生的前进动力

15. 理想从内容划分，包括（　　）。

A. 道德理想

B. 职业理想

C. 生活理想

D. 社会政治理想

16. 理想（　　）。

A. 是指在实践中形成的具有实现可能性的对未来的向往和追求

B. 是幻想

C. 既高于现实，又来源于现实

D. 一旦形成就不会改变

17. 信念是（　　）的统一体。

A. 意志

B. 情感

C. 认知

D. 理想

18. 下列人物的言行属于"志存高远"的是（　　）。

A. 陈胜"燕雀安知鸿鹄之志"

B. 见秦始皇南巡仪仗万千、威风凛凛，刘邦道："大丈夫生当如此。"

C. 项羽见秦始皇南巡仪仗万千、威风凛凛，道："彼可取而代也。"

D. 获得全国最高科技奖的袁隆平是从田间小路上走出来的科学家

19. 建设中国特色社会主义，是现阶段我国各族人民的共同理想。以下属于共同理想包括的内容有（　　）。

A. 建立共产主义社会的最高理想

B. 诚实劳动，争取美好生活的职业理想

C. 追求文明、健康、科学生活方式的生活理想

D. 建设四化、振兴中华、统一祖国的社会理想

20. 理想是人生的精神支柱，是鼓舞人们奋发向上、成就事业的强大动力。当代青年献身于祖国的社会主义现代化建设事业，追求崇高的人生理想，需要有（　　）。

A. 真才实学

B. 献身精神

C. 艰苦奋斗的精神

D. 随心所欲的想象

21. 理想具有的特征是（　　）。

　A. 超前性

　B. 阶级性

　C. 科学性

　D. 时代性

22. 社会理想是人生理想的核心。社会理想在我国指的是（　　）。

　A. 中国共产党建立共产主义社会的最高理想

　B. 人们对未来道德关系、道德标准和道德人格的向往

　C. 现阶段我国各族人民建设中国特色社会主义的共同理想

　D. 人们对吃穿住用的构想以及对爱情婚姻家庭方面的追求目标

23. 理想和现实的关系是（　　）。

　A. 理想源于现实

　B. 理想高于现实

　C. 理想超脱于现实

　D. 理想是对现实的否定

24. 理想是否合理、进步与科学的判断标准是（　　）。

　A. 是否正确反映了客观事物的发展规律

　B. 是否合乎历史的发展方向

　C. 是否有益于社会的发展与进步

　D. 是否为社会的大多数谋利益

25. 邓小平在总结中国历史经验时曾深刻地指出："我们过去几十年艰苦奋斗，就是靠坚定的信念把人民团结起来，为人民自己的利益而奋斗。没有这样的信念，就没有凝聚力。"这表明（　　）。

　A. 信念是强大的精神力量

　B. 凡坚定的信念都是科学的信念

　C. 有了坚定的信念，理想就能自动变为现实

　D. 信念是人们追求理想目标的强大动力

26. 实现理想要有艰苦奋斗的精神。在社会主义条件下，艰苦奋斗的精神表现在（　　）。

　A. 鄙视物欲，禁绝享受，倡导苦行僧式的生活

　B. 自力更生，奋发图强，不怕困难，不避艰险地去完成各项任务

　C. 艰苦朴素，勤劳节俭，抵制和反对剥削阶级腐朽生活作风的侵蚀

　D. 刻苦钻研，勇于探索，孜孜不倦地学习马克思主义理论和专业知识

27. 对于理想和现实的关系，理解正确的是（　　）。

A. 理想不等同于现实，不是立即可以实现的
B. 在任何条件下，理想都能够转化为现实
C. 现实是理想的基础，理想是由对现实的认识发展而来的
D. 现实是不完善和有缺陷的，理想的生命力表现为对现实的否定

28. 信念对人生的重要作用体现在（　　）。
A. 信念可以使人明确方向，振奋精神
B. 信念可以使人有惊人的毅力，锲而不舍
C. 信念可以成为人们追求目标的强大动力
D. 信念表达的是人们对客观事物的正确认识

29. 人生信念多种多样，按其性质可分为科学信念与非科学信念。下列选项中属于非科学信念的是（　　）。
A. 金钱是伟大的，人是渺小的
B. 人生充满苦难和罪恶，尘世很难有幸福，幸福只能在天国
C. 社会主义必然代替资本主义，全世界最终必然实现共产主义
D. 个人利益就是人生目的，社会只是个人达到目的的一种手段

30. 信念是人们在一定认识的基础上，对某种思想理论、学说和理想所抱的坚定不移的观念和真诚信服、坚决执行的态度。以下各项不能作为检验信念标准的是（　　）。
A. 科学理论
B. 社会实践
C. 主观愿望
D. 真诚信仰

31. 任何信仰都包含的基本方面有（　　）。
A. 理想
B. 信念
C. 真理
D. 谬论

32. 理想信念之所以能够成为一种推动人生实践和社会生活的巨大力量，就是由于它（　　）。
A. 具有实践性
B. 停留于主观领域
C. 能够进入人们改造世界的活动
D. 能够化为人们行动的热情和意志

33. 华罗庚认为，雄心壮志只能建立在踏实的基础上，否则就不叫雄心壮志。这说明（　　）。
A. 崇高的理想的实现需要一点一滴的奋斗，踏踏实实地去实现
B. 通往理想的道路是遥远的，但起点就在脚下，在一切平凡的岗位上
C. 崇高的理想必须有科学文化知识作基础，否则就不叫崇高理想
D. 崇高的理想必须以从事不平凡的工作为基础，否则就不叫崇高理想

34. 周恩来中学时期就立下了"为中华之崛起而读书"的志向，这表明周恩来（   ）。

   A. 志向不高

   B. 立志高远

   C. 立志做大事

   D. 立志读书

35. 实现理想的过程总会经历顺境和逆境，其中顺境对人生和理想而言，往往具有两面性，其两面性表现在（   ）。

   A. 顺境的宽松气氛往往影响目标的实现

   B. 顺境使人更容易接近和实现目标

   C. 顺境的宽松气氛、优越条件，又容易使人滋生娇气、自满自足、意志衰退

   D. 顺境容易使人产生新的目标

36. 实现理想的过程总会经历顺境和逆境，其中逆境对人生和理想而言，往往具有两面性，其两面性表现在（   ）。

   A. 逆境增大了人们向理想目标前进的难度

   B. 逆境消解不了实现理想目标的可能性

   C. 逆境的恶劣环境，对于挑战者来说，可以磨炼意志、陶冶品格、积累战胜困难的经验

   D. 在逆境中向理想目标奋斗，可能会有顺境中难以得到的效果

37. 关于理想的错误观点是（   ）。

   A. 理想就是有利就想

   B. 理想是合理即符合客观规律的想象和追求

   C. 理想就是有财富就想

   D. 理想就是主观臆想

38. 关于空想的正确观点是（   ）。

   A. 空想是经过努力能够转化为理想的想象

   B. 空想是不可能实现的想象

   C. 空想是违背客观规律的想象

   D. 空想是脱离实际的主观想象

39. 下列属于信念的是（   ）。

   A. 良心

   B. 对共同理想的执着追求

   C. 对共产主义的坚信不疑

   D. 社会舆论

40. 建设有中国特色的社会主义，把我国建设成富强、民主、文明、和谐的社会主义现代化国家，是现阶段我国各族人民的（   ）。

   A. 生活理想

   B. 共同理想

C. 道德理想

D. 社会理想

41. 社会理想是人生理想的核心。以下不属于我国社会理想的是（　　）。

　A. 中国共产党建立共产主义社会的最高理想

　B. 人们对未来道德关系、道德标准和道德人格的向往

　C. 现阶段我国各族人民建设中国特色社会主义的共同理想

　D. 人们对未来的工作部门、工作种类以及业绩的向往和追求

42. 无产阶级革命家、共产主义战士陈毅元帅曾经说："我们是世界上最大的理想主义者。我们是世界上最大的行动主义者。我们是世界上最大的理想与行动的综合者。"对这句话理解错误的有（　　）。

　A. 共产主义既是一种社会理想，也是一种社会的现实运动

　B. 共产主义是一种可望而不可即的良好愿望，不可能成为人们行动的动力

　C. 在共产主义社会制度完全实现之前，不可能存在共产主义理想和共产主义实践

　D. 既要树立共产主义的远大理想，又要在实践中为实现这个远大理想而不懈奋斗

43. 理想信念对于大学生的成长有重要意义，以下表述正确的是（　　）。

　A. 能引导大学生做什么人

　B. 能指引大学生走什么路

　C. 能激励大学生为什么学

　D. 能让大学生人生一帆风顺

44. 现阶段，我国人民要实现建设中国特色社会主义的共同理想，就要（　　）。

　A. 坚定对中国共产党的信任

　B. 坚定走中国特色社会主义道路的信念

　C. 将对共产主义理想的宣传放在第一位

　D. 坚定实现中华民族伟大复兴的信心

45. 现阶段，我们之所以要坚定马克思主义的信念，是因为（　　）。

　A. 马克思主义是万能的精神良药

　B. 马克思主义是科学的又是崇高的

　C. 马克思主义具有持久的生命力

　D. 马克思主义以改造世界为己任

46. 下列关于理想的表述，错误的是（　　）。

　A. 个人理想就是个人奋斗的目标，注定一切以自我为中心

　B. 如果个人理想一定要符合社会理想，就等于排斥和抹杀个人理想

　C. 当社会理想同个人理想有矛盾冲突的时候，有志气、有抱负的人可以作出最大的自我牺牲

　D. 新时代的大学生应该在为实现社会理想而奋斗的过程中实现个人理想

47. 大学生应该正确对待实现理想过程中的顺境与逆境，以下做法错误的是（　　）。

　A. 身处顺境，就要迎高潮而快上，乘顺风而勇进

　B. 身处顺境，就要努力创造逆境，逆境更能磨炼人的毅力

C. 身处逆境，就要出低谷而力争，受磨难而奋进

D. 身处逆境，就要听天由命，泰然处之

48. 下列说法正确的是（　　）。

A. 为理想而献身，是人生的最高境界，也是理想实现的重要条件

B. 当代大学生要把敢于吃苦、勇于奋斗的精神落实到日常的学习、生活和工作中

C. 讲艰苦奋斗，就是要"忆苦思甜"，多找苦吃

D. 坚定的信念是实现理想的重要条件

49. 理想的实现是一个过程，下列说法错误的是（　　）。

A. 一般说来，理想越是高远，其实现过程就越复杂，需要的时间就越长

B. 一般说来，个人理想越是符合社会发展的规律，其实现的时间就越短

C. 理想实现的路途是艰难曲折的，远大理想的实现需要一代一代人不懈努力

D. 世界社会主义运动遭受的重大挫折，说明符合历史发展规律的理想也不一定能够实现

50. 勇于实践、艰苦奋斗是实现理想的根本途径，下面关于艰苦奋斗的表述，不正确的是（　　）。

A. 艰苦奋斗的主旨在于奋斗，其价值在于为事业而奉献

B. 艰苦奋斗是老一辈的事，当代青年不需要艰苦奋斗

C. 艰苦奋斗的说法和人追求自由自觉的本质是背道而驰的

D. 艰苦奋斗始终是激励我们为实现国家富强、民族振兴而共同奋斗的强大精神力量

51. 1840年鸦片战争后，中华各族儿女的共同理想有（　　）。

A. 挽救民族危亡

B. 取得民族独立

C. 建设强大国家

D. 实现中华民族的伟大复兴

52. 共产党人的最高理想就是在全世界实现共产主义社会制度，共产主义社会将是（　　）。

A. 劳动谋生成为手段的社会

B. 物质财富极大丰富的社会

C. 每个人自由而全面发展的社会

D. 人民精神境界极大提高的社会

53. 建设中国特色社会主义，（　　）。

A. 是现阶段全国各族人民的共同理想

B. 符合中国国情

C. 符合全国各族人民利益

D. 是中国发展、走向富强的必由之路

54. 人们在确立自己的理想信念时，应该（　　）。

A. 把崇高的理想和坚定的信念结合起来

B. 学会对不同的理想信念进行辨别和选择

C. 把个人的理想信念与社会的理想信念结合起来

D. 把科学的理想与非科学的空想结合起来

55. 在追求理想的过程中，需要充分认识理想实现过程的（   ）。

A. 长期性

B. 曲折性

C. 艰巨性

D. 随意性

56. 理想是社会关系的产物，它必然具有（   ）。

A. 时代性

B. 阶级性

C. 理论性

D. 人性

57. 理想来源于现实，又高于现实，具有（   ）。

A. 不可预测性

B. 实现的可能性

C. 超前性

D. 幻想性

58. 马克思主义作为我们党和国家的根本指导思想，是由（   ）。

A. 马克思主义严密的科学体系决定的

B. 马克思主义鲜明的阶级立场和巨大的实践指导作用决定的

C. 是近代以来中国历史发展的必然结果

D. 是中国人民长期探索的历史选择

59. 我们之所以要确立马克思主义的信仰，因为（   ）。

A. 马克思主义是科学理想信念的理论基础

B. 马克思主义是科学而崇高的

C. 马克思主义具有持久的生命力

D. 马克思主义以改造世界为己任

60. 实现现阶段我国各族人民的共同理想，应该（   ）。

A. 坚定对中国共产党的信任

B. 坚定全心全意为人民服务的理想信念

C. 坚定走中国特色社会主义道路的信念

D. 坚定实现中华民族伟大复兴的信心

62. 下列属于空想的是（   ）。

A. 造永动机

B. 莫尔的《乌托邦》

C. 康帕内拉的《太阳城》

D. 欧文的《和谐大厦》

62. 以下关于信念的正确说法是（   ）。

A. 信念具有非理性

B. 信念具有稳定性

C. 信念有不同的内涵和层次性

D. 信念是认知、情感和意志的有机统一体

63. 一个人具有不同方面的信念，涉及政治、经济、文化以及事业、学业和生活等多方面，且具有层次性，同一个人不同信念之间的关系是（　　）。

A. 杂乱的

B. 具有内在联系的

C. 缺乏联系的

D. 有机构成的体系

64. 在一个人形成的信念体系中，（　　）。

A. 高层次的信念决定低层次的信念

B. 低层次的信念服从于高层次的信念

C. 高层次的信念具有最大的统摄力

D. 高层次的信念代表一个人基本的社会信仰

65. 信念是人们在一定认识基础上确立的对某种思想或事物坚信不疑并身体力行的心理态度和精神状态，因此，信念具有如下特征（　　）。

A. 稳定性

B. 认知性

C. 情感性

D. 执着性

66. 马克思说："哲学家们只是用不同的方式解释世界，而问题在于改变世界。"这句话鲜明地表明了（　　）。

A. 马克思主义重视知识

B. 马克思主义重视实践

C. 马克思主义以探究世界是什么为己任

D. 马克思主义以改造世界为己任

67. 化理想为现实，需要（　　）。

A. 正确认识理想与现实的关系

B. 有坚定的信念

C. 敢想、大胆

D. 勇于实践、艰苦奋斗

68. 以下关于理想的观点正确的是（　　）。

A. 理想都具有实现的可能性

B. 理想的实现是一个过程

C. 理想的实现过程是艰难曲折的

D. 理想实现的根本途径是勇于实践、艰苦奋斗

69. 下列正确的观点是（　　）。

A. 信念具有高于一般认识的稳定性
B. 信念的稳定性不是绝对的
C. 人们的信念是多样的，没有共同之处
D. 信念有科学的与非科学的

70. "文王拘而演《周易》；仲尼厄而作《春秋》；屈原放逐，乃赋《离骚》；左丘失明，厥有《国语》；孙子膑脚，《兵法》修列……《诗》三百篇，此皆圣贤发愤之所为作也。"司马迁这段话对我们在人生哲理方面的启发是（   ）。
A. 要正确对待实现理想过程中的逆境
B. 有时逆境反而能使人的潜能最大限度地迸发出来
C. 受磨难而奋进，这是身处逆境的学问
D. 顺境对人生的作用是双重的，逆境只有消极作用

三、判断题

1. 信念是人们在一定的认识基础上确立的对某种思想或事物坚信不疑并身体力行的心理态度和精神状态。（   ）
2. 现阶段我国各族人民的共同理想是实现祖国的统一大业。（   ）
3. 远大的理想、坚定的信念是实现理想的根本途径。（   ）
4. 提高人生的精神境界是理想信念的作用之一。（   ）
5. 理想信念是人的精神生活的支柱。（   ）
6. 理想作为一种精神现象是人的精神生活的产物。（   ）
7. 理想是必然实现的对未来社会和自身发展的向往和追求。（   ）
8. 坚定崇高的理想信念，是大学生健康成长、成就事业的精神支柱和前进动力。（   ）
9. 人们在改造客观和主观世界的实践活动中，对现状永不满足、对未来不懈追求，是理想形成的动力源泉。（   ）
10. 理想是社会关系的产物，因而具有人性特征。（   ）
11. 理想不仅受时代的制约，而且随着时代的发展而发展。（   ）
12. 科学理想是人脑对现实的正确反映。（   ）
13. 个人理想包括职业理想、生活理想、道德理想等。（   ）
14. 空想是人们对未来的一种想象，这种想象脱离了实际，不可能实现。（   ）
15. 空想脱离了实际，因而是剥削阶级的产物。（   ）
16. 理想之所以能够成为一种推动人们创造美好生活的巨大力量，就在于它不仅具有现实性，而且具有预见性。（   ）
17. 有了明确的认知就能形成信念。（   ）
18. 宗教信仰也是信仰，只不过是一种对虚幻世界、不切实际的观念。（   ）
19. 理想信念紧密联系在一起，在很多情况下，理想亦是信念，信念亦是理想。当理想成为信念时，它是指人们确信的一种观点和主张；当信念成为理想时，它是与奋斗目标相联

系的一种向往和追求。( )
20. 理想信念是人的思想和行为的定向器。( )
21. 一个人的理想信念越崇高、越坚定，精神境界和人格就会越高尚。( )
22. 内心信念也称良心，它也是一种信念。( )
23. 一个坚定的社会主义者，一定有社会主义信念。( )
24. 我国实行宗教信仰自由，因此，宗教信仰是我们提倡的。( )
25. 宗教也教人从善，因而宗教信仰是科学的。( )
26. 科学信念就是以科学知识作基础的信念，有了科学知识，就能形成科学信念。( )
27. "有志者，事竟成。"这句话是说，有了理想，就能实现。( )
28. 理想受生产力发展水平的制约，说明理想具有阶级性。( )
29. 大学生有了理想信念就能健康成长。( )
30. 树立科学而崇高的理想信念是加强思想道德修养、提高精神境界的核心。( )
31. 马克思主义是科学理想信念的理论基础。( )
32. 马克思主义是牢固树立中国特色社会主义的理论前提。( )
33. 马克思主义是科学性、革命性、崇高性相统一的思想体系。( )
34. 马克思主义具有与时俱进的品格。( )
35. 中国特色社会主义的共同理想是社会主义核心价值体系的主题。( )
36. 中国共产党的宗旨是实现共产主义。( )
37. "立志做大事"就是要做大的、不平凡的事，因此从事平凡的工作是胸无大志的表现。( )
38. 我们强调个人理想要符合社会理想，这是说不能有个人理想。( )
39. 古人说："千里之行，始于足下。"实现崇高的理想，要从现在做起，从平凡的工作做起。( )
40. 任何现实都是有缺陷的，因此，我们才需要理想来超越、改造现实。( )
41. 理想与现实的矛盾，根本上说是"应然"与"实然"的矛盾，如果理想与现实完全等同，理想的存在就毫无意义。( )
42. 树立科学的理想是实现理想的根本途径。( )
43. 勇于实践、艰苦奋斗是实现理想的根本途径。( )
44. 坚定的理想信念是实现理想不可或缺的重要条件。( )
45. 中国特色社会主义的共同理想具有先进性，因此只能是共产党员的理想。( )
46. 理想说到底是一个实践问题，不是思想认识问题。( )
47. 坚定中国特色社会主义共同理想与追求远大的共产主义理想是统一的。( )
48. 理想具有实现的可能性、时代性、阶级性、实践性特征。( )
49. 信念具有稳定性、执着性、多样性、亲和性特征。( )
50. 践行艰苦奋斗精神，是当代大学生实现理想的根本途径。( )
51. 中国共产党人把马克思主义基本原理与中国革命、建设和改革的具体实践相结合，形成了中国特色社会主义理论体系成果。( )

52. 存在决定意识，在市场经济条件下，如今人们都讲利益、讲实惠，谈崇高理想是不合时宜的。（   ）
53. 低头向钱看，才能抬头向前（理想）看。（   ）
54. 树立科学的理想是实现理想的前提。（   ）
55. 在现阶段，全面建设小康社会是全国各族人民的共同理想。（   ）
56. 理想从性质上分类，可以分为个人理想和社会理想。（   ）
57. 信念是理想的根据和前提。（   ）
58. 艰苦奋斗是与我国"刺激消费，拉动内需"的经济政策相违背的，因此艰苦奋斗过时了。（   ）

四、辨析题

1. 理想是人们头脑中形成的，有可能实现的、对未来社会和自身发展的向往和追求，是人们的世界观、人生观和价值观在奋斗目标上的集中体现。
2. 大学生只要读好书就可以了，不必考虑理想和信念。
3. 由于成长环境和性格等方面的不同，人们会形成不同的理想信念。即使同一个人，也会形成关于社会生活不同方面的许多理想信念。这说明，理想信念具有崇高性。

五、简答题

1. 简述理想与现实的关系。
2. 简述个人理想与社会理想的关系。

六、论述题

1. 结合自身实际，谈一谈理想信念对于大学生成长成才的重要意义。
2. 如何认识立志高远与始于足下的关系？
3. 结合历史与现实，谈谈你对实现理想的长期性、艰巨性和曲折性的认识。

七、材料分析题

1. 结合材料回答问题。

【材料】

跳起来摘苹果

在心理学中，有一个著名的摘苹果理论，意思是说，一个渴望成功的人，应该永远努力去采摘那些需要奋力跳起来才能够得着的"苹果"——目标。这样的人，总是为自己设置更高的人生目标，总是在创造人生新的辉煌，总是在收获更大的成功，总是在期冀更美好的未来。这样的人,即使未必一定能够实现自己渴望的目标,到达理想的彼岸,但他们后来的成功,往往超过那些总是采摘伸手可及的苹果的人。这已为无数有作为有成就的成功人士所证明。

请回答:

结合实际,谈谈你对这一理论的认识,你认为应该如何设定自己的人生目标?

2. 结合材料回答问题。

【材料1】

1920年的春夜,浙江义乌分水塘村一间久未修葺的柴屋。两张长凳架起一块木板,既是床铺,又是书桌。桌前,有一个人在奋笔疾书。母亲在屋外喊:"红糖够不够,要不要我再给你添些?"儿子应声答道:"够甜,够甜了!"谁知,当母亲进来收拾碗筷时,却发现儿子的嘴里满是墨汁,红糖却一点也没动。原来,儿子竟然是蘸着墨汁吃掉粽子的!他叫陈望道,他翻译的册子叫《共产党宣言》。

墨汁为什么那样甜?原来,信仰也是有味道的,甚至比红糖更甜。正因为这种无比言喻的精神之甘、信仰之甜,无数革命先辈才情愿吃百般苦、甘心受千般难。

——2012年11月27日《人民日报》第四版《信仰的味道》

【材料2】

现在,青春是用来奋斗的;将来,青春是用来回忆的。人生之路,有坦途也有陡坡,有平川也有险滩,有直道也有弯路。青年面临的选择很多,关键是要以正确的世界观、人生观、价值观来指导自己的选择,无数人生成功的事实表明,青年时代,选择吃苦,也就选择了收获;选择奉献,也就选择了高尚。青年时期多经历一点摔打、挫折、考验,有利于走好一生的路。

——习近平2013年5月4日在同各界优秀青年代表座谈时的讲话

请回答

(1) 结合材料1,说明应当如何理解"信仰也是有味道的"?

(2) 结合材料2,从个人理想与社会理想的关系说明青年时期怎样树立远大理想?

第二章

弘扬中国精神　共筑精神家园

一、单选题

1. 爱国主义是调节个人和祖国之间关系的道德要求、政治原则和（　　）。

   A. 内心信念

   B. 法律规范

   C. 自觉行为

   D. 传统道德

2. 在经济全球化形势下，（　　）仍然是民族存在的最高形式，是国际社会活动中的主体。

   A. 国际组织

   B. 国家

   C. 跨国公司

   D. 经济联盟体

3. 现阶段，爱国主义主要表现在（　　）。

   A. 抵御外辱

   B. 继承中华传统美德

   C. 弘扬民族精神与时代精神。献身于建设和保卫社会主义现代化事业，献身于促进祖国统一的大业中

   D. 学习西方先进文化

4. 新时期爱国主义的主题是（　　）。

   A. 建设和发展中国特色社会主义

   B. 爱祖国的山山水水

   C. 爱祖国的文化传统

D. 爱人民群众

5. 爱国主义是调节个人与祖国之间关系的道德要求、（　　）和法律规范，也是民族精神的核心。

A. 工作原则

B. 行为原则

C. 生活原则

D. 政治原则

6. 中华民族精神源远流长，包含着丰富的内容，其中，夸父追日、大禹治水、愚公移山、精卫填海等动人的传说，体现的是中华民族（　　）的精神。

A. 勤劳勇敢

B. 团结统一

C. 自强不息

D. 爱好和平

7. "国而忘家，公而忘私"，"先天下之忧而忧，后天下之乐而乐"，"天下兴亡，匹夫有责"等格言警句表达的中华民族的传统美德是（　　）。

A. 求真务实，敬重诚实守信

B. 爱国奉献，以天下为己任

C. 勤劳勇敢，追求自由解放

D. 乐群贵和，强调人际和谐

8. 在中华民族的历史上，从戚继光抗击倭寇到郑成功收复台湾，从三元里人民抗英到全民族抗日战争等，这些都表现了中华民族爱国主义优良传统中（　　）。

A. 维护祖国统一，促进民族团结的精神

B. 心系民生苦乐，推动历史进步的精神

C. 开发祖国山河，创造中华文明的精神

D. 抵御外来侵略，捍卫国家主权的精神

9. 在经济全球化的背景下弘扬爱国主义精神，需要（　　）。

A. 提高民族自尊心和自信心

B. 完全否定中国的传统和现实

C. 对本民族进行过度的颂扬和崇拜

D. 从经济基础到上层建筑的一切领域都与西方接轨

10. 不同的时代具有不同的时代精神。当今时代，我们大力弘扬的时代精神的核心是（　　）。

A. 改革创新

B. 淡泊名利

C. 爱护公物

D. 勤俭自强

11. （　　）是调节个人与祖国之间关系的道德要求、政治原则和法律规范。

A. 爱国思想

B. 爱国行为

C. 爱国主义

D. 爱国情感

12. 爱国主义的基本要求包括：爱祖国的大好河山、爱自己的骨肉同胞、（　　）和爱自己的国家。

A. 爱人民

B. 爱劳动

C. 爱祖国的灿烂文化

D. 爱科学

13. 中华民族爱国主义的优良传统包括：热爱祖国、矢志不渝，天下兴亡、匹夫有责，（　　）、反对分裂和同仇敌忾、抵御外侮。

A. 维护统一

B. 艰苦朴素

C. 勤劳

D. 勇敢

14. （　　）体现了人民群众对自己祖国的深厚感情，反映了个人对祖国的依存关系。

A. 爱国主义

B. 民族精神

C. 时代精神

D. 改革创新

15. 爱国主义是人们对自己故土家园、种族和文化的归属感、（　　）、尊严感与荣誉感的统一。

A. 自豪感

B. 认同感

C. 自信心

D. 自尊心

16. 中华民族在五千多年的历史进程中不仅创造出光辉灿烂、享誉世界的中华文明，也塑造出中华民族独特的精神气质和精神品格，形成了崇高精神的优秀传统。中国古人所说的"不义而富且贵，于我如浮云"这句话表现的是中华民族崇高精神的优秀传统中的（　　）。

A. 对理想的不懈追求

B. 对道德修养和道德传统的重视

C. 对物质生活与精神生活的相互关系的独到理解

D. 对人生境界和理想人格的重视

17. 在五千多年的历史发展中，中华民族形成了以爱国主义为核心的团结统一、爱好和平、勤劳勇敢、自强不息的伟大民族精神。其中，作为中华民族立身之本的是（　　）。

A. 团结统一

B. 爱好和平

C. 勤劳勇敢

D. 自强不息

18. 主权、财富、民族发展和进步的基本载体是（　　）。

　　A. 祖国的大好河山

　　B. 祖国的灿烂文化

　　C. 广大的人民群众

　　D. 国家

19. 俄国小说家屠格涅夫的名句"俄罗斯可以没有我，我不能没有俄罗斯"，形象地反映了作家的爱国主义情怀。检验一个人对祖国忠诚程度的试金石是（　　）。

　　A. 对人民群众感情的深浅程度

　　B. 对祖国大好河山的热爱程度

　　C. 对祖国灿烂文化的认同程度

　　D. 对民族优秀文化的熟悉程度

20. 2013年10月21日，习近平主席在欧美同学会成立100周年庆祝大会上发表重要讲话，希望留学生坚守爱国主义精神，继承和发扬留学生报国的光荣传统，做爱国主义的坚守者和传播者，自觉使个人成功的果实结在爱国主义这棵常青树上。在当代中国，爱国主义首先体现在（　　）。

　　A. 对祖国大好河山的热爱上

　　B. 对祖国灿烂文化的热爱上

　　C. 对自己骨肉同胞的热爱上

　　D. 对社会主义中国的热爱上

21. 中华民族精神的核心是（　　）。

　　A. 爱好和平

　　B. 爱国主义

　　C. 勤劳勇敢

　　D. 自强不息

22. 时代精神的核心是（　　）。

　　A. 一往无前

　　B. 知难而进

　　C. 务求实效

　　D. 改革创新

23. 邓小平曾经指出："港澳、台湾、海外的爱国同胞，不能要求他们都拥护社会主义，但是至少不能反对社会主义的新中国，否则怎么叫爱国呢？"这段话说明，在爱国主义这个问题上，对全体中华儿女包括港澳台同胞以及海外侨胞的基本要求是（　　）。

　　A. 爱国主义与爱社会主义的一致性

　　B. 爱国主义与爱中国共产党的一致性

　　C. 爱国主义与爱人民政府的一致性

　　D. 爱国主义与拥护祖国统一的一致性

24. 当前，我国国家安全的内涵和外延比历史上任何时候都要丰富，时空领域比历史上任何时候都要宽广，内外因素比历史上任何时候都要复杂，必须坚持总体国家安全观，既要重视外部安全，又要重视内部安全；既要重视国土安全，又要重视国民安全；既要重视传统安全，又要重视非传统安全；既重视发展问题，又重视安全问题。总体国家安全观的根本是（　　）。

  A. 经济安全

  B. 政治安全

  C. 军事、文化、社会安全

  D. 国际安全

25. 下列选项中，体现了中华民族爱国主义优良传统的是（　　）。

  A. "见贤思齐焉，见不贤而内自省也"

  B. "先天下之忧而忧，后天下之乐而乐"

  C. "爱人者，人恒爱之；敬人者，人恒敬之"

  D. "博学之，审问之，慎思之，明辨之，笃行之"

26. 在当代，对每一个中华人民共和国公民来说，爱国主义首先体现在（　　）。

  A. 对社会主义中国的热爱上

  B. 勇于和善于参与经济全球化的竞争

  C. 全面肯定和接受中华民族道德传统

  D. 把中国纳入西方的发展模式和发展轨道

27. 在中华民族悠久的历史中，始终发挥着民族精神核心作用的是（　　）。

  A. 社会主义

  B. 集体主义

  C. 个人主义

  D. 爱国主义

28. 爱国主义是一个历史范畴，当代中国的爱国主义是中华民族爱国主义发展的一个新阶段。建设和发展中国特色社会主义是新时期爱国主义的（　　）。

  A. 方法

  B. 传统

  C. 特征

  D. 主题

29. 做新时期忠诚坚定的爱国者，除了需要培育强烈的爱国情感，保持民族自尊和自信，努力学习和工作，以实践行动和贡献履行爱国义务外，还需要（　　）。

  A. 拒绝接受其他国家的一切东西

  B. 维护民族团结，促进祖国统一

  C. 全面接受中国古代的传统文化和道德

  D. 从经济基础到上层建筑的一切领域都与西方接轨

30. 把我国建设成为一个富强、民主、文明、和谐的社会主义现代化国家，实现中华民族的伟大复兴，已经成为现阶段全国各族人民的共同愿望。这从总体上指明了在整个社会主义初级阶段我国强国富民的必由之路，规定了建设和发展中国特色社会主义是（　　）。

A. 爱国主义的未来目标

B. 爱国主义的永恒要求

C. 爱国主义的优良传统

D. 新时期爱国主义的主题

31. 当今世界的时代主题是（　　）。

A. 冲突和战乱

B. 打击恐怖主义与经济发展

C. 和平与发展

D. 经济全球化

32. 范仲淹在《岳阳楼记》中说："居庙堂之高则忧其民，处江湖之远则忧其君。是进亦忧，退亦忧，然则何时而乐耶？其必曰：先天下之忧而忧，后天下之乐而乐。"这体现的是中华民族爱国主义优良传统中（　　）。

A. 维护祖国统一，促进民族团结的品质

B. 抵御外来侵略，捍卫国家主权的品质

C. 开发祖国山河，创造中华文明的品质

D. 心系民生苦乐，推动历史进步的品质

33. 不同时代有不同时代的任务。这一任务反映到爱国主义的内容上，就是特定时代条件下爱国主义的主题。新时期我国爱国主义的主题是（　　）。

A. 抵御外侮，救亡图存

B. 加强国防建设，维护世界和平

C. 加强国际交流，提升国际地位

D. 建设和发展中国特色社会主义

34. 一个民族在长期共同生活和社会实践中形成的，为本民族大多数成员所认同的价值取向、思维方式、道德规范、精神气质的总和，称为（　　）。

A. 民族精神

B. 风俗习惯

C. 历史传统

D. 道德观念

35. 爱国主义的基本要求不包括（　　）。

A. 爱祖国的大好河山

B. 爱自己的骨肉同胞

C. 爱自己的本职工作

D. 爱自己的国家

36. 两千多年前的《诗经》提出"夙夜在公"，西汉的贾谊提出"国而忘家；公而忘私"，宋代的范仲淹提出"先天下之忧而忧，后天下之乐而乐"；明代的顾炎武提出"天下兴亡，匹夫有责"等。这些都体现了中华民族传统美德中（　　）。

A. 爱国奉献，以天下为己任的内容

B. 乐群贵和，强调人际和谐的内容

C. 勤劳勇敢，追求自由解放的内容

D. 求真务实，敬重诚实守信的内容

37. 真正的爱国者是（　　）。

A. 爱国情感强烈的人

B. 爱国思想深刻的人

C. 具有爱国行为的人

D. 爱国的情感、思想和行为一致的人

38. 爱国主义与个人实现人生价值的关系（　　）。

A. 爱国主义阻碍个人实现人生价值

B. 爱国主义是个人实现人生价值的力量源泉

C. 爱国主义与个人实现人生价值无关

D. 爱国主义有时会帮助个人实现人生价值

39. 大学生是国家宝贵的人才资源，总是站在弘扬爱国精神的时代先列。在改革开放初期，大学生喊出了著名的爱国口号。这个充分体现他们爱国情怀的口号是（　　）。

A. 为中华之崛起而读书

B. 天下兴亡，匹夫有责

C. 振兴中华，从我做起

D. 爱我中华，从我做起

40. 以下关于爱国主义与爱社会主义具有一致性的说法，是针对（　　）的基本要求。

A. 中华人民共和国公民

B. 全体中华儿女

C. 生活在祖国大陆的中国公民

D. 生活在祖国大陆的一切人

41. 以下表述错误的是（　　）。

A. 时代精神是民族精神的时代性体现

B. 民族精神是时代精神形成的重要基础和依托

C. 时代精神的核心是爱国主义

D. 时代精神的核心是改革创新

42. 在把握经济全球化趋势与爱国主义的相互关系的问题上，需要着重树立一些观念，其中不包括（　　）。

A. 人有地域和信仰的不同，但报效祖国之心不应有差别

B. 科学没有国界，但科学家有祖国

C. 顺应经济全球化，适时改变爱国主义立场

D. 在经济全球化过程中要始终维护国家的主权和尊严

43. 爱国主义包含着情感、思想、行为三个方面，其中（　　）是灵魂。

A. 情感

B. 思想

C. 行为

D. 意志

44. 《反国家分裂法》的制定和实施，把我们关于解决台湾问题的大政方针（   ）。

A. 政治化

B. 法律化

C. 制度化

D. 科学化

45. 国家的核心利益是（   ）。

A. 维护国家经济利益

B. 维护国家文化利益

C. 维护国家主权和领土完整

D. 维护国家政治利益

46. 真正的爱国者在任何时候、任何情况下都要把（   ）放在第一位，把民族自尊心和自豪感体现在爱国的实际行动中。

A. 维护国家的社会主义制度

B. 维护国家安全、荣誉和利益

C. 维护集体和个人的人身和财产安全

D. 维护个人利益

47. 爱国主义是一个历史范畴，我们提倡的爱国家是（   ）。

A. 爱世界上所有的国家

B. 爱任何性质的任何国家

C. 爱由本民族统治的国家

D. 爱由先进阶级统治的、合乎生产力发展要求的进步国家

48. 以下表述正确的是（   ）。

A. 古今中外爱国主义的含义是一致的

B. 爱国主义与拥护祖国统一不同

C. 爱国主义与爱社会主义具有一致性

D. 爱国主义对港澳台同胞和海外侨胞的要求很低

49. 以下表述正确的是（   ）。

A. 为维护国家主权，要坚决抵制经济全球化

B. 政治一体化和文化一体化在经济全球化过程中是必要的

C. 可以用一种政治制度、价值观念和意识形态来衡量世界

D. 经济全球化是机遇，更是挑战

50. 国防教育的核心是（   ）。

A. 军事理论教育

B. 爱国主义

C. 近现代史教育

D. 法律意识教育

51. 中华民族精神的内涵不包括（   ）。

A. 团结统一

B. 爱好和平

C. 爱国主义

D. 民主法治

52. "爱祖国、爱人民、爱劳动、爱科学、爱社会主义"是社会主义道德的基本要求。在当代中国，对"爱祖国"的要求集中体现为（   ）。

A. 成为坚定的共产主义者

B. 积极参加中国特色社会主义建设

C. 追求健康、文明、科学的生活方式

D. 通过诚实劳动、合法经营去获取利益和财富

53. 爱国主义的必然政治要求是（   ）。

A. 热爱自己的国家

B. 热爱自己的骨肉同胞

C. 热爱祖国的锦绣河山

D. 热爱祖国的灿烂文化

54. 古往今来，无论那些对历史作出过较大贡献的政治家、思想家、军事家、文学艺术家，还是那些在祖国历史发展中起着决定作用的千千万万普通劳动群众，启迪、指引他们壮丽人生的一个共同思想因素是（   ）。

A. 社会主义

B. 集体主义

C. 爱国主义

D. 民族主义

55. 下列选项中，体现了中华民族爱国主义优良传统中"心系民生苦乐，推动历史进步"的高尚品质的是（   ）。

A. 君使臣以礼，臣事君以忠

B. 老吾老，以及人之老，幼吾幼，以及人之幼

C. 知之为知之，不知为不知，是知也

D. 先天下之忧而忧，后天下之乐而乐

56. 在当今时代，建设中国特色社会主义，实现中华民族伟大复兴，必须大力弘扬（   ）。

A. 以趋利避害为核心的时代精神

B. 以救亡图存为核心的时代精神

C. 以改革创新为核心的时代精神

D. 以明辨荣耻为核心的时代精神

57. 在当代中国，各族人民爱国主义的主题是（   ）。

A. 和平与发展

B. 维护安定团结的局面

C. 实现祖国统一

D. 建设和发展中国特色的社会主义

58. 胡锦涛指出："包括大陆同胞、港澳同胞、台湾同胞、海外侨胞在内的全体中华儿女，都应该为自己是中华民族的成员感到无比自豪，都应该承担起实现中华民族伟大复兴的历史责任，都应该以自己的努力为中华民族发展史续写新的光辉篇章。"这是指爱国主义内涵中的（   ）。

A. 爱国主义是中华民族继往开来的精神支柱

B. 爱国主义是维护祖国统一和民族团结的纽带

C. 爱国主义是实现中华民族伟大复兴的动力

D. 爱国主义是个人实现人生价值的力量源泉

59. 爱国主义最基本的内容是（   ）。

A. 对祖国的忠诚和热爱

B. 爱任何性质的任何国家

C. 对故乡和亲人的深深眷恋

D. 鄙视和离弃祖国的某些不尽如人意的地方

60. 常常被称为国家和民族的"胎记"的是（   ）。

A. 文化传统

B. 爱国传统

C. 思想传统

D. 历史传统

61. 被称为人类文明史上的奇观的是（   ）。

A. 西欧文明

B. 印度文明

C. 中华文明

D. 埃及文明

62. 一个国家和民族对国防建设的目的、内容、途径和重要性等问题的认识，属于（   ）。

A. 国防观念

B. 国防建设

C. 国防规划

D. 国防目标

63. 实现中华民族伟大复兴的动力是（   ）。

A. 强大国防

B. 强大外交

C. 爱国主义

D. 强大的经济实力

64. 增强国防观念，是保障国家安全的需要，是增强民族凝聚力和向心力的"黏合剂"，因而也是新时期（   ）。

A. 中华民族的发展需要

B. 维护世界和平的要求

C. 爱国主义的重要内容

D. 国家强大的标志

65. 报国之志是爱国之情、忧国之心的深化，又是自觉地增建国之才和践爱国之行的（　　）。

　　A. 导向

　　B. 动力

　　C. 核心

　　D. 精髓

66. 解决台湾问题，实现祖国完全统一，是全体中华儿女的共同心愿，是中华民族的（　　）。

　　A. "大一统"价值观的体现

　　B. 根本利益所在

　　C. 大团圆的需要

　　D. 民族情感的需要

二、多选题

1. 中华民族在五千多年的历史进程中，不仅创造出光辉灿烂、享誉世界的文明，也塑造出中华民族独特的精神气质和精神品格，形成了崇尚精神的优秀传统。中华民族崇尚精神的优秀传统表现在（　　）。

　　A. 对物质生活与精神生活相互关系的独到理解上

　　B. 中国古人对理想的不懈追求上

　　C. 对道德修养和道德教化的重视上

　　D. 重视人生境界和理想人格

2. 鲁迅曾说："唯有民魂是值得宝贵的，唯有他发扬起来，中国才有真进步。"实现中国梦必须弘扬中国精神。中国精神是兴国强国之魂，是（　　）。

　　A. 实现民族复兴的精神引领

　　B. 凝聚中国力量的精神纽带

　　C. 提升综合国力的重要保证

　　D. 政治文明建设的重要内容

3. 时代精神与民族精神是社会主义核心价值体系的精髓，二者紧密相连，都是一个民族赖以生存和发展的精神支撑。二者紧密相连具体体现在（　　）。

　　A. 时代精神是民族精神的时代性体现

　　B. 民族精神是时代精神形成的重要基础和依托

　　C. 两者的有机结合构成了中国精神的基本内容

　　D. 民族精神和时代精神的核心是改革创新

4. 爱国主义体现了人民群众对自己祖国的深厚感情，反映了个人对祖国的依存关系，是人们对自己故土家园、民族和文化的归属感、认同感、尊严感和荣誉感的统一。爱国主义是（　　）。

　　A. 调节个人与祖国之间关系的道德要求
　　B. 调节个人与祖国之间关系的政治原则
　　C. 调节个人与祖国之间关系的法律规范
　　D. 民族精神的核心

5. "没有国哪有家，没有家哪有我"，中华民族有着源远流长的爱国主义传统。以下关于爱国主义，内容正确的是（　　）。

　　A. 爱国主义是历史的
　　B. 爱国主义是具体的
　　C. 爱国主义是永恒的
　　D. 爱国主义在任何时候都不具有阶级性

6. 2013年国庆，继上一年推出的《你幸福吗？》采访后，中央电视台又推出《爱国让你想起了什么？》，节目组走遍全国各地，采访各个阶层的人民，提出的问题都与爱国有关，包括"你对别人说过爱国吗？""哪一种爱国方式打动过你？""你对爱国是怎么理解的？"等等。尽管回答不尽相同，但确实引起了人民对爱国主义内涵及相关内容的更大关注。爱国主义的基本要求是（　　）。

　　A. 爱祖国的大好河山
　　B. 爱自己的骨肉同胞
　　C. 爱祖国的灿烂文化
　　D. 爱社会主义

7. 2012年9月10日，日本政府宣布"购买"钓鱼岛及其附属岛屿。此后几天，我国不少地方的群众尤其是青年人自发走上街头，抗议日本政府的非法"购买"行径，表达了中国人民的正义立场和爱国精神，形成了维护主权、捍卫领土的强大声势。爱祖国的大好河山是爱国主义的基本要求之一，这是因为（　　）。

　　A. 祖国的河山在人们的心中占据着至高无上的地位
　　B. 祖国的山山水水滋养哺育着她的子子孙孙
　　C. 祖国的大好河山是自然风光，更是主权、财富、民族发展和进步的基本载体
　　D. 祖国的大好河山是培养民族心理、民族个性、民族精神的"摇篮"

8. 爱国主义的时代价值表现在（　　）。
　　A. 爱国主义是维护祖国统一的纽带
　　B. 爱国主义是维护民族团结的纽带
　　C. 爱国主义是实现中华民族伟大复兴的动力
　　D. 爱国主义是实现人生价值的力量源泉

9. 爱国主义的基本要求之一是爱祖国的灿烂文化。文化传统是（　　）。
　　A. 一个民族群体意识的载体，常常被称为国家和民族的"胎记"
　　B. 一个民族得以延续的"精神基因"
　　C. 培养民族心理、民族个性、民族精神的摇篮

D. 民族凝聚力的重要基础

10. 中华民族以爱国主义为核心的民族精神的主要内容有（　　）。

A. 团结统一，爱好和平

B. 同仇敌忾，抗御外侮

C. 勤劳勇敢，自强不息

D. 维护统一，反对分裂

11. 资本没有国界，但是商人有祖国。在经济全球化的条件下，国家仍然是民族存在的最高组织形式，是国际社会活动中的独立主体，爱国主义有着坚实的基础和丰富的意义。人有地域和信仰的不同，但报效祖国之心不应有差别。以下符合做一名忠诚爱国者的选项有（　　）。

A. 始终有爱国的深厚情感

B. 推进祖国统一

C. 促进民族团结

D. 增强国家安全意识

12. 以改革创新为核心的时代精神体现为（　　）。

A. 突破陈规、大胆探索、勇于创造的思想观念

B. 不甘落后、奋勇争先、追求进步的责任感和使命感

C. 坚忍不拔、自强不息、锐意进取的精神状态

D. 天下兴亡、匹夫有责的宽广情怀

13. 爱国主义（　　）。

A. 体现了人民群众对自己祖国的深厚感情

B. 反映了个人对祖国的依存关系

C. 是人们对自己故土家园、种族和文化的归属感、认同感、尊严感与荣誉感的统一

D. 是调节个人与祖国之间关系的道德要求、政治原则和法律规范

14. 新时期爱国统一战线的范围包括（　　）。

A. 全体社会主义劳动者

B. 社会主义事业建设者

C. 拥护祖国统一的爱国者

D. 拥护社会主义的爱国者

15. 爱国主义的优良传统有（　　）。

A. 天下兴亡、匹夫有责

B. 维护统一、反对分裂

C. 热爱和平、自强不息

D. 热爱祖国、矢志不渝

16. 时代精神与民族精神的关系是（　　）。

A. 时代精神是民族精神的时代性体现

B. 民族精神是时代精神形成的重要基础和依据

C. 时代精神与民族精神是割裂的

D. 时代精神和民族精神构成社会主义核心价值体系的重要内容

17. 爱国主义与（　　）具有一致性。

A. 爱祖国的人民

B. 爱祖国的文化

C. 爱社会主义

D. 拥护祖国统一

18. 在经济全球化的条件下，怎样弘扬爱国主义？（　　）

A. 加速提高中国的国力

B. 加强国家的国防建设

C. 积极应对挑战和风险

D. 积极参与国际事务

19. 弘扬和培育民族精神的原则是（　　）。

A. 要以宽阔的眼光看待弘扬和培育民族精神

B. 要以实践的眼光看待弘扬和培育民族精神

C. 要以创新的眼光看待弘扬和培育民族精神

D. 要以进步的眼光看待弘扬和培育民族精神

20. 改革创新包括（　　）。

A. 理论创新

B. 制度创新

C. 科技创新

D. 文化创新

21. 下面有关时代精神的表述，正确的是（　　）。

A. 时代精神形成和发展于新的历史条件下

B. 时代精神体现了民族的特质

C. 时代精神是顺应时代潮流的思想观念、行为方式、价值取向、精神风貌和社会风尚的总和

D. 时代精神与民族精神紧密相连，是民族精神的时代性体现

22. 改革创新是时代精神的内涵，是因为（　　）。

A. 改革创新是党的智慧结晶

B. 改革创新是进一步解放和发展生产力的必然要求

C. 改革创新是落实科学发展观、构建社会主义和谐社会的重要条件

D. 改革创新是建设社会主义创新型国家的迫切需要

23. 在新的历史时期，大学生应该做忠诚的爱国者，努力做到（　　）。

A. 自觉维护国家利益

B. 促进民族团结和祖国统一

C. 增强国防观念

D. 以振兴中华为己任

24. 弘扬以改革开放为核心的时代精神，必须（　　）。

A. 大力推进理论创新、制度创新、科技创新、文化创新以及其他各方面的创新

B. 自觉投身于改革创新的伟大实践

C. 积极进行自我创新学习

D. 培养创新能力

25. 爱国主义包括（　　）。

A. 认知

B. 情感

C. 思想

D. 行为

26. 爱国主义的主要内容包括（　　）。

A. 爱国情感

B. 爱国思想

C. 爱国行为

D. 爱国观念

27. 自觉维护国家利益，就要（　　）。

A. 承担起对国家应尽的义务

B. 宣传爱国主义思想

C. 维护改革发展稳定的大局

D. 树立民族自尊心和自豪感

28. 国防观念是指（　　）。

A. 国家进行的军事以及与军事有关的政治、经济、科技、文化、教育等方面的建设和斗争

B. 国家生存和发展的安全保障

C. 一个国家和民族对国防建设的目的、内容、途径和重要性等问题的认识

D. 国防忧患意识、国防目标意识、国防价值意识、国防责任意识、国防法制意识和国防献身意识等

29. 大学生增强国防观念的意义在于（　　）。

A. 增强国防观念，是大学生报效祖国，弘扬爱国主义精神的重要体现

B. 增强国防观念，是大学生履行国防义务，关心支持国防和军队建设的必然要求

C. 增强国防观念，是大学生提高综合素质，促进自身全面发展的迫切需要

D. 增强国防观念，是大学生了解自己的国家，更好地热爱祖国的重要途径

30. 爱国主义不仅是一种社会意识形态，而且是一种社会实践活动。在当代中国，以实际行动履行爱国义务，需要（　　）。

A. 投身于建设中国特色社会主义的伟大实践

B. 把握爱国主义的科学内涵，爱任何性质的任何国家

C. 确立正确的思想政治观念，自觉维护祖国的安定、团结和统一

D. 刻苦学习科学文化知识，掌握建设祖国和保卫祖国的过硬本领

31. 世界上没有哪个国家不主张爱国，中华民族富有爱国主义的光荣传统。爱国主义是

( )。

A. 全国各族人民共同的精神支柱

B. 全国人民团结奋斗的一面旗帜

C. 全国各族人民对自己祖国的深厚感情

D. 推动我国经济发展、社会进步的巨大力量

32. 下列选项中,体现了中华民族爱国主义优良传统的有( )。

A. "先天下之忧而忧,后天下之乐而乐"

B. "人生自古谁无死,留取丹心照汗青"

C. "苟利国家生死以,岂因祸福避趋之"

D. "各人自扫门前雪,莫管他人瓦上霜"

33. 爱国主义深深地扎根在中华民族之中,是中华民族之魂。从一般意义上讲,爱国主义是( )。

A. 一种重大的政治原则

B. 人们对自己祖国的深厚感情

C. 鼓舞和凝聚各民族的精神支柱

D. 调整个人与国家、个人与民族关系的道德规范

34. 当今时代,任何一个具有爱国情怀的人,都应该大力弘扬以改革创新为核心的时代精神。下列选项中,体现了这一时代精神要求的是( )。

A. 解放思想、实事求是

B. 艰苦奋斗、务求实效

C. 与时俱进、勇于创新

D. 明哲保身、畏葸不前

35. 以下属于改革创新精神表现的是( )。

A. 突破陈规、大胆探索

B. 奋勇争先、追求进步

C. 自强不息、锐意进取

D. 爱好和平、睦邻友好

36. 下列关于爱国主义的特征描述正确的是( )。

A. 在阶级社会里具有阶级性

B. 在共产主义社会具有阶级性

C. 是历史的

D. 是具体的

37. 爱国主义的科学内涵是( )。

A. 体现了人民群众对自己祖国的深厚感情

B. 反映了个人对祖国的依存关系

C. 是调解个人与祖国之间关系的道德要求、政治原则和法律规范,是民族精神的核心

D. 是人们对自己故土家园、民族和文化的归属感、认同感、尊严感与荣誉感的统一

38. 公民( )的行为就是爱国的具体表现。

A. 保卫祖国、抵抗侵略、依法服兵役
B. 勤俭朴素
C. 认真学习和深入了解自己国家基本知识
D. 依法纳税

39. 1955年，钱学森冲破重重阻力，回到魂牵梦绕的祖国。当有人问他为什么回国时，他说："我为什么要走回归祖国这条道路？我认为道理很简单——鸦片战争近百年来，国人强国梦不息，抗争不断。革命先烈为兴邦、为了炎黄子孙的强国梦，献出了宝贵的生命，血沃中华热土。我个人作为炎黄子孙的一员，只能追随先烈的足迹。在千万般艰险中，探索追求，不顾及其他，再看看共和国的缔造者和建设者们，在百废待兴的贫瘠土地上，盯住国内的贫穷，国外的封锁，经过多少个风风雨雨的春秋，让一个社会主义新中国屹立于世界东方。想到这些，还有什么个人利益不能丢弃呢？"钱学森发自肺腑的言语，对我们在新时期弘扬爱国主义精神的启示是（   ）。
A. 科学没有国界，但科学家有祖国
B. 个人的理想要与国家的命运、民族的命运相结合
C. 爱国主义与爱社会主义具有深刻的内在一致性
D. 爱国主义是爱国情感、爱国思想和爱国行为的高度统一

40. 爱祖国这种深厚的感情集中表现为（   ）。
A. 对祖国的河山、文化、历史、优良传统以及人民的热爱
B. 关心祖国的前途和命运，把个人的命运同祖国的命运紧密地联系在一起
C. 强烈的民族自豪感、自尊心和自信心
D. 为争取祖国的独立、统一、富强而英勇奋斗乃至牺牲的精神

41. 传统的国家安全观将国家安全理解为政治安全和国防安全。除此之外，全新的国家安全观还应当包括（   ）。
A. 人身安全
B. 经济安全
C. 科技安全
D. 文化安全

42. 中华民族形成了以爱国主义为核心的（   ）伟大民族精神。
A. 团结统一
B. 爱好和平
C. 勤劳勇敢
D. 自强不息

43. 爱国主义是调节个人和祖国之间关系的（   ）。
A. 道德要求
B. 政治原则
C. 内心信念
D. 法律规范

44. 在五千多年的发展中，中华民族形成了以爱国主义为核心的团结统一、爱好和平、

勤劳勇敢、自强不息的伟大民族精神。当代中国，我们要坚持以热爱祖国为荣、以危害祖国为耻，大力弘扬民族精神和爱国主义传统。新时期爱国主义集中表现为（　　）。

A. 把爱国主义与拥护祖国统一结合起来

B. 把爱国主义和拥护社会主义结合起来

C. 把握经济全球化的发展趋势并明确其影响

D. 抵制外国资本和商品的进入

45. 立志献身于祖国社会主义现代化建设事业的大学生（　　）。

A. 要有献身精神

B. 要有真才实学

C. 要有艰苦奋斗的精神

D. 要有健康的身心

46. 关于爱国主义的时代内容，下列说法正确的是（　　）。

A. 爱国主义是一个历史范畴，它随着历史条件和历史阶段的变化而发展变化

B. 古代爱国主义的时代内容是创建文明统一的中国

C. 近代爱国主义的时代内容是建立独立自主的新中国

D. 当代爱国主义的时代内容是建设有中国特色的社会主义

47. 下列说法正确的是（　　）。

A. 爱国情感是爱国主义的基础，是人们对祖国的一种直接感受和情绪体验

B. 爱国思想是爱国主义的灵魂，是人们对祖国的理性认识

C. 爱国行为是爱国主义精神的落脚点和归宿

D. 爱国行为是爱国主义的体现，是指人们身体力行、报效祖国的实际行动

48. 世界上没有哪个国家不主张爱国，没有哪个国家的人民不把爱国主义当作伟大的精神品格而加以敬仰和推崇。爱国主义是（　　）。

A. 一种重大的政治原则

B. 人们对自己祖国的浓厚感情

C. 民族精神的核心

D. 调整个人与国家、个人与民族关系的道德要求和法律规范

49. 民族精神是一个民族在长期的共同生活和社会实践中形成的，为本民族大多数成员所认同的（　　）的总和。

A. 价值取向

B. 道德规范

C. 精神气质

D. 思维方式

50. 爱国主义是中华民族宝贵的精神财富，爱国主义的历史作用有（　　）。

A. 爱国主义是全国各族人民共同的精神支柱

B. 爱国主义是全国人民团结奋斗的一面旗帜

C. 爱国主义是中华民族的优良传统

D. 爱国主义是推动我国经济发展、社会进步的巨大力量

51. 现阶段，爱国主义主要表现为（　　）。
   A. 弘扬民族精神与时代精神
   B. 全心全意为人民服务
   C. 献身于建设和保卫社会主义现代化事业
   D. 献身于促进祖国统一的事业

52. （　　）是伟大的中华民族精神在当今时代的新表现。
   A. 北京奥运精神
   B. 抗震救灾精神
   C. 愚公精神
   D. "两弹一星"精神

53. 在新的历史时期，大学生应该坚持以振兴中华为己任的理想信念，努力做到（　　）。
   A. 迎接机遇与挑战
   B. 立报国之志
   C. 增建国之才
   D. 践爱国之行

三、判断题

1. 爱国精神是爱国主义的灵魂，是人们长期以来形成的一种稳定情感。（　　）
2. 国防观念是指国家为抵御外来侵略与颠覆，捍卫国家主权、领土完整、维护国家安全、统一和发展而存在的思想。（　　）
3. 在经济全球化的条件下，弘扬爱国主义就是要加强国家的国防建设。（　　）
4. 自觉维护国家利益，就要承担起对国家应尽的义务。（　　）
5. 在经济全球化、信息社会化条件下，国家之间的综合国力竞争将趋缓。（　　）
6. 培养民族自尊心和自豪感，首先要自觉维护祖国的荣誉和尊严。（　　）
7. 服务祖国人民与实现自身价值是难以统一起来的。（　　）
8. 当代大学生是未来促进民族团结、完成祖国统一大业的栋梁之材，要自觉做推动民族团结和祖国统一的模范。（　　）
9. 在经济全球化的背景下，爱国主义已经过时，我们要逐步提倡爱球主义。（　　）
10. 当前世界范围内综合国力竞争的焦点集中在科技、教育与人才上。（　　）
11. 一个国家没有先进的科技，一打就垮，没有民族精神，不打就垮。（　　）
12. 爱国无小事，公民的爱国行为表现在公民日常生活的一言一行中，只要对祖国和人民有利，公民无论从事何种职业、做何种事，都包含着爱国主义的成分。（　　）
13. 中华民族精神是最伟大的，足以之为尺度衡量其他民族的精神。（　　）
14. 爱精神是爱国主义的灵魂，是人们长期以来形成的一种稳定情感。（　　）
15. 一个出生在中国的有中国国籍的人如果加入了外国的国籍，则其祖国也就改变为该国。（　　）

16. 爱国主义是中华民族的优良传统，是中华民族精神的核心，因此，在不同历史条件下，人们报效祖国的方式往往是大同小异的。（　　）
17. 爱国主义是历史的、具体的，在不同的历史时代和文化背景下所产生的爱国主义总是具有不同的内涵。（　　）
18. 爱国主义不是狭隘的民族主义，也不是大国沙文主义。（　　）
19. 新时期中华民族的爱国主义，既承接着历史上爱国主义的优良传统，又吸纳着鲜活的时代精神，内涵更加丰富。（　　）
20. 在当代中国，爱国主义和爱社会主义、爱人民政府，具有深刻的内在一致性。（　　）
21. 中华民族的爱国主义传统是在近代反抗外敌入侵的斗争中逐渐形成的。（　　）
22. 爱国主义体现了人民群众对自己祖国的深厚感情，反映了个人对祖国的依存关系，是人们对自己故土家园、种族和文化的归属感、认同感的统一，是纯粹的情感和道德要求。（　　）
23. 现阶段，爱国主义主要表现为献身于建设和保卫社会主义现代化事业，献身于促进祖国统一事业。（　　）
24. 爱国主义是制约人们行为、调整个人与国家和民族关系的道德原则和规范。（　　）
25. 维护统一、反对分裂是中华民族精神的核心。（　　）
26. 爱国主义是以世界和民族为本位的价值取向。（　　）
27. 全球化特别是经济全球化与爱国主义思想信念行为是根本冲突的。（　　）
28. 爱国主义，是人们忠诚、热爱、报效祖国的一种集情感、思想和行为于一体的社会意识形态。（　　）
29. 在不同的历史时代和文化背景下所产生的爱国主义，都具有相同的内涵。（　　）
30. 在未来的共产主义社会，仍然要提倡爱国主义。（　　）
31. 爱国主义是一个历史范畴，它随着历史条件和历史阶段的变化而发展变化。（　　）
32. 在封建社会阶段，爱国主义总是同反对分裂、反对民族压迫、反对统治阶级内部昏庸腐朽和封建专制的斗争相联系。（　　）
33. 经济全球化发展要求我们淡化国家意识，加强国际观念。（　　）
34. 法国科学家巴斯德说过："科学无国界，科学家有祖国。"（　　）
35. 我们如果不爱社会主义，但拥护国家统一仍然是一名爱国者。（　　）
36. 爱国只是一个道德要求，不是一个政治问题。（　　）
37. 爱国思想是人们对自己国家的朴素的感性认识。（　　）
38. 在全球化的条件下，物资、技术、人才已经是全球配置，没有国家的界限了，所以也就谈不上为国家作贡献的问题了。（　　）
39. 爱国不分先后，爱国也不在于做大事还是小事。（　　）
40. 国防就是军事斗争。（　　）
41. 在不同的历史条件下，人们报效祖国的方式往往是不同的。（　　）
42. 爱国就是中国什么都比外国强。（　　）
43. 如果国家无法给予我想得到的东西，我就有理由不爱国。（　　）

44. 国防力量的强大能为国家、民族的生存发展提供有力的支撑,而国防力量赢弱则会使国家、民族面临凌辱甚至被侵略的灾难。（　　）

45. 社会主义的爱国主义是历史上最高类型的爱国主义。（　　）

46. 建设有中国特色的社会主义是我国新时期爱国主义的主题,同时也是我国各族人民爱国主义的主要内容。（　　）

47. 爱国主义并不是从来就有的,它是在人类社会产生了阶级和国家以后才逐渐产生的,并随着国家的发展而发展,最后会随着国家的消亡而消亡。（　　）

48. 爱国主义是动员和鼓舞中国人民团结奋斗的一面旗帜,是推动我国社会主义历史前进的巨大力量,是各族人民共同的精神支柱。（　　）

四、辨析题

1. 爱国主义体现了人民群众对自己祖国的深厚感情,反映了个人对祖国的依存关系,是人们对自己故土家园、种族和文化的归属感、认同感的统一,是纯粹的情感和道德要求。

2. 维护统一、反对分裂是中华民族民族精神的核心。

3. 现阶段,爱国主义主要表现为献身于建设和保卫社会主义现代化事业,献身于促进祖国统一事业。

五、简答题

1. 简述爱国主义的含义和基本内容。
2. 新时期的爱国主义有哪些主要内容?

六、论述题

1. 在经济全球化加快发展的条件下怎样发扬爱国主义精神?
2. 大学生怎样培养以改革创新精神为核心的时代精神?

七、材料分析题

结合材料回答问题。

【材料1】

实现中国梦必须弘扬中国精神。这就是以爱国主义为核心的民族精神,以改革创新为核心的时代精神。这种精神是凝心凝力的兴国之魂、强国之魂。爱国主义始终是把中华民族坚定团结在一起的精神力量,改革创新始终是鞭策我们在改革开放中与时俱进的精神力量。全国各族人民一定要弘扬伟大的民族精神和时代精神,不断增强团结一心的精神纽带、自强不息的精神动力,朝气蓬勃地迈向未来。

——习近平2013年3月17日在第十二届全国人民代表大会第一次会议上的讲话

【材料2】

"什么是爱国的正确打开方式?"这是近来网络高度热议的话题。自"南海仲裁案"出炉以来,海内外中华儿女用不同方式展现了自己赤诚而热烈的爱国之心。其中,也有不少杂音和不理智行为,引发了网民广泛的探讨交锋。"爱国,当有'大国风范'"是这次讨论中收获最多、认同最多、支持最多的观点。

——国平《爱国当有"大国范儿"》《中国新闻网》,2016年7月21日

请回答:

(1) 为什么用中国精神能够激发中国力量?

(2) 在经济全球化的时代,为什么更要大力弘扬爱国主义?

(3) 什么是爱国的正确打开方式?

第三章

领悟人生真谛　创造人生价值

一、单选题

1. 人生观的核心是（　　）。
   A. 人生价值
   B. 人生目的
   C. 人生态度
   D. 人生信仰

2. 人生目的是指人（　　）的观点和主张，是人生的根本愿望和目标。
   A. 为什么发展
   B. 为什么活着
   C. 为什么工作
   D. 为什么努力

3. 人生价值评价的根本尺度，是看一个人一生的活动（　　），是否通过实践促进了历史的进步。
   A. 是否促进个人的发展
   B. 是否符合社会发展的客观规律
   C. 是否促进生产力的发展
   D. 是否促进生产关系的改善

4. 人的本质属性是（　　）。
   A. 自然属性
   B. 社会属性
   C. 地缘属性
   D. 业缘属性

5. 爱因斯坦曾经指出:"一个人对社会的价值,首先取决于他的感情、思想和行动对增进人类利益有多大作用,而不应看他取得什么。"他的意思是说(   )。

   A. 一个人的社会价值越大,他的自我价值就越小

   B. 一个人的社会价值主要在于他对社会作出的贡献

   C. 一个人从社会获得的尊重和满足越多,他的社会价值就越高

   D. 能力大的人更容易实现社会价值,能力小的人不可能实现社会价值

6. 下列选项中,正确运用了人际交往的基本方法和技巧的是(   )。

   A. 时刻提防、猜疑他人

   B. 冷漠严肃、不苟言笑

   C. 宽容待人、诙谐幽默

   D. 尽量拉近人际空间距离

7. 两个或两个以上的个人或群体为达到共同目的而联合、为相互利益而协调一致的活动,称为(   )。

   A. 竞争

   B. 合作

   C. 冲突

   D. 交往

8. 人们在实践中形成的对于人生目的和意义的根本看法是(   )。

   A. 世界观

   B. 人生观

   C. 价值观

   D. 荣辱观

9. 人生态度是指人们通过生活实践所形成的对人生问题的一种稳定的(   )和基本意图。

   A. 心理问题

   B. 心理矛盾

   C. 心理倾向

   D. 实际行动

10. 要促进个人与他人的和谐,就要(   )。

    A. 以原则促团结

    B. 当好好先生

    C. 提倡好人主义

    D. 搞江湖义气

11. 马克思说:"人们只有为同时代人的完美、为他们的幸福而工作,才能使自己也达到完美。如果一个人只为自己劳动,他也许能成为著名的学者、大哲人、卓越诗人,然而他永远不能成为完美无疵的伟大人物。"这句话表达的意思是(   )。

    A. 人生的自我价值和社会价值是矛盾的、对立的

    B. 人生的社会价值是实现人生的自我价值的基础

C. 人生的自我价值是个体生存和发展的必要条件

D. 自觉提高自我的主体素质和能力是实现人生价值的根本途径

12. 一个健康的人，不仅要有健康的生理，而且要有良好的心理，即所谓"身心健康"。下列选项中，反映心理健康状况的是（　　）。

   A. 身体发育匀称

   B. 生理功能状态良好

   C. 有强壮的体力和体魄

   D. 经常保持愉快的心境

13. 在人际交往中，由于性格、经历、文化、修养等个性差异的存在，产生矛盾是难以避免的。这就要求人们在交往中求同存异，互相包涵。这说明，在人际交往中应当遵循（　　）。

   A. 诚信原则

   B. 平等原则

   C. 互助原则

   D. 宽容原则

14. 人的生活实践对于社会、他人和自身需要的满足，或对于社会、他人和自身所具有的意义，称为（　　）。

   A. 人生目的

   B. 人生态度

   C. 人生理想

   D. 人生价值

15. 一个健康的人应该是"身心健康"的人。下列表现中，属于心理健康的是（　　）。

   A. 能够适应自然环境的变化

   B. 能够抵御一般传染性疾病的侵袭

   C. 能够较好地完成同龄人一般能够完成的活动

   D. 能够生活在社会群体之外，自我封闭、孤芳自赏

16. 人生观的作用主要通过人生目的、人生态度、人生价值三个方面体现出来。人生目的回答人为什么活着，人生态度表明人应当怎样对待生活，人生价值判断什么样的人生才有意义。这三个方面互相联系、互相制约，其中居于核心地位的是（　　）。

   A. 人生目的

   B. 人生态度

   C. 人生价值

   D. 人生价值观

17. 在人生旅途中，既可能遇到顺境，也可能遇到逆境。对待顺境的正确态度是（　　）。

   A. 麻痹大意，得意忘形

   B. 居安思危，自制自励

C. 怨天尤人，自暴自弃

D. 玩世不恭，虚度光阴

18. "个人的抱负不可能孤立地实现，只有把它同时代和人民的要求紧密结合起来，用自己的知识和本领为祖国、为人民服务，才能使自身价值得到充分实现。如果脱离时代、脱离人民，必将一事无成。"这段话的意思是（　　）。

　　A. 不实现个人抱负，就不会创造社会价值

　　B. 实现自我价值是因，创造社会价值是果

　　C. 社会价值的创造过程与自我价值的实现过程是不相关的

　　D. 人生的自我价值必须与社会价值相结合，并通过社会价值表现出来

19. 从马克思提出的"为绝大多数人谋利益"，到列宁提出的"为千千万万劳动人民服务"，再到毛泽东精辟概括的"为人民服务"，这些科学高尚的人生目的都是建立在（　　）。

　　A. 个人史观基础之上的

　　B. 英雄史观基础之上的

　　C. 唯物史观基础之上的

　　D. 唯心史观基础之上的

20. 现实生活中，人们对待人生的态度千差万别、多种多样，但归纳起来无外乎两种：积极进取的人生态度和消极无为的人生态度。下列选项中，表现了积极进取的人生态度的是（　　）。

　　A. 玩世不恭

　　B. 勇于开拓

　　C. 怨天尤人

　　D. 安于现状

21. 在人生过程中，每个人都要处理好个人与社会的关系。下列选项中，对这一关系表述正确的是（　　）。

　　A. 个人只能被社会所决定

　　B. 社会的存在不依赖于个人

　　C. 个人可以不依赖于社会而存在

　　D. 特定的社会条件决定个人的生存发展

22. 人民群众是推动历史前进的真正动力，是历史的真正主人。这种群众史观反映到人生观上，必须是（　　）。

　　A. 为人民服务

　　B. 为自己服务

　　C. 为少数人服务

　　D. 为统治者服务

23. 人生价值是自我价值和社会价值的统一。人生的自我价值主要表现为（　　）。

　　A. 社会对个人的尊重和满足

　　B. 自我对自己本身的肯定关系，即自己满足自己需要的关系

C. 国家对个人的积极评价

D. 个人通过劳动、创造为社会和人民所做的贡献

24. 无产阶级的人生观是（　　）。

A. 历史唯物主义

B. 集体主义

C. 为人民服务

D. 实现共产主义

25. 集体主义强调集体利益的发挥离不开个人的积极性和创造性，集体要（　　）。

A. 重视个人的正当利益

B. 为个人作出无条件的牺牲

C. 反对任何对个人的干预和限制

D. 束缚个人，限制个性的发展

26. 集体主义原则的重要价值取向是（　　）。

A. 民族利益高于个人利益

B. 社会利益高于个人利益

C. 国家利益高于个人利益

D. 集体利益高于个人利益

27. 在与人交谈的行为举止中，正确体现了人际交往艺术的是（　　）。

A. 对他人的错误冷嘲热讽

B. 目光游离不定，不时地看手表

C. 随意插言，贸然打断对方的话题

D. 善于倾听，礼貌待人

28. 即使在个人独处、无人监督时，也要坚守自己的道德信念，对自己的言行小心谨慎，不做任何不道德的事。这说的是个人在进行自我修养时，应该（　　）。

A. 学习榜样，积极进取

B. 虚心求教，勤于积累

C. 闭门造车，坐而论道

D. 坚持"慎独"，纯洁品质

29. 在社会主义条件下，正确处理好个人利益同社会利益、集体利益、国家利益之间关系的基本原则是（　　）。

A. 个人主义

B. 民族主义

C. 集体主义

D. 合理利己主义

30. 下列心理品质或行为特征中，有利于增进人际吸引、建立良好人际关系的是（　　）。

A. 挑拨离间，惹是生非

B. 坦然为人，乐于助人

C. 目中无人,"老子天下第一"

D. 只享受权利,向他人和社会索取,不负责任,不作贡献

31. 下列有关人生价值评价的说法中,正确的是(   )。

A. 个人的能力越强,其人生价值也就越大

B. 个人的行为动机越高尚,其人生价值也就越大

C. 个人对社会的贡献越多,其人生价值也就越大

D. 个人从社会中得到的满足越多,其人生价值也就越大

32. 在与人交谈的行为举止中,正确体现了人际交往基本方法和技巧的是(   )。

A. 不时地伸懒腰,打哈欠

B. 目光游离不定,不时地看手表

C. 随意插言,贸然打断对方的话题

D. 虚心倾听对方讲话,对自己认可的观点报以赞许的微笑

33. 在现实生活中,由于人们的立场和观点不同,对人活着的意义理解也不同,存在着各种不同的人生观。人生观是(   )。

A. 人们对美好未来的向往和追求

B. 人类社会中人们之间的相互需要关系

C. 人们对整个世界最根本的看法和观点的总和

D. 人们对人生目的和人生意义的根本看法和态度

34. "个人的脆弱性和种种限制,使得他无法单独地达到自己的目标。只凭个人的力量来应付自己的问题。他必然无法保持自己的生命,也无法将人类的生命延续下去。"这说明,个人的生存、人类的发展都离不开人与人之间的(   )。

A. 激烈竞争

B. 良好合作

C. 相互封闭

D. 紧张冲突

35. 自我修养必须落实到行动上,只有身体力行,对自己严格要求,把正确的认识化为现实的行为,变成习惯,才能真正达到人生修养的高境界。这说明,自我修养中最重要的环节是(   )。

A. 认真读书

B. 躬行实践

C. 常思己过

D. 虚心求教

36. 人生价值是一种特殊的价值,是人的生活实践对于社会和个人所具有的作用和意义,人生价值包含了人生的自我价值和社会价值两个方面。下列关于社会价值与自我价值的说法正确的是(   )。

A. 人生的自我价值是指个人对社会的责任和贡献

B. 一个人的社会价值的大小与他对社会的贡献无关

C. 人生的自我价值和社会价值共同构成了人生价值的矛盾统一体

D. 人生的社会价值是个体的人生活动对自己生存和发展所具有的价值

37. 得与失是人生的常态，下列行为正确的是（   ）。

A. 遇到一点挫折就放弃

B. 满足于一时之得，而止步不前

C. 处处斤斤计较个人得失

D. 积极面对人生，不计较一时的得失

38. "人的本质不是单个人所固有的抽象物，在其现实性上，它是一切社会关系的总和。"这句经典名言是（   ）所说的。

A. 马克思

B. 恩格斯

C. 列宁

D. 毛泽东

39. （   ）决定着走什么样的人生道路。

A. 人生价值

B. 人生态度

C. 人生信仰

D. 人生目的

40. 下列与人交往的做法中，可取的是（   ）。

A. 明知不对，不说为佳

B. 赞扬别人，言过其实

C. 与人交谈时"洗耳恭听"

D. 少言冷语，自恃清高

41. 人生价值的根本内容是以（   ）的关系为实际内容的人与人之间的价值关系。

A. 自我与他人

B. 索取与享受

C. 劳动与创造

D. 贡献与索取

42. 人生价值取向是对（   ）的选择和追求。

A. 自我价值

B. 社会价值

C. 价值质量

D. 价值目标

43. 人与人相互尊重的前提在于（   ）。

A. 自重

B. 自爱

C. 真诚

D. 平等

44. 下列选项中，关于幸福观的正确认识有（   ）。

A. 人注定要死，人的一生充满痛苦

B. 人生苦短，及时行乐才对得起自己的人生

C. 物质充裕才是最幸福的标志

D. 物质生活的满足是幸福生活的重要方面，但精神生活的充实更是幸福生活不可或缺的

45. 人生的社会价值就是个体的人生对于（　　）的意义。

A. 自我与社会

B. 集体与社会

C. 自我与他人

D. 社会和他人

46. 求同存异在人际交往中体现了（　　）原则。

A. 真诚

B. 尊重

C. 宽容

D. 平等

47. 人生价值实现的条件是（　　）。

A. 社会条件与个人条件

B. 思想素质与文化素质

C. 自强不息

D. 实际行动

48. 协调个人与他人关系要正确认识和处理好（　　）的关系。

A. 竞争

B. 合作

C. 相互团结

D. 竞争与合作的关系

49. 人与自然的关系实际上是（　　）的关系，是社会关系。

A. 人与植物

B. 人与动物

C. 人与人

D. 竞争与合作的关系

50. 人生的社会价值是个体的人生活动对（　　）所具有的价值。

A. 社会、他人

B. 人与动物

C. 自己

D. 动物与植物

51. 人生价值是一种特殊的价值，是人的生活实践对于（　　）所具有的价值和意义。

A. 人与植物

B. 人与动物

C. 社会与他人

D. 社会与个人

52. 拜金主义人生观是一种认为（　　）可以主宰一切，把追求金钱作为人生至高目的的人生观。

　　A. 财富

　　B. 金钱

　　C. 人际关系

　　D. 珠宝

53. 享乐主义人生观是一种把（　　）作为人生目的的人生观，主张人生的唯一目的和全部内容就在于满足感官的需求和快乐。

　　A. 财富

　　B. 享乐

　　C. 自由

　　D. 幸福

54. 世界观就是人们对生活在其中的世界以及人与世界的关系的总体看法和（　　）。

　　A. 根本观点

　　B. 根本态度

　　C. 社会价值

　　D. 个人价值

55. 人生态度回答的是人们（　　）的问题。

　　A. 应当怎样对待生活

　　B. 怎样活着才有意义

　　C. 怎样活着才有价值

　　D. 为什么活着

56. 人的活动具有（　　），这是人与其他动物的一个很重要的区别。

　　A. 主动性

　　B. 积极性

　　C. 被动性

　　D. 目的性和自觉性

57. （　　）指人自觉确定目的，有意识地组织、调节行为，并按主观意愿排除障碍和克服困难的心理过程，它是人的意识的能动方面，也是人的主体性的心理表现。

　　A. 意志

　　B. 想象

　　C. 认知

　　D. 记忆

58. 当代大学生身处改革开放和现代化建设的关键时期，时代要求我们应该树立（　　）的人生态度。

　　A. 苦大深仇

B. 积极进取

C. 小心翼翼

D. 大义凛然

59. （　　）是指人在认识客观事物时所产生的内心体验，它包括满意不满意、愉快不愉快、喜爱不喜爱等倾向。

A. 情感

B. 意志

C. 记忆

D. 想象

60. 人生价值包括自我价值和社会价值两个方面，其中衡量一个人社会价值的标准是（　　）。

A. 个人拥有财富的多少

B. 个人对社会奉献的多少

C. 个人所从事的职业是否重要

D. 个人的行为动机是否高尚

61. 人生价值观是（　　）。

A. 产生于主体的需要和客观满足主体需要的关系中

B. 自我价值与社会价值的统一

C. 对人为什么活着的基本观点

D. 对人生目的和实践活动进行认识和评价时所持的基本观点

62. 科学的人生观是（　　）。

A. 为人民服务的人生观

B. 构建自己"精神家园"的人生观

C. "自我设计""个人奋斗"的人生观

D. 为个人和全家求温饱、谋幸福的人生观

63. 实现人生价值的根本途径是（　　）。

A. 树立为人民服务的人生观

B. 自觉提高自我的主体意识

C. 选择正确的人生价值目标

D. 进行积极的创造性的实践活动

64. 内在价值转化为外在价值的中介环节是（　　）。

A. 知识

B. 能力

C. 智力

D. 实践

65. 视金钱为圣物，以追逐和获取金钱为人生目的和生命全部意义的是（　　）人生观。

A. 享乐主义

B. 拜金主义

C. 实用主义

D. 个人主义

66. 主张人生的唯一目的和全部内容就是满足感官的需求和快乐的是（　　）人生观。

　　A. 享乐主义

　　B. 拜金主义

　　C. 实用主义

　　D. 个人主义

67. 主张个人本身就是目的，具有最高价值，社会和他人只是个人达到目的的手段的是（　　）人生观。

　　A. 享乐主义

　　B. 拜金主义

　　C. 实用主义

　　D. 个人主义

二、多选题

1. 现实生活中，人们对待人生的态度千差万别、多种多样。培养和树立积极进取的人生态度，能够（　　）。

　　A. 促进人生目的的达到

　　B. 调整人生道路的方向

　　C. 有助于人生价值的实现

　　D. 使人一直生活在顺境之中

2. 走好人生之路，创造有价值的人生，需要协调好个人与社会的关系。下列有关个人与社会关系的说法中，正确的有（　　）。

　　A. 个人完全由社会所决定，对社会不具有能动作用

　　B. 个人应在社会发展中认识自我，调整和充实自我

　　C. 社会是个人生存和发展的基础，个人是构成社会的条件

　　D. 个人承担社会责任、履行社会义务是社会存在和发展必不可少的前提

3. 下列选项中，属于心理健康表现的有（　　）。

　　A. 自我评价客观

　　B. 善于与别人相处

　　C. 经常处于焦虑状态不能自拔

　　D. 具有自我调节以适应自身及外界环境变化的能力

4. 人生目的是指人生实践活动的总目标，是对"人为什么活着"这一人生根本问题的认识和回答。人生目的一经确定，就居于人生观的核心，它决定了（　　）。

　　A. 走什么样的人生道路

　　B. 持什么样的人生态度

C. 处于什么样的人生境遇

D. 选择什么样的人生价值标准

5. 在社会生活中，每个人都要与他人进行交往，形成个人与他人之间的关系。建立良好的人际关系应遵循的基本原则有（　　）。

　　A. 平等原则

　　B. 诚信原则

　　C. 宽容原则

　　D. 互助原则

6. 人每天为某个具体目的从事某项具体活动，而在这些具体活动中又贯穿着一个根本目的，这就是人生目的。明确的人生目的（　　）。

　　A. 能够转化为人生前进的动力

　　B. 对人生实践活动有着巨大的激励作用

　　C. 是一个人一生道路的方向和生命的目标

　　D. 可以使人无所畏惧、顽强拼搏、积极进取、乐观向上

7. 在进行人生价值评价时，应把握的原则有（　　）。

　　A. 坚持简单和复杂的统一

　　B. 坚持责任和贡献的统一

　　C. 坚持动机和效果的统一

　　D. 坚持物质贡献和精神贡献的统一

8. 社会心理学家安东尼·罗宾认为："人生中最大的财富是人际关系。"人际关系对人生的意义，具体表现在（　　）。

　　A. 良好的人际关系是人生幸福的需要

　　B. 良好的人际关系是人身心健康的需要

　　C. 良好的人际关系是人事业成功的需要

　　D. 良好的人际关系是人生奋斗的最高目标

9. 端正人生态度应该（　　）。

　　A. 认真

　　B. 务实

　　C. 乐观

　　D. 进取

10. 在竞争与合作中，处理好自己与他人关系的正确态度有（　　）。

　　A. 要会欣赏别人，善于发现别人的长处，虚心向别人学习

　　B. 一切都以是否有利于自己私利的实现为转移，完全不必考虑他人

　　C. 能站在对方的位置上考虑，想想别人的难处和利益，理解和宽容别人

　　D. 要会理解和谅解别人，对于竞争与合作中发生的分歧和误会，不心存怨恨

11. 人生观主要是通过（　　）体现出来的。

　　A. 世界观

　　B. 人生目的

C. 人生态度

D. 人生价值

12. 人生责任包括（　　）等内容。

A. 对自我负责

B. 对他人负责

C. 对社会负责

D. 对国家负责

13. 下列选项中，体现了为人民服务要求的有（　　）。

A. 一心为公，大公无私，毫不利己，专门利人

B. 利用人民赋予的权力为自己、为亲朋好友或者为小团体牟取私利

C. 在与人相处中，尽量做到替别人着想，使自己的行为能给他人或社会带来有益的结果

D. 依靠自己的诚实劳动，在追求个人正当利益的同时，为社会和他人提供货真价实的产品或服务

14. 人生社会价值的基本标志是（　　）。

A. 成功

B. 劳动

C. 创造

D. 贡献

15. 人生观主要包括（　　）。

A. 人生价值

B. 人们的生活水平

C. 人生态度

D. 人生目的

16. 人生目的的作用有（　　）。

A. 动力作用

B. 激励作用

C. 导向作用

D. 规范作用

17. 人生目的中较具有代表性、典型性的几种类型有（　　）。

A. 为个人求权力、求享乐的人生目的

B. 权力至上的人生目的

C. 为个人和全家求温饱的人生目的

D. 拜金主义的人生目的

18. 人的价值与物的价值的本质差异在于（　　）。

A. 两者主客体的对象不同

B. 两者主客体的作用不同

C. 物在物的价值中，只是满足人的需要的客体

D. 人在人的价值中，既是价值的主体，又是价值的客体

19. 人生目的可分为（　　）四个层次。

A. 自私自利

B. 先公后私，先人后己

C. 主观为自己，客观为他人

D. 大公无私，全心全意为人民服务

20. 协调好个人与社会的关系，要（　　）。

A. 正确认识个体性与社会性的统一关系

B. 正确认识个人需要与社会需要的统一关系

C. 正确认识个人利益和社会利益的统一关系

D. 正确认识享受个人权利、自由与承担社会责任、义务的统一关系

21. 人生的自我责任具体体现为（　　）。

A. 自爱

B. 自尊

C. 自律

D. 自强

22. 客观、公正地评价社会成员人生价值的大小，需要掌握恰当的评价方法，做到以下四个坚持：（　　）

A. 坚持能力大小与贡献须尽力相统一

B. 坚持物质贡献与精神贡献相统一

C. 坚持完善自身与贡献社会相统一

D. 坚持动机和效果相统一

23. 创造有价值的人生，应科学对待人生环境，主要就是要促进（　　）。

A. 自我身心的和谐

B. 个人与社会的和谐

C. 个人与他人的和谐

D. 人与自然的和谐

24. 人生态度的形成既是受一定社会环境影响的结果，也是一个复杂的心理过程，其中，（　　）是起着主要作用的三种心理要素。

A. 认知

B. 情感

C. 意志

D. 实践

25. 拜金主义、享乐主义以及个人主义的人生观尽管在形式上五花八门，内容上不尽一致，但它们却有共同的特征，主要有以下三个方面：（　　）

A. 它们都是剥削阶级的人生观，反映的都是狭隘的阶级利益，不可能具有无产阶级的宽广胸怀和远大志向，更不能代表人民群众的利益

B. 它们都没有把握个人与社会的正确关系，忽视或否认社会性是人的存在和活动的本

质属性，它们讨论人生问题的出发点和落脚点都是一己之利

C. 它们能正确把握个人与社会的关系，能看到社会性作为人的存在和活动的本质属性

D. 它们对人的需要的理解是片面的，夸大了人生的某方面需要，而无视人的全面性和人生的全面需要

26. 掌握应对心理问题的科学方法主要有（　　）。

A. 要掌握科学的思维方法

B. 要学习心理健康知识

C. 要寻求心理治疗

D. 讳疾忌医

27. 价值是我们经常碰到的问题，比如（　　）。

A. "值得不值得"

B. "有没有益处"

C. "对不对"

D. "好不好"

28. 价值观是人们关于（　　）等问题的根本观点。

A. 什么是价值

B. 怎样评判价值

C. 如何创造价值

D. 如何维持良好的态度

29. 人生价值实现的个体条件主要包括（　　）。

A. 道德素质

B. 科学文化素质

C. 政治素质

D. 心理素质

30. 从心理上讲，大学生正处于迅速走向成熟而未真正成熟的过渡阶段，在心理发展上表现出许多过渡状态的矛盾性：（　　）。

A. 抽象逻辑思维迅速发展但易带主观片面性

B. 情绪情感日益丰富但波动性较大

C. 自我意识增强但还不成熟

D. 独立性、闭锁性与依赖性、归属感同时存在

31. 人际交往中坚持的诚信原则具有丰富的内涵，（　　）。

A. 诚信是协调个人与他人关系的保证

B. 诚信包含着诚实和守信两方面

C. 诚是信的内在思想基础

D. 信是诚的外在表现

32. 竞争与合作的关系是：（　　）

A. 从形式上看，竞争与合作是对立的

B. 从本质上看，二者又是相互伴随、相互统一的

C. 竞争离不开合作，竞争需要群体内部成员的通力合作

D. 合作离不开竞争，没有竞争的合作缺乏活力

33. 人与自然关系的实质是（   ）。

A. 人与自然的关系以生产劳动为中介

B. 人与自然的关系实际上就是人与人的关系，是社会关系

C. 今天，我们全面建设小康社会，一定要贯彻落实以人为本的科学发展观，处理好经济建设、人口增长与资源利用、生态环境保护的关系

D. 人与自然关系的协调最终取决于人与社会关系的协调

34. 对于人生观理解正确的是（   ）。

A. 人生观是世界观的重要组成部分

B. 人生观是人们在实践中形成的对于人生目的和意义的根本看法

C. 人生观决定着人们实践活动的目标、人生道路的方向

D. 人生观决定着人们行为选择的价值取向和对待生活的态度

35. 任何一个社会在一定的历史发展阶段上，都会形成社会核心价值体系。社会核心价值体系是（   ）。

A. 社会基本制度在价值层面上的本质规定

B. 体现着社会意识的性质和方向

C. 作用于经济、政治、文化和社会生活的各个方面

D. 对每个社会成员价值观的形成都具有深刻的影响

36. 个人主义是（   ）。

A. 私有制经济基础的产物

B. 资产阶级的人生观、价值观、道德观的核心和基本原则

C. 资产阶级生活的基本态度

D. 封建制经济基础的产物

37. 社会关系包括（   ）等。

A. 血缘关系

B. 业缘关系

C. 经济关系

D. 政治关系

38. 保持心理健康的途径和方法有（   ）。

A. 树立正确的世界观、人生观、价值观

B. 掌握应对心理问题的科学方法，如科学的思维方法、学习心理健康知识

C. 合理调控情绪

D. 积极参加集体活动，增进人际交往

39. 人生观与世界观的关系是（   ）。

A. 世界观决定人生观

B. 人生观对世界观的巩固、发展和变化起重要作用

C. 世界观与人生观是根本对立的

D. 世界观就是对人生的根本看法

40. 人生观涉及的问题包括（　　）。

A. 幸福观

B. 生死观

C. 恋爱观

D. 荣辱观

41. 极端个人主义在个人与他人与社会的关系上表现为（　　）。

A. 极端利己主义

B. 极端功利主义

C. 狭隘功利主义

D. 极端实用主义

42. 极端个人主义的人生观（　　）。

A. 突出强调以个人为中心

B. 把个人利益放在集体利益之上

C. 主张个人本身就是目的，具有最高价值

D. 认为社会和他人只是个人达到目的的手段

43. 下列选项中，属于积极进取的人生态度的有（　　）。

A. 得过且过，随遇而安

B. 身处逆境而百折不挠

C. 笑对人生，尽力为社会作出贡献

D. 满怀希望与激情，不断开拓人生新境界

44. 下列有关人生价值目标，体现了现阶段我国社会主导价值观的是（　　）。

A. 全心全意为人民服务

B. 只满足于个人的需要与享乐

C. 自愿选择到祖国最需要的地方建功立业

D. 为追求个人利益而不惜损害国家、集体和他人的利益

三、判断题

1. 世界观是人生观的重要组成部分，是人们对生活在其中的世界以及人与世界的关系的总体看法和根本观点。（　　）

2. 人生目的决定走什么样的人生道路，决定持什么样的人生态度，决定选择什么样的人生价值标准。（　　）

3. 人生态度决定人生目的。（　　）

4. 讨论人生态度问题，有助于思考人的一生应该怎样生活，从而知道应该如何对待学习。（　　）

5. 人生态度是人生观的重要内容，人生观是人生态度的表现和反映。（　　）

6. 价值观的本质在于，它是现实的人的需要与事物属性之间的关系。（　　）

7. 价值观是人们关于什么是价值、怎样评判价值、如何创造价值等问题的根本观点。（　　）
8. 只有以为人民服务为核心内容的人生观才是科学高尚的人生观。（　　）
9. 人生的社会价值主要表现为个人对自己生命活动需要的满足程度。（　　）
10. 服务祖国人民与实现自身价值是难以统一起来的。（　　）
11. 衡量人生的社会价值的标准是个人对社会和他人的影响。（　　）
12. 人生价值与知识的占有成正比。（　　）
13. 处理好个人与他人的关系，关键是要处理好个人与他人的人际关系。（　　）
14. 竞争与合作在形式上对立，在本质上统一。（　　）
15. 自我价值需要通过社会价值来实现，社会价值需要通过自我价值来充实和完善。（　　）
16. 内在价值指个体创造物质和精神价值的潜在条件。（　　）
17. 对社会发展和人类进步是否有利，是评价人生价值的唯一客观标准。（　　）
18. 贡献和索取是人生价值中的一对矛盾，只有贡献大于索取，人类才能做到可持续发展。（　　）
19. 贡献和索取是人生价值中的一对矛盾，索取大于贡献，是实现人生价值的正当需要。（　　）
20. 人生价值是在承担社会责任中实现的，是在社会实践中实现的。（　　）
21. 为人民服务是无产阶级的人生观、道德观。（　　）
22. 人生目的是指人们通过生活实践所形成的对人生问题的一种稳定的心理倾向和基本看法。（　　）
23. 人生态度是指人们通过生活实践所形成的对人生问题的一种稳定的心理倾向和基本意图。（　　）
24. 人生态度是人生观的表现和反映。（　　）
25. 科学对待人生环境，就是要促进自我身心的和谐、个人与他人的和谐、个人与社会的和谐、人与自然的和谐。（　　）
26. 保持身心健康的关键环节是协调好身心关系以及身心与外部环境的关系。（　　）
27. 处理个人与他人的关系，关键是要处理好个人与他人的利益关系。（　　）
28. 个人需要是社会需要的反映，社会需要是个人需要的集中体现。（　　）
29. 社会整体利益即个人利益的相加。（　　）
30. 承担社会责任和义务，为社会作贡献，是社会存在和发展的必不可少的前提。（　　）
31. 促进人与自然的和谐，是人类以及人类的每个个体持续、健康发展的重要条件。（　　）
32. 人与自然的关系以生产消费为中介。（　　）
33. 人与自然关系的协调，最终取决于人与人关系的协调。（　　）
34. 人际交往的前提是人际关系的建立。（　　）
35. 人际关系是人际交往的结果，反映了人与人之间相互影响的作用的具体状态。（　　）

四、辨析题

1. 拜金主义是一种错误的人生目的。
2. "主观为自己，客观为别人"也是一种积极的人生价值观。
3. 人生价值是自我价值和社会价值的统一，衡量人的社会价值的标准是看他是否选择了正确的人生目标。

五、简答题

1. 简述人生目的的含义及其在人生观中的地位。
2. 简述人生价值的实现条件和方法。
3. 人生态度与人生观是什么关系？如何端正人生态度？

六、论述题

1. 人生的自我价值、社会价值具有怎样的关系？为什么说人生价值在于人的创造性社会实践？
2. 如何正确认识和处理个人与他人、个人与社会的关系？
3. 怎样协调自我身心关系？大学生要树立怎样的人生态度？

七、材料分析题

1. 结合材料回答问题。

【材料】

鲍玉儿·达尔曾经写过一本励志书籍《我想看》，其实她只有一只眼睛，而且视力极差，几近盲人，直到52岁做了一个成功的手术，视力才得以改善。

她在书中叙述道："我只有一只眼睛，却又布满伤痕，只能奋力透过眼睛左边的一小部分看东西；念书的时候，我得把书本举到眼前，并且用力把眼珠挤到左边去。"但是，鲍玉儿不愿受人同情，不愿被视为"与众不同"。小时候，她很想和其他小孩子玩"跳房子"的游戏，却看不到地上画的线。于是，她等到孩子们回家后，独自一人趴在地上找画的线。并记下线的位置。等下次和其他小孩子玩耍的时候，她居然成为此中专家。她喜欢待在家里看书，每次都得把大书举到靠近眼睫毛的地方才看得见。但是她得了两个学位：一是明尼苏达大学的文学学士学位，一是哥伦比亚大学的文学硕士学位。她开始在明尼苏达州的李谷村执教，后来升至南达科塔州的奥噶斯塔那学院新闻与文学系教授。她在那里教了13年书，并且在妇女俱乐部演讲，在广播电台主持一个书籍与作者的节目。她在书中写道："在我内心深处，一直隐藏对眼盲的恐惧。为了克服这种念头，我选择了欢乐、近乎嬉闹的生活态度。"

请回答：

（1）根据以上材料，你认为人生态度与人生观是怎样的关系？

（2）大学生在人生实践中遇到各种各样的矛盾和困难时，应该如何端正人生态度？

2. 结合材料回答问题。

【材料】

有同学问："追求人生的轰轰烈烈，但真正能做到的很少，而且很累，但不追求轰轰烈烈，选择平平淡淡的人生，作为大学生又有点不心甘，请问，我们应该怎样选择？"

请回答：

请你用所学人生观的知识，结合自己的实际，谈谈怎样才能帮助该同学走出思想困境？

第四章

注重道德传承　加强道德实践

一、单选题

1. 孔子伦理道德思想的核心是（　　）。
A. 爱人
B. 仁
C. 义
D. 德

2. 社会主义道德的核心是（　　）。
A. 集体主义
B. 为人民服务
C. 共产主义
D. 社会公德

3. 社会主义道德的原则是（　　）。
A. 为人民服务
B. 集体主义
C. 爱国主义
D. 共产主义

4. 下列哪个层次体现着社会主义道德建设的先进性？（　　）
A. 先人后己，先集体后个人
B. 全心全意为人民服务
C. 人人为我，我为人人
D. 为人民服务

5. 现阶段我国的主要道德类型和对全体公民的共同要求是（　　）。

A. 人民群众道德

B. 社会主义道德

C. 共产主义道德

D. 资本主义道德

6. 道德是由一定的社会经济基础所决定，并为其服务的（　　）。

A. 政治措施

B. 历史传统

C. 上层建筑

D. 习惯势力

7. 人民是一个历史范畴，是对历史发展起（　　）的阶级、阶层和集团的总称。

A. 阻碍作用

B. 消极作用

C. 推动作用

D. 辅助作用

8. 中国共产党第一次以决议形式，肯定了为人民服务是社会主义道德的核心的会议是（　　）。

A. 十五大

B. 第十四届六中全会

C. 十三大

D. 第十三届五中全会

9. 道德的核心问题是（　　）的问题。

A. 人

B. 物

C. 自然

D. 法律

10. 为人民服务包含着的高层次的社会主义道德是（　　）。

A. 奉公守法

B. 己所不欲，勿施于人

C. 全心全意为人民服务

D. 先人后己

11. 集体主义中的"集体"的本质意义表现为以（　　）为核心的利益集团。

A. 中产阶级

B. 农民阶级

C. 无产阶级

D. 多数群众

12. 社会主义集体主义原则的主要价值取向是（　　）。

A. 集体利益高于个人利益

B. 长远利益高于暂时利益

C. 民族利益高于个人利益

D. 社会利益高于集体利益

13. 道德调整人与人之间的关系的实质是调整（　　）。

A. 政治关系

B. 利益关系

C. 思想关系

D. 社会关系

14. 社会主义社会确立的价值目标是（　　）。

A. 国家本位

B. 个人本位

C. 社会本位

D. 民族本位

15. 集体是公共的自我，是由全体个人结合而成的（　　）。

A. 实体人格

B. 虚拟人格

C. 个体人格

D. 公共人格

16. 改革开放以来，我国的经济结构发生了重大变化，引起人们观念的变化，冲突集中表现为（　　）。

A. 集体主义和个人主义

B. 个人主义和民族主义

C. 爱国主义和社会主义

D. 个人主义和国家主义

17. 社会道德规范是人们为了社会稳定和发展所必须遵守的（　　）。

A. 社会共同原则

B. 法律准则

C. 行为规范

D. 必需的礼仪

18. "五爱"作为道德的基本要求是社会道德体系中（　　）的行为准则，是对每个社会成员提出的最基本的要求。

A. 最原始

B. 最基本

C. 最高

D. 最低限度

19. 社会主义道德建设必须以集体主义为原则，这样做的目的是（　　）。

A. 反对一切形式的个人利益

B. 维护个人所属的小团体或单位的特殊利益

C. 在现实中追求个人利益和集体利益的最大和谐发展

D. 在任何情况下，只要个人利益和集体利益发生矛盾，就必然要个人作出牺牲

20. 道德是一种行为规范，它所包含和要解决的主要矛盾是（　　）。

A. 善与恶、正义与非正义的矛盾

B. 公正和偏私、诚实和虚伪的矛盾

C. 经济基础和上层建筑的矛盾

D. 个人利益和整体利益的矛盾

21. 中国革命道德的定义是（　　）。

A. 中国共产党人、一切先进分子和人民群众，在中国革命和建设中所形成的优良传统

B. 人类社会的特有现象，是社会意识形态之一

C. 一定社会调整人与人、个人与社会之间关系的行为准则和规范的总和

D. 通过社会舆论、传统习惯和人们内心信念来维持的

22. 毫不利己、专门利人的精神属于（　　）。

A. 中国革命道德传统

B. 中华民族优良道德传统

C. 人类社会永恒的道德要求

D. 现实社会不存在的道德要求

23. 道德提倡（　　）。

A. 必须怎样

B. 可以怎样

C. 不准怎样

D. 应当怎样

24. 在社会主义条件下，（　　）成为人们衡量一个人行为和品质是非、善恶、美丑的根本标准。

A. 个人主义原则

B. 爱国主义原则

C. 国家主义原则

D. 集体主义原则

25. 为人民服务低层次的要求是（　　）。

A. 人人为我，我为人人

B. 全心全意为人民服务

C. 毫不利己、专门利人

D. 人人为自己

26. 集体主义原则的核心内容是（　　）。

A. 调节社会的各种利益关系

B. 公私兼顾

C. 集体利益高于个人利益

D. 否认个人利益

27. 近年来西部省区打破条块分割，加强经济协作与联合，在对外经济活动中形成整体

优势，取得整体效益，这表明：

①集体利益的巩固和发展，有利于促进局部利益的发展

②集体主义原则在一定程度上能调节市场经济中出现的矛盾

③集体主义是无产阶级价值观的核心

④发扬集体主义精神，有利于克服地方保护主义

以下选项正确的是（　　）。

A. ①②④

B. ①②③④

C. ①②

D. ②④

28. 马克思指出："只有在集体中，个人才能获得全面发展其才能的手段，也就是说，只有在集体中才可能有个人自由。"这说明（　　）。

   A. 集体利益离不开个人利益

   B. 个人利益与集体利益是有矛盾的

   C. 个人利益的实现，离不开集体利益的巩固和发展

   D. 个人利益是暂时利益，集体利益是长远利益

29. 荀子说："先义后利者荣，先利后义者辱。"这句话的积极意义是（　　）。

   A. 它是集体主义的萌芽

   B. 在义与利的关系上其价值选择是正确的

   C. 坚持了义与利的辩证关系

   D. 坚持了全面的观点

30. 在社会主义新的历史时期，坚持集体主义价值取向，总的要求是（　　）。

   A. 心中有自己、心中有国家、心中有他人

   B. 心中有他人、心中有集体、心中有国家

   C. 心中有国家、心中有集体、心中没有自己

   D. 心中有国家、心中有集体、心中有自己

31. 雷锋说："一滴水放进大海才永远不会干涸，一个人只有当他把自己和集体的事业融合在一起的时候才能最有力量。"这表明（　　）。

   A. 个人利益是集体利益的前提

   B. 个人利益可以促进集体利益发展

   C. 个人利益和集体利益是辩证统一的关系

   D. 个人利益和集体利益没有矛盾

32. "一个人一旦把自己的命运与祖国的荣辱以及人民的安危联系在一起，他的人格就会产生强大的魅力，他的精神就会变得无比崇高，他的生命就会焕发永恒青春，他的事业就会获得辉煌的成就。"这段话表明（　　）。

   A. 集体主义价值观是一种强大的精神力量

   B. 集体主义价值观正确解决了个人利益与集体利益的关系

   C. 集体主义是社会主义社会的要求

D. 个人利益与集体利益是相互促进的

33. 集体主义原则要求把国家和人民利益放在首位,但社会上有些人强调局部的小集体利益,不顾全大局。这里的"小集体利益"实质上是（　　）。

   A. 集体利益

   B. 放大了的个人利益

   C. 小生产者的利益

   D. 个人利益与集体利益的统一

34. 在坚持集体主义价值取向的过程中,我们每个人具体的价值选择应该（　　）。

   A. 强求一致

   B. 不受任何约束

   C. 在不违反集体主义原则的前提下作出不同选择

   D. 因人而异,搞多元化

35. 集体主义的中心思想是（　　）。

   A. 正确处理个人与集体的关系

   B. 正确处理个人利益与个人主义的关系

   C. 正确处理自然与社会的关系

   D. 正确处理个人利益与社会需求的关系

36. 公民个人的合法利益（　　）。

   A. 与国家利益不会产生矛盾

   B. 与国家和人民的根本利益是一致的

   C. 与"自私"的方向是相同的

   D. 与"自私"的实现手段是相同的

37. 个人主义是资产阶级人生观的核心,这说明（　　）。

   A. 唯利是图是资产阶级道德观的基本原则

   B. 个人主义只存在于资本主义社会

   C. 资产阶级每个成员都是以自私为本性的

   D. 个人主义对资本主义发展是消极的

38. 从个人方面看,正确处理国家、集体和个人三者利益的关系关键在于（　　）。

   A. 兼顾三者利益,做好统筹兼顾

   B. 发扬爱国主义

   C. 反对个人利益

   D. 同等看待

39. 山东省临沂市罗泉庄村共产党员王廷江拿出几百万元帮助村民,这表明（　　）。

   A. 在市场经济条件下,集体主义精神仍然发挥作用

   B. 发扬集体主义必须否认个人利益

   C. 个人主义是错误的

   D. 学习雷锋精神

40. 下列关于集体主义与个人主义的区别的认识,错误的是（　　）。

A. 在出发点上，前者是人民利益，后者是个人利益

B. 在利益关系上，前者排斥个人利益，后者排斥集体利益

C. 在客观上，前者无私奉献，后者损人利己

D. 在精神上，前者情操高尚，后者卑下庸俗

41. 美国一位心理学家说："I + We = fully I."（我 + 我们 = 完整的我），从道德观看，对这句话理解正确的是（   ）。

A. 集体离不开个人

B. 人的自我价值高于社会价值

C. 个人的才能只有在集体中才能得到完善发展

D. 自我奋斗也能升华人生价值

42. 以下说法正确的是（   ）。

A. 集体主义的产生与一定的生产关系相适应

B. 集体主义从来就有

C. 集体主义与个人主义在人类历史上并存

D. 利己主义就是看重个人利益

43. 道德是通过下述形式来维持的，其中最关键的是（   ）。

A. 社会舆论

B. 传统习俗

C. 内心信念

D. 宣传教育

44. 人类最初的道德的表现形式是（   ）。

A. 社会舆论

B. 传统习俗

C. 内心信念

D. 宣传教育

45. 道德的本质归根到底由（   ）决定。

A. 上层建筑

B. 阶级需要

C. 政治要求

D. 经济基础

46. 下列说法中反映道德发展规律的是（   ）。

A. 人类道德发展的历史过程与社会生产方式的发展进程完全一致

B. 人类道德发展的历史过程与社会生产方式的发展进程完全相反

C. 人类道德发展的历史过程与社会生产方式的发展进程没有关系

D. 人类道德发展的历史过程与社会生产方式的发展进程大体一致

47. 个人能否按道德要求去做，关键在于（   ）。

A. 个人秉性

B. 内心信念

C. 个人爱好

D. 个人习惯

48. 道德对生产力的影响，主要是通过（　　）。

A. 人的能力状态来实现的

B. 人的财富来实现的

C. 人的精神状态来实现的

D. 人的个性来实现的

49. "夙夜在公"体现了中华民族优良道德传统的（　　）。

A. 注重整体利益的精神

B. "仁爱"原则

C. 重视道德践履的精神

D. 崇尚志向、重视节操的精神境界

50. 下列对中华民族的优良道德传统理解正确的是（　　）。

A. 中国古代道德文明的精华，中国各民族共存共荣的凝聚剂，中华民族精神的集中体现

B. 人类社会特有的现象，是社会意识形态之一

C. 通过社会舆论、传统习惯、内心信念来维持

D. 一定社会调整人与人、个人与社会之间的关系的行为准则和规范的总和

51. 下列对中国革命道德传统理解正确的是（　　）。

A. 中国共产党人、一切先进分子和人民群众，在革命和建设中所形成的优良传统

B. 人类社会特有的现象，是社会意识形态之一

C. 通过社会舆论、传统习惯、内心信念来维持

D. 一定社会调整人与人、个人与社会之间的关系的行为准则和规范的总和

52. 在阶级社会中，一个阶级区别于另一阶级道德的本质特征是（　　）。

A. 阶级的道德规范

B. 阶级的道德认识

C. 阶级的道德要求

D. 阶级的道德核心

53. 道德修养的根本途径是（　　）。

A. 闭门思过

B. 自我反省

C. 自我升华

D. 社会实践

54. 社会主义集体主义道德要求的最基本的层次是（　　）。

A. 先己后人

B. 公私兼顾，不损公肥私

C. 先公后私，先人后己

D. 无私奉献，一心为公

55. （　　）的形成与发展是道德产生的主观条件。

A. 人类的自我意识

B. 人类的道德意识

C. 人类的互助意识

D. 人类的共生意识

56. 道德产生所需要的主客观条件是统一于（　　）。

A. 生活实践

B. 生产关系

C. 生产实践

D. 社会实践

57. （　　）是人类道德起源的第一个历史前提。

A. 劳动

B. 语言

C. 社会风俗

D. 传统习惯

58. 即使在个人独处、无人监督时，也要坚守自己的道德信念，对自己的言行小心谨慎，不做任何不道德的事。这说的是个人在进行自我修养时，应该（　　）。

A. 学习榜样，积极进取

B. 虚心求教，勤于积累

C. 闭门造车，坐而论道

D. 坚持"慎独"的纯洁品质

59. 道德作为一种特殊的社会意识形态，归根到底是由（　　）决定的，是社会经济关系的反映。

A. 上层建筑

B. 经济基础

C. 统治者

D. 生产关系

60. 社会经济关系的性质决定着各种道德体系的（　　）。

A. 功能

B. 性质

C. 原则

D. 产生

61. 社会经济关系所表现出来的利益决定着道德的基本原则和（　　）。

A. 基本功能

B. 基本性质

C. 基本要素

D. 主要规范

62. 社会经济关系所表现出来的利益决定着道德的（　　）和主要规范。

A. 基本功能

B. 基本原则

C. 基本性质

D. 基本要素

63. 墨家提倡"察色修身""以身戴行",反映的是中华民族（　　）优良道德传统。

A. 追求精神境界,把道德理想的实现看成是一种高层次的需要

B. 重视道德践履,强调修养的重要性,倡导道德主体要在完善自身中发挥自己的能动作用

C. 讲求谦敬礼让,强调克骄防矜

D. 倡导言行一致,强调恪守诚信

64. 道德产生的主观条件是（　　）。

A. 个人利益与集体利益的矛盾

B. 社会关系的形成

C. 人类自我意识的形成和发展

D. 社会分工的不同

65. 道德产生的客观条件是（　　）。

A. 经济基础的形成

B. 社会舆论的形成

C. 社会关系的形成

D. 风俗习惯的形成

66. 为人民服务是社会主义道德要求的集中体现。为人民服务有不同层次的要求。全心全意为人民服务是高层次要求。下列选项中,也体现了为人民服务要求的是（　　）。

A. 我为人人,人人为我

B. 人人为自己,上帝为大家

C. 为了一己之私利,不惜损害他人和社会的利益

D. 既不关心社会和他人的利益,也不想过多地危害社会和他人的利益

67. 公民道德建设的重点是（　　）。

A. 诚实守信

B. 爱国守法

C. 勤俭自强

D. 爱国奉献

68. 调整国家、集体和个人三者利益关系最重要的原则是（　　）。

A. 爱国主义

B. 集体主义

C. 平均主义

D. 整体主义

69. （　　）,是社会主义道德区别和优越于其他社会形态道德的显著标志。

A. 集体主义原则

B. 为人民服务

C. 整体主义

D. 无私的奉献精神

70. 在人类历史上，原始社会的经济关系产生了原始共产主义道德，封建社会的经济关系产生了封建主义道德，资本主义社会的经济关系产生了资本主义道德，社会主义社会的经济关系产生了社会主义道德。这说明（　　）。

A. 社会道德对社会经济关系具有决定作用

B. 有什么样的社会经济关系就有什么样的社会道德

C. 社会经济关系的性质并不决定社会道德体系的性质

D. 社会道德的发展变化必然引起社会经济关系的发展变化

71. 古人说："人无志，非人也。""志不立，天下无可成之事。""天行健，君子以自强不息。"这些话体现了中华民族传统美德中（　　）。

A. 勤劳勇敢、追求自由解放的美德

B. 求真务实、敬重诚实守信的美德

C. 乐群贵和、强调人际和谐的美德

D. 励志自强、崇尚精神境界的美德

72. 亚里士多德说："我们由于从事建筑而变成建筑师，由于奏竖琴而变成竖琴演奏者。同样，由于实行公正而变为公正的人，由于实行节制和勇敢而变为节制的、勇敢的人。"这表达了在进行道德修养时，应该（　　）。

A. 认真学习，提高道德认识

B. 坐而论道，凝练道德规范

C. 严格要求，完善道德品质

D. 勤于实践，加强道德行为训练

二、多选题

1. 为人民服务道德观的要求表现在（　　）。

A. 站在人民的立场上立身处世

B. 放弃个人利益

C. 以人民的利益为言行的宗旨

D. 尊重人民群众的主人翁地位

2. 下面关于集体主义的说法正确的是（　　）。

A. 集体利益高于个人利益

B. 重视个人的正当利益

C. 顾全大局，必要时牺牲自己的利益和生命

D. 集体利益和个人利益是辩证统一的关系

3. 道德不同于其他社会意识形态的特点，在于道德具有（　　）。

A. 他律性

B. 渗透性

C. 强制性

D. 自律性

4. 共产主义道德是对少数先进分子的要求，除同一般公民的要求外，还特别要求（　　）。

A. 大公无私

B. 毫不利己、专门利人

C. 热爱祖国

D. 全心全意为人民服务

5. 集体主义作为社会主义道德的基本原则，是因为（　　）。

A. 集体主义是多数人容易接受的原则

B. 集体主义是人类社会本质的必然选择

C. 集体主义是社会经济关系所表现出来的利益决定的

D. 集体主义是调节个人与社会利益的基本原则

6. 个人主义是（　　）。

A. 封建主义制度的产物

B. 私有制经济基础的产物

C. 资产阶级的人生观、价值观、道德观的核心和基本原则

D. 资产阶级生活的基本态度

7. 西方思想家所认为的个人主义的主要内容有（　　）。

A. 作为一种财产制度，强调维护个人财产的私有制

B. 作为价值观，强调个人本身是目的，具有最高价值，社会只是个人达到目的的一种手段

C. 作为价值观，强调社会本身是目的，个人是达到社会目的的途径

D. 作为一种政治思想，强调个人的"自由""民主""平等"，反对任何人对个人的干预和限制

8. 个人主义的思想体系是（　　）。

A. 以个人为核心

B. 一切以他人为目的

C. 一切从个人利益出发

D. 一切以个人为目的

9. 社会主义道德的基本要求包括（　　）。

A. 爱祖国与爱社会主义

B. 爱人民

C. 爱劳动

D. 爱科学

10. 与历史上一切剥削阶级道德相比，社会主义道德的基本特征有（　　）。

A. 能够在实践中不断地完善和发展

B. 建立在历史唯物主义的科学基础之上

C. 符合历史的发展方向和人民的根本利益

D. 通过社会舆论和国家强制力量来维持

11. 集体利益高于个人利益的意思是（　　）。

A. 集体利益与个人利益是不一致的

B. 顾全大局

C. 集体利益代表着全体成员的利益

D. 当个人利益与集体利益发生冲突的，个人利益要服从集体利益

12. 道德主要是通过社会舆论、传统习惯和人们的信念来维持的，通过（　　）的方式起作用。

A. 劝诫

B. 说服

C. 示范

D. 国家强制力

13. 道德修养的主要内容包括（　　）。

A. 提高道德认识

B. 陶冶道德情感

C. 锻炼道德意志

D. 养成良好的行为习惯

14. "只有在集体中，个人才能获得全面发展其才能的手段，也就是说，只有在集体中才可能有个人自由。"这说明（　　）。

A. 没有集体利益，就不可能有个人利益

B. 集体主义坚决排斥个人利益和个性自由

C. 广大人民只有靠集体奋斗才能实现自身的正当利益

D. 集体主义要求个人无条件地服从集体

15. 道德是（　　）。

A. 人类特有的现象，是社会意识形态之一

B. 一定社会调整人与人、个人与社会之间关系的行为准则和规范的总和

C. 规定人们的行为"必须怎样做""不准怎样做"

D. 通过社会舆论、传统习惯和人们内心信念来维持的

16. 社会主义道德的基本要求是（　　）。

A. 爱祖国、爱人民、爱劳动

B. 爱人民、爱工作

C. 爱党、爱社会主义

D. 爱科学、爱社会主义

17. 共产主义道德作为一种道德体系，包括以下几种形态（　　）。

A. 资本主义条件下的无产阶级道德

B. 社会主义条件下的无产阶级道德

C. 共产主义社会的共产主义道德

D. 社会公德、职业道德、家庭美德

18. 道德作为一种道德现象，其产生与发展经历了一个漫长的历史过程。下列说法中反映道德起源的是（　　）。

    A. 社会关系的形成是道德产生的客观条件

    B. 道德在社会生活中所起的作用越来越重要

    C. 人类自我意识的形成与发展是道德产生的主观条件

    D. 劳动是人类道德起源的第一个历史前提

19. 道德的本质是由（　　）决定的。

    A. 社会经济关系的性质

    B. 社会经济关系所表现出来的利益

    C. 阶级关系

    D. 人们对道德的认识与把握

20. 道德的功能是指道德作为社会意识的特殊形式对于社会发展所具有的功效与能力。主要有（　　）。

    A. 强制功能

    B. 认识功能

    C. 弘扬功能

    D. 调节功能

21. 道德对社会有重要的作用，包括（　　）。

    A. 道德能够影响经济基础的形成、巩固和发展

    B. 道德是影响社会生产力发展的一种重要的精神力量

    C. 道德对社会意识形态的存在和发展有重大影响

    D. 道德能够维护社会秩序和稳定

22. 下列选项中，对社会主义道德理解正确的有（　　）。

    A. 社会主义道德是建立在历史唯物主义基础上的

    B. 社会主义道德决定社会主义经济基础的发展方向

    C. 社会主义道德符合社会历史发展的方向和人民的根本利益

    D. 随着社会主义实践的发展，社会主义道德发挥作用的范围也在扩大

23. 下列选项中，对社会主义道德理解正确的有（　　）。

    A. 社会主义道德是以公有制为主体的经济基础的反映

    B. 社会主义道德是以马克思主义世界观为指导，由无产阶级自觉地培养起来的道德

    C. 社会主义道德是以为人民服务为核心，集体主义为原则，代表无产阶级和广大劳动人民根本利益和长远利益的先进道德体系

    D. 社会主义道德属于共产主义道德体系，是共产主义道德在社会主义历史阶段的具体体现

24. 下列属于人民范畴的是（　　）。

    A. 工人阶级、农民阶级、知识分子

B. 一切坚持和拥护四项基本原则的社会主义公民

C. 拥护社会主义的爱国者

D. 拥护祖国统一的爱国者

25. 下列对社会主义道德核心的内容理解正确的是（　　）。

A. 为广大人民服务

B. 市场经济的"为他性"服务

C. 以维护人民利益为最高要求

D. 有为社会献身的精神

26. 下列对为人民服务不同层次要求内容的理解不正确的是（　　）。

A. 主观为自己，客观为别人

B. 为某个团体服务

C. 为人民服务

D. 人人为我，我为人人

27. 下列对集体主义含义理解正确的是（　　）。

A. 集体主义是社会主义道德的原则

B. 集体是经济所有制意义上的集体

C. 集体本质上表现为以无产阶级为核心的利益集团

D. 集体主义维护以无产阶级为核心的全体劳动人民的共同利益

28. 集体主义包括的内容有（　　）。

A. 重视个人的正当利益

B. 集体利益与个人利益是矛盾的统一体

C. 个人利益无条件地服从集体利益

D. 集体利益高于个人利益

29. 下列对集体利益与个人利益是矛盾的统一体理解正确的是（　　）。

A. 集体利益是个人利益汇合而成的，个人的正当利益是集体利益不可分割的一部分

B. 集体利益与个人利益不存在着一致性

C. 不包含个人利益的集体利益是根本不存在的

D. 集体利益与个人利益是相对抗的

30. 以集体主义为原则的社会主义道德要求（　　）。

A. 只要个人利益与集体利益发生冲突，就必然要求个人作出牺牲

B. 重视个人正当利益

C. 集体是个人达到目的的一种手段

D. 集体利益高于个人利益

31. 下列对集体主义原则主张集体利益高于个人利益的理解正确的是（　　）。

A. 要求把国家、民族和集体的利益放在首位

B. 提倡个人利益与集体利益发生冲突时，个人利益要服从集体利益

C. 个人不论在什么情况下都要无条件地牺牲个人利益

D. 提倡当个人利益与集体利益发生冲突时，个人为集体利益放弃个人利益或献身

32. 集体主义作为社会主义道德的基本原则的原因是（　　）。
    A. 集体主义是调节个人利益与集体利益的规范
    B. 集体主义是人类社会本质的必然选择
    C. 集体主义是社会经济关系所表现出来的利益决定的
    D. 集体主义由社会政治关系所表现出来的利益决定的

33. 下列说法中，对慎独理解正确的是（　　）。
    A. 是个人在独处、无人监督时，能坚守自己的道德信念，对自己的言行小心谨慎，不做任何不道德的事
    B. 强调的是在"隐事"和"微事"上下功夫
    C. 能避免社会生活中的双重人格、两面行为
    D. 指能达到从小事做起、从我做起的境界

34. 道德修养的方法主要有（　　）。
    A. 学思并重与省察克治
    B. 慎独自律
    C. 积善成德
    D. 知行统一

35. 培养诚信对大学生的成长有积极作用。其作用是（　　）。
    A. 内心认同诚信就行
    B. 诚信是大学生树立理想信念的基础
    C. 诚信是大学生全面发展的前提
    D. 诚信是大学生进入社会的"通行证"

36. 公民基本道德规范的主要内容是（　　）。
    A. 爱国守法与明礼诚信
    B. 团结友善
    C. 勤俭自强
    D. 敬业奉献

37. 道德发展的五种历史类型，即原始社会的道德、（　　）。
    A. 奴隶社会的道德
    B. 封建社会的道德
    C. 资本主义社会的道德
    D. 社会主义社会的道德

38. 集体主义强调重视和保障个人的正当利益，下面理解正确的是（　　）。
    A. 只有个人的价值、尊严得到实现，个人的正当利益得到保证，集体才能有更强大的生命力和凝聚力
    B. 只有在集体中，个人才能获得全面的发展，只有在集体中，个人才可能有个人自由
    C. 集体主义是对个人的压制，是对个性的束缚
    D. 集体主义为培养健全人格、鲜明个性和创造精神提供了道义保障

39. 集体主义的道德要求有（　　）这几个层次。

A. 先己后人
B. 公私兼顾，不损公肥私
C. 先公后私，先人后己
D. 无私奉献，一心为公

40. 当代的大学生应该正确处理集体利益和个人利益，要做到（   ）。
A. 个人利益服从集体利益
B. 局部利益服从整体利益
C. 当前利益服从长远利益
D. 反对小团体主义、本位主义和极端个人主义

41. 共产主义道德是人类的道德理想，包括（   ）。
A. 大公无私、公而忘私
B. 毫不利己、专门利人
C. 艰苦奋斗、无私奉献
D. 全心全意为人民服务

42. 以"八荣八耻"为主要内容的社会主义荣辱观，（   ）。
A. 贯穿了社会生活的各个领域，覆盖了个人、集体、国家三者的关系和各个利益群体
B. 涉及人生态度、公共行为、社会风尚等各个方面
C. 既体现了先进性导向，又体现了广泛性要求
D. 为全体社会成员判断行为善恶、作出道德选择、确定价值取向，提供了基本的价值标准和行为规范

43. 社会主义的荣辱观体现了社会主义道德建设的客观要求，这是因为（   ）。
A. 社会主义的荣辱观是社会主义道德建设的核心
B. 社会主义的荣辱观反映社会主义道德的本质要求
C. 社会主义的荣辱观指明了社会主义道德建设的方向
D. 社会主义的荣辱观是引领社会风尚的一面旗帜

44. 践行社会主义荣辱观的重要意义：（   ）。
A. 社会主义荣辱观是社会主义核心价值体系的重要组成部分，是当代中国社会最基本的价值取向和行为准则
B. 践行社会主义荣辱观能够增强人们的道德荣誉感和道德判断力
C. 践行社会主义荣辱观对大学生的成长和成才会产生重要的影响
D. 践行社会主义荣辱观能使社会成员内化道德要求、强化道德自律、坚定道德意志和信念等

45. 在人类道德起源中，人们在劳动中结成生产关系，（   ）。
A. 产生需要调整的人与人之间的利益关系
B. 创造人们的道德需要
C. 提供道德产生和发展的动力
D. 形成道德产生所需要的主客体统一的重要条件

46. 道德在一个社会中的作用的大小，往往取决于作为主干的基本道德规范在社会成员

中的（   ）。

    A. 知晓度

    B. 信奉度

    C. 践行度

    D. 美誉度

47. 大学生应在几个重要的环节上加强公民道德建设的实践，（   ）。

    A. 在思想上和心理上对公民基本道德规范产生认知和认同，全面掌握其内容和要求

    B. 把公民基本道德规范作为行为标准，正确进行道德判断和作出道德选择

    C. 积极践行公民基本道德规范，使自己的思想感情得到陶冶，精神生活得到充实，道德境界得到提高

    D. 在文化上要用先进文化的引领性创造新的道德规范

48. 道德发展的总体趋势是（   ）。

    A. 向上的

    B. 前进的

    C. 曲折的

    D. 衰退的

49. 社会主义与共产主义道德是（   ）。

    A. 人类道德发展合乎规律的必然产物

    B. 人类道德发展史上的一种崭新类型的道德

    C. 对人类道德传统的批判继承

    D. 必然随着社会的进步和实践的发展而与时俱进

50. 公民基本道德规范包括（   ）。

    A. 明礼诚信

    B. 爱国守法

    C. 团结友善

    D. 勤俭自强和敬业奉献

51. 道德建设的核心体现并决定着道德建设的根本性质和发展方向。在中国特色社会主义建设的新时期，我国社会主义道德建设以为人民服务为核心。这是因为，为人民服务（   ）。

    A. 只是对共产党员和一切先进分子的要求

    B. 体现着先进性要求和广泛性要求的统一

    C. 是社会主义市场经济健康发展的基本要求

    D. 是社会主义经济基础和人际关系的客观要求

52. 加强社会主义道德建设，是我国每个社会成员在共同构建社会主义和谐社会中应尽的责任和义务。我国社会主义道德建设要（   ）。

    A. 与国际惯例相接轨

    B. 与社会主义市场经济相适应

    C. 与社会主义法律规范相协调

D. 与中华民族传统道德相承接

53. 中国传统道德是中国历史上不同时代人们的（　　）体现。

A. 行为方式

B. 风俗习惯

C. 价值观念

D. 文化心理

54. "只有在集体中，个人才能获得全面发展其才能的手段，也就是说，只有在集体中，个人才可能有个人自由。"这说明（　　）。

A. 没有集体利益，就不可能有个人利益

B. 集体主义坚决排斥个人利益和个性自由

C. 广大人民只有靠集体奋斗才能实现自身的正当利益

D. 只有集体的事业兴旺发达，才能保障个人的正当利益充分实现

55. 中国传统道德是中国古代思想家对中华民族道德实践经验的（　　）。

A. 总结

B. 概括

C. 提炼

D. 发展

56. 人类道德进步的主要表现是（　　）。

A. 道德在社会生活中起的作用越来越重要

B. 调控的范围不断扩大，手段和方式不断丰富、更加科学合理

C. 道德的发展和进步成为衡量社会文明程度的重要尺度

D. 道德在促进社会和谐与人的全面发展中的作用越来越突出

57. 在社会主义市场经济条件下把诚实守信作为道德建设的重点，是因为诚实守信（　　）。

A. 是中华民族的传统美德

B. 是市场经济条件下经济活动的一项基本道德准则

C. 是职业道德的一项基本要求

D. 是做人的一项基本道德准则

58. 继承和弘扬中华民族优良道德的重大意义是（　　）。

A. 继承和弘扬中华民族优良道德是加强社会意识形态调控的必要手段

B. 继承和弘扬中华民族优良道德是社会主义现代化建设的客观需要

C. 继承和弘扬中华民族优良道德是加强社会主义道德建设的内在要求

D. 继承和弘扬中华民族优良道德是个人健康成长的重要条件

59. 继承和弘扬中华民族优良道德，能够（　　）。

A. 提高民族自尊心和民族自信心，增强民族自豪感和民族责任感

B. 使社会主义道德体系具有更丰富的内容、更为广大群众所喜闻乐见的民族形式

C. 使人际关系更加和谐，促进经济社会更好地发展

D. 使爱国主义、集体主义和社会主义思想更加深入人心，形成适应时代发展、具有中国特色的价值观和伦理道德规范

60. 道德的力量是广泛的、深刻的，它深刻影响着（　　）。
   A. 人们的意志
   B. 人们的行为
   C. 人们的品格
   D. 社会的存在和发展

三、判断题

1. 在阶级社会中，道德是阶级斗争的重要工具。　　　　　　　　　　（　　）
2. 社会舆论是道德调节的唯一的主要形式。　　　　　　　　　　　　（　　）
3. 道德的认识功能是指道德可以通过评价等方式，指导和纠正人们的行为和实践活动，具有协调人们之间关系的功效和能力。　　　　　　　　　　　　　　　（　　）
4. 劳动是道德产生的第一个历史前提。　　　　　　　　　　　　　　（　　）
5. 道德与法律不同的是，道德对社会行为的调解是非强制性的。　　　（　　）
6. 道德品质总是在道德行为的基础上形成的。　　　　　　　　　　　（　　）
7. 道德的发展和进步是衡量社会文明程度的重要尺度。　　　　　　　（　　）
8. "先天下之忧而忧，后天下之乐而乐。"这句话集中反映了中华民族推崇的"仁爱"原则，追求人际和谐的传统。　　　　　　　　　　　　　　　　　　　（　　）
9. 在对待传统道德的问题上，要反对"虚无主义"和"复古思潮"。　（　　）
10. 革命道德的灵魂是全心全意为人民服务。　　　　　　　　　　　（　　）
11. 在阶级社会中，占统治地位的道德是先进阶级的道德。　　　　　（　　）
12. 社会主义道德强调重视集体利益，主张人们应该抛弃个人利益。　（　　）
13. 社会主义道德是对中华传统美德的继承和升华。　　　　　　　　（　　）
14. 劳动创造了人们的道德需要。　　　　　　　　　　　　　　　　（　　）
15. 道德必然带有阶级属性。　　　　　　　　　　　　　　　　　　（　　）
16. 社会经济的变化必然引起道德的变化。　　　　　　　　　　　　（　　）
17. 道德是人们认识和反映社会现实状况以及人与人之间关系的一种方式。（　　）
18. 道德发挥作用的性质与社会发展的不同历史阶段相联系，由道德所反映的经济基础、代表的阶级利益所决定。　　　　　　　　　　　　　　　　　　（　　）
19. 只有反映先进生产力发展要求和进步阶级利益的道德，才会对社会的发展和人的素质的提高产生积极推动作用，否则，就不利于甚至阻碍社会的发展和人的素质的提高。
　　　　　　　　　　　　　　　　　　　　　　　　　　　　　　（　　）
20. 每一个社会都有与其经济基础相适应的占统治地位的道德，但在同一社会形态中，不同的阶级或人群还会有不同的道德。　　　　　　　　　　　　（　　）
21. 在阶级社会中，占统治地位的道德是统治阶级的道德，也存在着被统治阶级的道德。　　　　　　　　　　　　　　　　　　　　　　　　　　　　（　　）
22. 在人类道德的历史发展过程中，在一定的时期内可能有某种停滞和倒退。（　　）
23. 人类道德的发展具有其内在的规律性，是在继承和弘扬中华民族优良道德传统的基

础上不断发展和进步的。（　　）
24. 中国的传统道德认为，礼是人与其他动物相区别的标志。（　　）
25. 中国的传统道德认为，礼是人立身之本和区分人格高低的标准。（　　）
26. 人的一切精神需要中最高尚的需要是道德需要。（　　）
27. 从中国历史发展的过程来看，无论是复古论还是虚无论，都对社会的发展特别是道德文化的进步产生了一定的积极的影响。（　　）
28. 一个国家或民族的文化发展和道德进步，除了要注意继承和弘扬本民族文化和道德优良传统之外，还必须积极吸收其他民族文明的优秀成果。（　　）
29. 人类文化和文明发展进步的过程表明，一种文化与异质文化的交流和碰撞、冲突和融合，是保持其生命力、实现自我更新和发展的重要机制，是文化演进发展的一种带规律性的现象。（　　）
30. 社会主义市场经济要求社会主义道德建设与之相适应。（　　）
19. 社会主义道德建设有为社会主义市场经济体制的建立和完善提供道德价值导向的重要任务。（　　）
31. 社会主义道德建设建立在社会主义公有制经济的基础上。（　　）
32. 以市场为配置资源的基础性手段的社会主义经济运行机制，为道德建设提出了新的要求。（　　）
33. 以公有制为主体、多种所有制经济共同发展是我国社会主义道德建设的基本经济制度。（　　）
34. 要正确地发挥社会主义道德对市场经济的价值导向作用，形成和完善与社会主义市场经济相适应的道德规范。（　　）
35. 社会主义道德建设的原则是道德建设的灵魂，决定并体现着社会道德建设的根本性质和发展方向。（　　）
36. 在社会主义条件下，每个人既是服务者，又是被服务者。（　　）
37. 为人民服务与市场经济的宗旨是对立的。（　　）
38. 市场经济中的利他性就等同于为人民服务。（　　）
39. 社会主义集体主义的原则的根本思想就是正确处理集体利益与个人利益的关系。（　　）
40. 在社会主义社会条件下，集体中每个人利益的增加，同样有利于集体利益的扩大。（　　）
41. 社会主义集体主义强调个人利益要服从集体利益，归根到底，既是为了维护集体的共同利益，也是为了维护个人的根本利益。（　　）
42. 一个社会有什么样的风尚，生活于其中的人就有什么样的荣辱观。（　　）
43. 社会道德要求只有和个人品德相结合，才会转变为现实的道德力量。（　　）
44. 高度的自觉性是道德修养的一个内在要求和重要特征。（　　）

四、辨析题

1. 在经济社会里，有人认为金钱是万能的，"道德值几个钱？赚钱才是硬道理"。

2. 今天已经是和平时代，谈革命道德已经不合时宜了。

五、简答题

1. 道德的本质、功能和作用是什么？
2. 简述中华民族优良传统的基本内容。
3. 集体主义原则的主要内容是什么？
4. 我们该遵守哪些公民基本道德规范？

六、论述题

1. 社会主义集体主义的科学内涵是什么？在社会主义市场经济条件下为什么要坚持集体主义原则？
2. 怎样认识和实践公民基本道德规范的具体要求？
3. 当代大学生怎样继承和弘扬中华民族的优良道德传统？

七、材料分析题

1. 结合材料回答问题。

【材料】

2013年11月习近平在考察山东时指出："国无德不兴，人无德不立。必须加强全社会的思想道德建设，激发人们形成善良的道德意愿、道德情感，培育正确的道德判断和道德责任，提高道德实践能力尤其是自觉践行能力，引导人们向往和追求讲道德、尊道德、守道德的生活，形成向上的力量、向善的力量。只要中华民族一代接着一代追求美好崇高的道德境界，我们的民族就永远充满希望。"

请回答：
（1）分析以上材料，说明道德的重要作用。
（2）以上材料中提到倡导社会主义基本道德规范，请问社会主义基本道德规范是什么？
2. 结合材料回答问题。

【材料】

乌鲁木齐市贫苦老人吴兰玉74岁，老伴和儿子相继去世后，留下了为治病欠下的债务5.4万余元。债主们纷纷上门讨要欠款时，她的境况却让他们难以张口，但吴兰玉的回答是坚定的："欠债还钱天经地义，不管有多难，都会还清欠款。"

从1999年开始，此后的9年中，她用拾废品的钱还了近5万元的外债。还完最后一笔欠款，她想犒劳一下自己，于是她拿出8元钱到厂区的小市场买了一双布鞋……

请回答：
看了这个故事，结合所学知识，说说你的感悟。

第五章

遵守道德规范 锤炼高尚品格

一、单选题

1. 下列（　　）不属于公共生活领域。
 A. 网络
 B. 商场
 C. 广场
 D. 小明家

2. 公共生活属于（　　）社会。
 A. 熟人
 B. 陌生人
 C. 外国人
 D. 无职业者

3. 维护公共程序的基本手段是（　　）。
 A. 法律
 B. 道德
 C. 风俗
 D. 法律、道德

4. 社会公德涵盖了（　　）之间的关系。
 A. 人与人
 B. 人与社会
 C. 人与自然
 D. 人与人、人与社会、人与自然

5. 在人际交往中，要获得和发展友谊，起码要做到（　　）。

A. 等价交换，人情交易

B. 心胸狭窄，毫发必争

C. 恬退隐忍，明哲保身

D. 严于律己，谨慎择友

6. 有一位行人在过路口时迎面遇到红灯，看到近处没有车辆便径直通过。他这样做是（　　）。

A. 节省时间之举

B. 聪明灵活之举

C. 可供学习之举

D. 不遵守交通规则，违反社会公德

7. 在社会公共生活中，人与人之间应该团结友爱、互相关心、互相帮助、扶危济困、助人为乐。这是我国现代社会提倡的（　　）。

A. 社会公德的要求之一

B. 家庭美德的要求之一

C. 职业道德的要求之一

D. 环境道德的要求之一

8. 每个社会成员都应该爱护公共财物，如对公园里的花木草地、街道两旁的电话、邮筒、影剧院里的座位音响、马路上的井盖路标等加以保护，不损坏、不滥用、不浪费、不私占。这是属于（　　）。

A. 职业道德的基本要求

B. 社会公德的基本要求

C. 家庭道德的基本要求

D. 环境保护的基本要求

9. 人们在社会生活中形成和应当遵守的最简单、最起码的公共生活准则是（　　）。

A. 职业道德

B. 社会公德

C. 家庭道德

D. 政治道德

10. "多少世纪以来人们就知道的、千百年来在一切行为守则上反复谈到的、起码的公共生活规则"属于（　　）。

A. 民法规则

B. 生活习惯

C. 社会公德

D. 职业道德

11. 我国自古就有"君子成人之美""为善最乐""博施济众"等广为流传的格言，把帮助别人视为自己应做之事，看作自己的快乐。这是社会公德中（　　）。

A. 保护环境的要求

B. 遵纪守法的要求

C. 爱护公物的要求

D. 助人为乐的要求

12. 在公共场所，人人都有可能遇到一些突发性灾祸，如车祸、火灾、溺水、急病等。这就需要人们见义勇为，临危不惧，积极为他人排忧解难，甚至不怕牺牲生命。这是社会生活中（　　）。

A. 社会公德的要求

B. 职业道德的要求

C. 家庭美德的要求

D. 环境道德的要求

13. 为调整和规范人类社会生活三大领域，分别形成了（　　）。

A. 生活道德、职业道德、家庭道德

B. 生活道德、职业道德、社会公德

C. 社会公德、生活道德、职业道德

D. 社会公德、职业道德、家庭道德

14. 社会公德一般义务包括（　　）。

A. 缴营业税

B. 缴学费

C. 不得损害公物

D. 履行合同

15. 人们在公共的领域、公有的环境、公用的场所中，彼此开放透明，且相互关联的共同活动，被称为（　　）。

A. 公共领域

B. 公共场所

C. 公共秩序

D. 公共生活

16. 乘坐车船飞机的人应当做"文明乘客"，到影剧院看电影看演出的人应当做"文明观众"，在图书馆读书读报的人应当做"文明读者"。这是因为在现实生活中人们应当遵守（　　）。

A. 行政法规

B. 职业道德

C. 家庭美德

D. 社会公德

17. 人类在长期的社会生活中逐渐积累起来的，为社会公共生活所必需的最简单、最起码的公共生活准则是（　　）。

A. 社会公德

B. 美学规范

C. 宗教规范

D. 法律规定

18. 社会公德就内容本身来说（　　）。

A. 有阶级性特征

B. 无全人类性特征

C. 无阶级性特征

D. 无全社会性特征

19. 社会公德是全体公民在社会交往和公共生活中应该遵守的（　　）。

A. 局部行为准则

B. 最高行为准则

C. 基本行为准则

D. 法律规范

20. 社会公德在人与自然的关系中的基本要求是（　　）。

A. 保护生态环境

B. 保护动植物

C. 防止水土流失

D. 防止大气污染

21. 反映阶级、民族或社会共同利益的道德是（　　）。

A. 狭义社会公德

B. 广义社会公德

C. 高尚道德

D. 法律规定

22. 社会主义道德的基础主要是（　　）。

A. 社会公德

B. 职业道德

C. 家庭道德

D. 个人品德

23. 影响公共生活、公共秩序、文明礼貌、清洁卫生以及其他社会生活的最主要行为规范是（　　）。

A. 个人道德

B. 社会公德

C. 职业道德

D. 家庭道德

24. 衡量一个社会精神文明发展水平的重要标志是（　　）。

A. 文化水平提高

B. 社会道德风尚

C. 生产进步程度

D. 国际交往扩大

25. "文明礼貌、助人为乐、爱护公物、保护环境、遵纪守法"是（　　）。

A. 社会公德的基本要求

B. 职业道德的基本要求

C. 人际交往的基本原则

D. 共同合作的道德原则

26. 邻里之间互谅互让、互帮互助、宽以待人、团结友爱。这是人们在社会生活中应当遵循的（　　）。

    A. 社会公德

    B. 职业道德

    C. 环境道德

    D. 家庭美德

27. 下列有关社会主义法律与社会主义道德一致性的叙述中，错误的是（　　）。

    A. 二者都是社会主义经济基础的产物

    B. 二者都是由国家强制力保证实施的

    C. 二者都是调整人们相互关系的行为规范

    D. 二者都是工人阶级和广大人民群体意志和利益的体现

28. 在社会公共生活中，尊老爱幼，尊重妇女，对待老人、儿童、残疾人员，特别予以尊重、照顾、爱护和帮助。这是社会公德中（　　）。

    A. 遵纪守法的要求

    B. 保护环境的要求

    C. 诚实守信的要求

    D. 文明礼貌的要求

29. 社会生活基本上可分为（　　）。

    A. 婚姻家庭生活、职业生活、公共生活

    B. 婚姻生活、公共生活

    C. 公共生活、职业生活

    D. 婚姻家庭生活、公共生活

30. 私人生活的主要特点是（　　）。

    A. 封闭性和隐秘性

    B. 直接性

    C. 内部性

    D. 间接性

31. 在人与人之间关系的层面上，社会公德主要体现为（　　）。

    A. 尊重他人、举止文明

    B. 助人为乐

    C. 为他人提供便利

    D. 不妨碍他人

32. 在人与社会之间关系的层面上，社会公德主要体现为（　　）。

    A. 保护环境

    B. 维护公共秩序

C. 爱护公物

D. 爱护公物、维护公共秩序

33. 从业人员在职业活动中应该树立为社会、为他人作奉献的职业精神。这是职业道德基本要求中（　　）。

A. 办事公道的要求

B. 服务群众的要求

C. 爱岗敬业的要求

D. 奉献社会的要求

34. 家庭美德是调节人们在家庭生活方面的关系和行为的道德准则。下列选项中，属于家庭美德基本内容的是（　　）。

A. 尊老爱幼

B. 男尊女卑

C. 奢侈浪费

D. 见异思迁

35. 人们在公共生活中应该团结友爱、相互关心、相互帮助、见义勇为。这是社会公德中（　　）。

A. 遵纪守法的要求

B. 助人为乐的要求

C. 文明礼貌的要求

D. 保护环境的要求

36. 人们称由一定的规则维系的人们公共生活的一种有序化状态是（　　）。

A. 公共生活

B. 公共秩序

C. 公共场所

D. 公共领域

37. 乘车、登机、坐船时主动购票，自觉排队；出行时自觉遵守交通规则，不闯红灯；在图书馆、影剧院不抽烟，不喧哗吵闹。这是人们在社会生活中应当遵循的（　　）。

A. 社会公德

B. 职业道德

C. 环境道德

D. 家庭美德

38. 从业人员对待职业服务对象的态度不能有亲疏、贵贱之分，不管是领导还是群众、是熟人还是生人、是强者还是弱者，都应自觉遵守规章制度、一视同仁、周到服务。这是职业道德建设中（　　）。

A. 办事公道的要求

B. 爱国守法的要求

C. 尊老爱幼的要求

D. 助人为乐的要求

39. 马克思指出:"真正的爱情是表现在恋人对他的偶像采取含蓄、谦恭甚至羞涩的态度,而绝不是表现在随意流露热情和过早的亲昵。"他的意思是说,在恋爱过程中双方应( )。

    A. 平等履行道德义务
    B. 把个人纵欲作为爱情的目的
    C. 有高尚的情趣和健康的交往方式
    D. 追求脱离现实生活的"纯精神"关系

40. 下列选项中,属于家庭美德基本要求的是( )。

    A. 爱岗敬业
    B. 保护环境
    C. 服务群众
    D. 邻里团结

41. 卢梭说:"我们之所以爱一个人,是由于我们认为那个人具有我们所尊重的品质。"这句话告诉我们,在选择恋爱对象时要注重对方的( )。

    A. 内在美
    B. 外表美
    C. 经济实力
    D. 家庭状况

42. 在职业道德建设中,堪称从业者"立人之道""进德修业之本"的是( )。

    A. 爱护公物
    B. 诚实守信
    C. 文明礼貌
    D. 尊老爱幼

43. "婚外情不是真正的爱情。"这表明了爱情的( )。

    A. 纯洁严肃性
    B. 平等互爱性
    C. 专一排他性
    D. 强烈持久性

44. 男女双方的恋爱行为,客观上是对社会负有相应的道德责任的行为。下列不属于男女恋爱中基本道德要求的是( )。

    A. 恋爱应以寻找爱情、培养爱情为目的
    B. 恋爱应有高尚的情趣和健康的交往方式
    C. 恋爱应尊重对方的情感和人格,平等履行道德义务
    D. 一方能够强迫另一方接受自己的爱

45. 遵守职业道德是对每个从业人员的要求。从业人员在职业工作中慎待诺言、表里如一、言行一致、遵守劳动纪律,这是职业道德中( )。

    A. 办事公道的基本要求
    B. 爱岗敬业的基本要求

C. 诚实守信的基本要求

D. 服务群众的基本要求

46. 公民之间应该和睦相处、互助友爱、与人为善。这是公民基本道德规范中（　　）。

A. 团结友善的要求

B. 明礼诚信的要求

C. 勤俭自强的要求

D. 敬业奉献的要求

47. （　　）是儒家最重要的经典文献之一，它开宗明义地道出了大学的理念。即大学之道，在明明德，在亲民，在止于至善。

A. 《大学》

B. 《中庸》

C. 《论语》

D. 《孟子》

48. 人们在公共生活中应该爱惜和保护全民和集体所有的公共财物。这是社会公德中（　　）。

A. 爱护公物的要求

B. 助人为乐的要求

C. 文明礼貌的要求

D. 保护环境的要求

49. 构成爱情的三个基本要素是（　　）。

A. 性爱、理想和经济基础

B. 性爱、理想和社会地位

C. 性爱、理想和责任

D. 性爱、理想和道德

50. 爱岗敬业、诚实守信、办事公道、服务群众、奉献社会是（　　）。

A. 社会公德的基本要求

B. 职业道德的基本要求

C. 人际交往的基本原则

D. 共同合作的道德原则

51. 男女双方基于一定的客观现实基础和共同的生活理想，在各自内心形成的最真挚的彼此倾慕、互相爱悦，并渴望对方成为自己终身伴侣的最强烈持久、纯洁专一的感情是（　　）。

A. 友情

B. 恋爱

C. 爱情

D. 婚姻

52. 一定社会或阶级根据其总的道德要求制定的，调节人们在家庭生活方面的关系和行为的道德准则称为（　　）。

A. 家庭义务

B. 男女平等

C. 一夫一妻制

D. 家庭道德

53. 一人有难，众人相帮；一方有难，八方支援。这是中华民族的传统美德，也是我们在社会中人与人之间交往应遵循的（　　）。

A. 平等原则

B. 宽容原则

C. 互助原则

D. 真诚原则

54. 人们在职业活动中应当遵守的带有职业特征的准则是（　　）。

A. 职业道德

B. 社会公德

C. 家庭道德

D. 生活道德

55. 职业道德是指从事一定职业的人在职业生活中应当遵循的（　　）。

A. 具有领域特征的道德要求和行为准则

B. 具有职业特征的道德要求和行为准则

C. 具有岗位特征的道德要求和行为准则

D. 具有行业特征的道德要求和行为准则

56. 爱情生长的内在依据是（　　）。

A. 性爱

B. 责任

C. 理想

D. 情欲

57. 个人依据一定的道德原则规范行动时所表现出来的稳定的倾向和特征，称为（　　）。

A. 社会公德

B. 个人品德

C. 职业道德

D. 家庭美德

58. 原始社会共同生活必须遵守的规则是（　　）。

A. 图腾崇拜、风俗

B. 礼仪

C. 戒律

D. 宗教教规

59. "修身、齐家、治国、平天下"是（　　）的理念。

A. 儒家

B. 道家

C. 法家

D. 佛家

60. 爱情是男女双方基于一定的客观现实基础和共同的生活理想，在各自内心形成的最真挚的彼此倾慕和互相爱悦，并渴望对方成为自己终身伴侣的最强烈持久、纯洁专一的感情。下列选项中，真正属于爱情的有（　　）。

A. 单相思、一厢情愿

B. 相濡以沫，终身对爱侣承担责任

C. 只求曾经拥有，不求天长地久

D. "三角恋爱""多角恋爱""婚外情"

61. 陶行知先生说："爱之酒，甜而苦。两人喝是甘露，三人喝是酸醋，随便喝，要中毒。"这体现了爱情的（　　）。

A. 生物本能性

B. 专一排他性

C. 平等互爱性

D. 强烈持久性

62. 下列选项中，属于家庭美德基本要求的是（　　）。

A. 勤俭持家

B. 保护环境

C. 服务群众

D. 平等尊重

63. 下列选项中，属于家庭美德基本要求的是（　　）。

A. 保护环境

B. 男女平等

C. 服务群众

D. 平等尊重

64. 下列选项中，属于家庭美德基本要求的是（　　）。

A. 诚实守信

B. 保护环境

C. 夫妻和睦

D. 平等尊重

65. 下列选项中，属于家庭美德基本要求的是（　　）。

A. 爱岗敬业

B. 保护环境

C. 服务群众

D. 尊老爱幼

二、多选题

1. 在人与自然的关系中，我们要保护生态环境，建设生态文明。大学生应该（　　）。
   A. 身体力行，从小事做起
   B. 培养节约意识、环保意识、生态意识
   C. 带头宣传环境道德
   D. 助人为乐

2. 在人与人的关系中，社会公德的基本要求表现为（　　）。
   A. 个体举止文明
   B. 遵守公共秩序
   C. 在人际交往中自尊和尊重他人
   D. 在与他人的交往中诚实守信

3. 社会公德主要包括（　　）等方面的内容。
   A. 家人之间的关系
   B. 同事之间的关系
   C. 人与人之间的关系
   D. 人与社会和人与自然之间的关系

4. 在人与社会的关系中，社会公德的基本要求是（　　）。
   A. 遵守公共秩序
   B. 维护社会公益
   C. 团结协作
   D. 维护公共安全

5. 人类丰富多彩的社会生活可以划分为以下几个领域，它们是（　　）。
   A. 个人生活
   B. 公共生活
   C. 职业生活
   D. 家庭生活

6. 与丰富多彩的社会生活相适应的道德观念是（　　）。
   A. 个人道德
   B. 社会公德
   C. 职业道德
   D. 家庭美德

7. 在哪些生活领域都要遵守相应的道德和法律？（　　）
   A. 公共生活领域
   B. 职业生活领域
   C. 私人生活领域
   D. 婚姻家庭生活领域

8. 遵守社会公德的意义是（　　）。

   A. 维护社会公共秩序的必要条件

   B. 成为一个有道德的人的基本要求

   C. 社会主义精神文明建设的基本工程

   D. 提高民族文化水平的关键步骤

9. 当代社会公共生活的特征主要表现在（　　）。

   A. 活动范围的广泛性

   B. 交往对象的复杂性

   C. 活动方式的多样性

   D. 活动内容的单一性

10. 在当代社会，维护公共秩序对经济社会健康发展的重要意义是（　　）。

    A. 有序的公共生活是构建和谐社会的重要条件

    B. 有序的公共生活是经济社会健康发展的必要前提

    C. 有序的公共生活是提高社会成员生活质量的基本保证

    D. 有序的公共生活是国家现代化和文明程度的重要标志

11. 社会公德的作用有（　　）。

    A. 维护国家利益，保证安定团结

    B. 改善社会风气，促进文明进步

    C. 稳定社会秩序，维护公共利益

    D. 调节人际关系，优化社会环境

12. 马克思主义认为社会公德是（　　）。

    A. 具有法定约束力的行为规范

    B. 最起码的公共生活准则

    C. 个人道德修养的起点

    D. 维护社会秩序的永恒法则

13. 大学生对待爱情应该持慎重的态度，（　　）。

    A. 不能误把友谊当爱情

    B. 不能错置爱情的位置

    C. 不能片面或功利化地对待恋爱

    D. 不能只注重过程不顾后果

14. 每个社会成员都应该自觉遵守社会公德，主要是因为（　　）。

    A. 社会公德是精神文明建设的基础工程

    B. 社会公德是成为一个有道德的人的基本要求

    C. 社会公德是维护社会公共秩序的必要条件

    D. 社会公德是提高民族科技发展水平的重要步骤

17. 制定《维护互联网安全的决定》，是为了（　　）。

    A. 促进互联网的健康发展

    B. 保障信息自由

C. 保护个人、法人和其他组织的合法权益

D. 维护国家安全和社会公共利益

18. 公共生活中法律的规范作用表现为（　　）。

A. 指引作用

B. 预测作用

C. 评价和教育作用

D. 强制作用

19. 我国的就业方针是（　　）。

A. 劳动者自主就业

B. 市场调节就业

C. 政府促进就业

D. 大学生自主创业

20. 公共秩序通常是指为维护社会公共生活所必需的秩序，主要包括（　　）。

A. 工作秩序、教学秩序

B. 娱乐秩序

C. 营业秩序、交通秩序

D. 网络秩序

21. 加强职业道德是（　　）。

A. 社会主义精神文明建设的重要内容

B. 形成良好道德风貌的重要手段

C. 提高各行各业劳动者素质的重要手段

D. 提高工作效率、促进社会生产力发展的重要条件

22. 保护环境主要是指保护（　　）。

A. 自然环境

B. 大气环境

C. 人文环境

D. 土壤环境

23. 在现代社会，人们的公共生活规范意识是以维护社会公共生活的有序、合法、公开、公正为目标的，这里讲公共生活规范意识包括（　　）。

A. 公共生活中的道德意识

B. 公共生活中的法律意识

C. 公共生活中的思想意识

D. 公共生活中的文化意识

24. 大学生应当在网络生活中加强自身的公德自律，（　　）

A. 正确使用网络工具

B. 健康进行网络交往

C. 自觉避免沉迷网络

D. 养成网络自律精神

25. 在"双创"的过程中,要帮助学生树立正确的创业观,下列选项中,属于正确的创业观的有（　　）。

　　A. 坚持"学历本位"与"能力本位"并重的观念

　　B. 要有积极创业的思想准备

　　C. 要有敢于创业的勇气

　　D. 要提高创业的能力

26. 职业道德,是人们在一定的职业活动中所应遵循的,具有自身职业特征的道德准则和规范。从业者在下列职业活动中,体现了职业道德要求的有（　　）。

　　A. 干一行爱一行,安心本职工作,热爱自己的工作岗位

　　B. 诚实劳动,有一分力出一分力,出满勤,干满点,不怠工,不推诿

　　C. 自觉遵守规章制度,平等待人,秉公办事,不违章犯纪,不滥用职权

　　D. 处处为职业对象的实际需要着想,尊重他们的利益,满足他们的需要

27. 爱岗敬业是职业道德的核心和基础。下列表现属于爱岗敬业的有（　　）。

　　A. 在本职工作中勤奋努力,不偷懒,不怠工

　　B. 喜欢自己的工作,能心情愉快、乐观向上地从事自己的本职工作

　　C. 为了求得未来自己理想的职业,利用现有的职业劳动时间全力为求新职做准备

　　D. 把自己看成现职工作单位的一分子,把自己从事的工作视为生命存在的表现方式,尽心尽力地去工作

28. 某企业在对员工进行职业培训时,也进行了职业道德教育。职业道德的基本要求有（　　）。

　　A. 爱岗敬业

　　B. 诚实守信

　　C. 办事公道

　　D. 服务群众、奉献社会

29. 下列行为符合家庭美德要求的有（　　）。

　　A. 某对夫妻整天吵架怄气,丈夫甚至对妻子拳脚相加

　　B. 某丈夫不辞劳苦,20多年精心侍候卧病在床的妻子

　　C. 某夫妇长年热情主动地照顾身边无子女的邻居大妈

　　D. 某儿媳每逢周末都去看望不在一起生活的公婆,帮他们洗刷打扫做家务

30. 马克思说:"真正的爱情表现在恋人对他的偶像采取含蓄、谦恭甚至羞涩的态度,而绝不是表现在随意流露热情和过早亲昵。"这表明（　　）。

　　A. 在恋爱过程中不应有轻率和放荡的行为

　　B. 恋爱双方的交往应当文明端庄,持之以度

　　C. 真正的爱是远离疯狂和近乎淫荡的东西的

　　D. 恋爱过程中要有高尚的情趣和健康的交往方式

31. 男女双方的恋爱行为,客观上是对社会负有相应的道德责任的行为。下列选项中,符合男女恋爱中基本道德要求的是（　　）。

　　A. 尊重对方的情感和人格

B. 以寻找爱情、培养爱情为目的

C. 有高尚的情趣和健康的交往方式

D. 一方强迫或诱骗另一方接受自己的爱

32. 爱情是男女双方基于一定的客观现实基础和共同的生活理想，在各自内心形成的最真挚的彼此倾慕和互相爱悦，并渴望对方成为自己终身伴侣的最强烈持久、纯洁专一的感情。下列选项中，真正属于爱情的有（　　）。

A. 单相思、一厢情愿

B. 相濡以沫，终身对爱侣承担责任

C. 只求曾经拥有，不求天长地久

D. 爱恋双方彼此尊重对方的情感和人格，平等履行道德义务

33. 维护公共秩序的基本手段有（　　）。

A. 法律

B. 道德

C. 风俗

D. 纪律

34. 私人生活主要指（　　）。

A. 个人生活

B. 职业生活

C. 家庭生活

D. 网络生活

35. 下列哪些行为有利于培养社会公德？（　　）

A. 参加志愿者服务

B. 参与防艾宣传活动

C. 做家务

D. 做义工

36. 社会公德的主要内容和要求是（　　）。

A. 遵守公共秩序

B. 爱护公共财物

C. 讲究卫生、保护环境

D. 做到文明礼貌

37. 在社会公德建设方面存在的主要问题是（　　）。

A. 一些人的社会公德观念比较淡薄

B. 社会公共生活领域中的规章、制度、公约等不能得到普遍遵守

C. 对陌生人警惕，冷漠有余，关心、帮助不足，对与自己有亲情、友情的人，方可投入十分的热心，肯于关心和帮助

D. 在人与人之间的交往上缺乏基本的诚信

38. 社会主义道德建设最终要落实到个人品德上。个人品德具有的特点是（　　）。

A. 实践性

B. 综合性

C. 稳定性

D. 复杂性

39. 下列行为符合社会公德要求的有（　　）。

A. 不随地吐痰

B. 不随地乱扔果皮纸屑

C. 在公共汽车上为老幼病残孕让座

D. 爱护公园或路边的花草树木

40. 下列行为不符合社会公德要求的有（　　）。

A. 随地吐痰

B. 随地乱扔果皮纸屑

C. 捡到财物，占为己有

D. 爱护公园或路边的花草树木

41. 恋爱的基本特征是（　　）。

A. 平等互爱性

B. 专一排他性

C. 经济实惠性

D. 强烈持久性

42. 社会公德的特点有（　　）。

A. 基础性

B. 全民性

C. 相对稳定性

D. 强制性

43. 社会生活基本上可分为（　　）。

A. 职业生活

B. 婚姻生活

C. 公共生活

D. 婚姻家庭生活

44. 当代社会公共生活的特征主要体现在以下几个方面：（　　）

A. 活动内容的公开性

B. 活动范围的广泛性

C. 交往对象的复杂性

D. 活动方式的多样性

45. 社会公德涵盖了（　　）。

A. 人与人的关系

B. 人与社会的关系

C. 人与自然的关系

D. 人与宇宙的关系

46. 社会公德的基本特征主要表现为（　　）。
   A. 继承性
   B. 基础性
   C. 广泛性
   D. 简明性

47. 作为一个大学生，应该（　　）。
   A. 继承和弘扬中华民族优良的道德传统
   B. 全面把握社会主义道德建设的核心原则
   C. 自觉恪守公民基本道德规范
   D. 努力养成良好的道德品质

48. 在网络生活中加强社会公德自律，要（　　）。
   A. 正确使用网络工具
   B. 健康进行网络交往
   C. 自觉避免沉迷网络
   D. 养成网络自律精神

49. 婚姻家庭关系不仅需要道德来维系，也需要法律来调整。遵守婚姻家庭法律规范，要在家庭生活中遵守的基本原则主要有（　　）。
   A. 婚姻自由
   B. 一夫一妻
   C. 男女平等
   D. 保护妇女、老人和儿童的合法权益

50. 社会主义"四有"新人的"四有"是指（　　）。
   A. 有理想
   B. 有道德
   C. 有文化
   D. 有纪律

51. 以下关于恋爱、婚姻、家庭表述正确的是（　　）。
   A. 恋爱是缔结婚姻、组建家庭的前提和基础
   B. 婚姻和家庭是恋爱的结果
   C. 婚姻是家庭产生的重要前提
   D. 家庭是缔结婚姻的必然结果

52. 自觉遵守社会公德的意义有（　　）。
   A. 遵守社会公德是为了建立美满幸福的家庭
   B. 遵守社会公德是成为一个有道德的人的最基本要求
   C. 遵守社会公德是维护社会公共生活正常秩序的必要条件
   D. 社会公德建设是精神文明建设的基础性工程，也是精神文明程度的"窗口"

53. 社会公德包括（　　）。
   A. 网络道德

B. 环境道德

C. 家庭美德

D. 职业道德

54. 下列哪些行为有利于培养家庭美德？（　　）

A. 逢年过节去看望长辈

B. 出门在外，时常给家里打个电话

C. 做家务

D. 做义工

55. 社会公德是维护公共生活有序的需要，下列选项中，有违社会公德的有（　　）。

A. 文明礼貌

B. 损人利己

C. 损坏公物

D. 破坏环境

56. 恋爱中的道德要求有（　　）。

A. 尊重对方的独立性和重视双方的平等

B. 自觉承担责任

C. 文明相亲相爱

D. 男女平等

57. 原始社会共同生活必须遵守的规则是（　　）。

A. 图腾崇拜

B. 禁忌

C. 宗教教规

D. 风俗

58. 爱岗敬业是职业道德的核心和基础。从业人员的下列表现中，违背爱岗敬业要求的行为有（　　）。

A. 对本职工作马马虎虎，大错不犯，小错不断

B. 喜欢自己的工作，心情愉快，乐观向上地从事自己的职业

C. 用一种恭敬的态度对待工作，勤奋认真，不偷懒、不怠工

D. 对于被动选择的职业岗位敷衍了事，消极应付，争取早日调换工作

59. 家庭美德是社会道德体系的重要组成部分。我国家庭美德的主要内容有尊老爱幼和（　　）。

A. 男女平等

B. 夫妻和睦

C. 勤俭持家

D. 邻里团结

60. 职业活动中的道德和法律有许多共同的特征，包括（　　）。

A. 鲜明的职业性

B. 明确的规范性

C. 调节的有限性
D. 制定的严密性
61. 家庭是在什么样的基础上产生的？（　　）
A. 收养关系
B. 血缘关系
C. 抚养关系
D. 婚姻关系

三、判断题

1. 一切道德问题归根结底都是个人品德的问题。（　　）
2. 婚姻家庭有自然属性和社会属性，自然属性是婚姻家庭的本质所在。（　　）
3. 职业生活是否成功，主要取决于个人的专业知识和技能。（　　）
4. 网络交往是一种虚拟的私人交往形式。（　　）
5. 我国职业道德的核心和基础是"有爱心"。（　　）
6. "只求曾经拥有，不求天长地久"是爱情的本质特征之一。（　　）
7. 私人生活的主要特点是内部性。（　　）
8. 自然属性是婚姻家庭的本质所在。（　　）
9. 在生产力不发达的历史时期，人们交往往往是在"陌生人社会"中的活动。（　　）
10. 当今社会，公共生活领域更像一个"熟人社会"。（　　）
11. 在生产力不发达的历史时期，人们交往往往是在"熟人社会"中的活动。（　　）
12. 当今社会，公共生活领域更像一个"陌生人社会"。（　　）
13. 在人与自然之间的关系上，社会公德主要体现在热爱自然、爱护公物上。（　　）
14. 爱情生长的内在依据是责任。（　　）
15. 社会公德是一个社会精神文明的综合指标。（　　）
16. 遵纪守法是社会公德的最基本要求。（　　）
17. 社会公德是社会交往和公共生活中应当遵守的最基本的道德规范。（　　）
18. 婚姻和家庭是爱情在内容和形式上的升华。（　　）
19. 恋爱是缔结婚姻、组成家庭的前提和基础。（　　）
20. 爱情具有双重属性，即自然属性和社会属性，爱情的本质是由它们共同决定的。（　　）
21. 异性同学之间也存在纯正的友谊。（　　）
22. 爱情的本质是人性。（　　）
23. 诚实守信，既是做人的准则，也是对从业者的道德要求。（　　）
24. 提高劳动职业技能是从业人员的基本要求。（　　）
25. 邻里关系是一种地缘关系。（　　）
26. 婚姻家庭的和谐稳定是社会稳定的基础。（　　）
27. 公共生活与私人生活是两个相互分离、截然不同的领域。（　　）

28. 性爱、理想和经济基础是构成爱情的三个基本要素。 （　）
29. 维护公共程序的基本手段是礼仪。 （　）
30. 网络是虚拟的，无所谓道德。 （　）
31. 见义勇为是傻帽。 （　）
32. 在人与人之间关系的层面上，社会公德主要体现为"为他人提供便利"。
　　　　　　　　　　　　　　　　　　　　　　　　　　　　　（　）
33. 提高道德有利于大学生健康成长。 （　）
34. 在各种社会生活中，最普遍、最基本的社会生活是家庭生活。 （　）
35. 个人品德是个人实现自我完善的外在动力。 （　）
36. 社会要求只有和个人品德相结合，才会转变为现实的道德力量。 （　）
37. 婚姻关系不仅需要道德来维系，而且需要法律来规范。 （　）
38. 社会公德的最高层次是要求遵纪守法。 （　）
39. 恋爱道德规范主要有尊重双方家长、自觉承担责任和文明相亲相爱。（　）
40. 在社会生活中，个人生活是最基本的。 （　）
41. "远亲不如近邻"体现了尊老爱幼的家庭美德。 （　）
42. "吾日三省吾身"属于中国传统道德修养中的学思并重的方法。 （　）
43. 社会公德是指人们在社会交往和公共生活中应该遵守的行为准则。（　）

四、辨析题

1. 有人认为，互联网是个虚拟空间，没有人会把它当成现实，因此没有必要讲诚信。
2. 社会公德涵盖了人与人、人与社会、人与自然之间的关系。
3. 道德可以借助司法机关的强制力实现。

五、简答题

1. 在我国现代社会中，社会公德的主要内容和要求是什么？
2. 简述职业道德在职业生活中的作用。
3. 简述爱情的本质和恋爱中的道德要求。

六、论述题

1. 当代社会公共生活有哪些特点？公共生活有序化对经济社会发展有何重要意义？
2. 结合自己的认识与理解，谈谈大学生应当如何增强自身的公德意识？
3. 你认为当代大学生成才所面临的障碍有哪些？成才的关键是什么？
4. 什么是爱情？联系实际谈谈大学生应如何妥善处理大学时代的恋爱问题？

七、材料分析题

结合材料回答问题。

【材料】

王顺友——20 年如一日地跋涉在凉山彝族自治州木里藏族自治县群山深处的一名普通的乡邮递员、一名优秀的共产党员。"当我把信、包裹送到老百姓手里，把文件、报纸送到乡政府时，看到他们高兴的笑容，我就觉得自己很值得。"王顺友这样评价自己的工作。"不过，这个工作真的很苦啊！"王顺友感叹道。在马班邮路上，深山、密林、峡谷、缺氧、高山和积雪地带是必经之路，骡马只能用来驮邮包，邮递员只能步行。山高路远、气候恶劣、用雪解渴、用酒驱寒，这构成了王顺友生活的主要内容；头痛、风湿、胃病、肝病，是常年跑马班的邮递员的常见病。

请回答：

（1）什么是职业道德？职业道德有哪些基本要求？

（2）请从职业道德的角度对王顺友的行为进行分析。

学习宪法法律　建设法治体系

一、单选题

1. 调整人们行为的社会规范有许多种类，其中由国家制定或认可，具体规定人的权利、义务的行为规范是（　　）。
   A. 道德规范
   B. 宗教规范
   C. 法律规范
   D. 纪律规范

2. 法律作为一种特殊的社会规范，（　　）出现并不断发展的。
   A. 是在人类进入氏族社会以后
   B. 是在人类进入新石器时代以后
   C. 是在人类进入阶级社会以后
   D. 是在人类进入工业化时代以后

3. 在我国古代，"法律"的主要表现形式为（　　）。
   A. "刑"或"刑律"
   B. 宪法性文件
   C. 民商事习惯
   D. 宗教戒律

4. 在我国，狭义的法律专指（　　）。
   A. 全国人民代表大会及其常务委员会的立法
   B. 行政法规
   C. 自治条例
   D. 司法解释

5. 法律是一种社会规则，调整（　　）的关系。

A. 人与人之间

B. 人与人之间、人与物之间

C. 人与物质世界之间

D. 人与物质财富之间

6. 马克思主义理论认为，在阶级社会中，法律体现的是（　　）的整体意志。

A. 全体国民

B. 统治阶级

C. 执政党

D. 全社会

7. 马克思主义理论认为，在阶级社会中，统治阶级意志（　　），才能成为国家法律。

A. 须成为全体国民的共同意志

B. 须成为大多数国民的共同意志

C. 须上升为全体国民的精神信仰

D. 须上升为国家意志

8. 马克思主义理论认为，（　　）是决定法律的本质、内容和发展方向的根本因素。

A. 人口与民族构成

B. 地理环境

C. 生产方式

D. 经济发展水平

9. 马克思主义法学认为，法律的本质最终体现为（　　）。

A. 法律的正式性

B. 法律的国家性

C. 法律的阶级性

D. 法律的物质制约性

10. 法律是通过（　　）来调整社会关系的。

A. 规范人的部分行为

B. 规范人的所有行为

C. 规范人的部分思想

D. 规范人的全部思想

11. 法律是以（　　）为机制，影响人的行为动机，指引人的行为，调解社会关系的。

A. 命令与指引

B. 调控与规制

C. 权利与义务

D. 奖励与惩罚

12. 法律是（　　）。

A. 由国家创制并保证实施的行为规范

B. 人们关于社会政治制度的思想、观点、知识和心理的总称

C. 由经济关系最终决定、按照善恶标准来评价，并依靠社会舆论、内心信念、传统习惯维持的行为规范

D. 国家或政党为完成一定政治任务而规定的活动准则

13. 下列不属于法律基本特征的是（　　）。

A. 法律是由国家创制并保证实施的行为规范

B. 法律是调整社会关系的行为规范

C. 法律是由原始社会的习惯演变而来的，具有历史性

D. 法律是规定权利和义务的行为规范。

14. 下列关于法律强制性的说法中，正确的是（　　）。

A. 法律具有强制性，而其他诸如道德、宗教、组织纪律等社会规范不具有强制性

B. 在法律实施过程中，国家暴力常常是备而不用的

C. 法律的每一个实施过程，都需要借助于国家的系统化的暴力

D. 国家强制力是保证法律实施的唯一力量

15. "权利"告诉人们（　　）。

A. 可以做什么

B. 应当做什么

C. 必须做什么

D. 不能做什么

16. "违反法律的后果"，一般称为（　　）。

A. 法律权利

B. 法律义务

C. 法律责任

D. 法律效力

17. 法律的实施，必须以（　　）为后盾。

A. 社会舆论的压力

B. 自觉遵守法律的积极性

C. 社会自治组织的约束力

D. 国家的强制力

18. 马克思说："法律应该以社会为基础，法律应该是社会共同的，由一定物质生产方式所产生的利益需要来决定，而不是单个人的恣意横行。"关于这段话所表达的马克思主义法学原理，下列哪一选项是正确的？（　　）

A. 强调法律以社会为基础，这是马克思主义法学与其他派别法学的根本区别

B. 法律在本质上是社会共同意志的体现

C. 在任何社会，利益需要实际上都是法律内容的决定性因素

D. 特定时空下的特定国家的法律都是由一定的社会物质生活条件所决定的

19. 下列哪种情况会导致法律责任？（　　）

A. 甲邀请朋友晚饭后一起散步，但无故失约

B. 乙向某商场推销商品，但某商场未予接受

C. 丙在火车上未给一位妇女让座，该妇女因拥挤受伤

D. 丁使用伪造的票据支付货款，受让人未能识别该伪造票据

20. 西方法律格言说："法律不强人所难。"关于这句格言的含义，下列哪一选项的理解是正确的？（　　）

A. 凡是人能够做到的，都是法律所要求的

B. 对于人所不知晓的事项，法律不得规定为义务

C. 凡是人所不能控制的客观事件，均不受到法律调整

D. 法律规制和调整社会关系的范围和深度是有限的

21. "人们可以运用法律保护自己的权利。"这体现了法律的哪一特征？（　　）

A. 可诉性

B. 普遍性

C. 历史性

D. 国家意志性

22. 在法律产生的多种因素中，起最终决定作用的是（　　）。

A. 经济因素

B. 政治因素

C. 文化因素

D. 地理因素

23. 按照经济基础决定上层建筑的历史唯物主义原理，（　　）。

A. 法律制度的基本内容和性质总是与其所在社会的生产关系相适应的

B. 法律制度的基本内容和性质是超越特定社会的生产关系与生产力发展阶段的

C. 法律是人类社会永恒存在的一种社会现象

D. 法律的产生和发展与私有制、阶级和国家的产生没有必然联系

24. 关于法律的产生，下列说法正确的是（　　）。

A. 法是伴随着人类社会的出现而出现的

B. 原始社会的氏族习惯是法的最早的表现形式

C. 法是随着私有制、阶级和国家的产生而产生的

D. 法律完全是阶级斗争的产物，而不是出于调整经济关系的需要

25. 关于法的产生，下列说法错误的是（　　）。

A. 法是随着国家的产生而产生的

B. 法产生的阶级根源是为了适应调整阶级关系的需要

C. 法的产生，是统治阶级主观意志的选择

D. 法产生的社会根源是为了满足管理社会公共事务的需要

26. 马克思主义法学认为，凡是建立在相同经济基础之上、反映相同阶级意志的法，就属于同一（　　）。

A. 法系

B. 法域

C. 法律部门

D. 法的历史类型

27. 法律是人类进入哪一个社会阶段才出现的产物？（   ）

A. 原始社会

B. 奴隶制社会

C. 封建制社会

D. 资本主义社会

28. 依据马克思主义法学观点，人类历史上没有法律的社会形态是（   ）。

A. 原始社会

B. 奴隶制社会

C. 封建制社会

D. 资本主义法律

29. 下列选项中，属于奴隶制社会法律的是（   ）。

A. 英国的《大宪章》

B. 《法国民法典》

C. 《唐律》

D. 《汉谟拉比法典》

30. 下列选项中，属于奴隶制法律特征的是（   ）。

A. 遵从法律面前人人平等的法律原则

B. 确认自由民之间的等级划分

C. 以解放生产力、发展生产力为最终目标

D. 与民主政治不可分离

31. 强调按照社会契约理论与权力制衡理论构建国家政治制度与法律制度，是（   ）的重要特征。

A. 奴隶制法

B. 封建制法

C. 资本主义法

D. 社会主义法

32. 依据马克思主义法学观点，（   ）是最高历史类型的法。

A. 自然法

B. 衡平法

C. 社会主义法

D. 共产主义法

33. 法的历史类型更替的根本原因是（   ）。

A. 立法者有意识的选择

B. 法学理论和立法技术的发展

C. 历史的自然发展

D. 社会基本矛盾的运动

34. 随着经济社会的发展，我国法律体系必然是（   ）。

A. 开放的

B. 封闭的

C. 固定的

D. 静止的

35. 我国法律是党的主张和（　　）的体现。

A. 人民共同意志

B. 无产阶级的共同意志

C. 全体劳动者的共同意志

D. 全国公民的共同意志

36. 我国社会主义法律维护的是（　　）。

A. 全体人民的共同利益

B. 全体劳动者的根本利益

C. 统治阶级的全部利益

D. 统治集团的共同利益

37. 在现代任何社会中，不仅需要有法律这种社会规范，而且需要有道德、习俗、纪律等其他社会规范。这说明（　　）。

A. 法律是可有可无的

B. 法律不具有普遍性

C. 法律是一种历史现象，不是永恒存在的

D. 法律只是社会调整方法的一种

38. 涉及人们的思想、认识、信仰等方面的问题，不宜采用法律手段。这是因为（　　）。

A. 法律不是一种社会规范

B. 法律的作用范围不是无限的

C. 法律的作用发挥受限于客观物质条件

D. 法律不是调整社会的唯一方法

39. 下列选项中，属于法律的规范作用的是（　　）。

A. 预测行为的法律后果

B. 维护阶级统治

C. 执行社会公共事务

D. 保障民主政治

40. 法律的规范作用与社会作用的关系是（　　）。

A. 理论与实践的关系

B. 理论与价值的关系

C. 形式与本质的关系

D. 手段与目的的关系

41. 运用法律规范，告诉人们不得做什么，这指的是（　　）。

A. 禁止性指引

B. 强制性指引

C. 义务性指引

D. 授权性指引

42. 法律的指引作用主要是通过授权性规范、禁止性规范和义务性规范三种形式来实现的。其中义务性规范是告诉人们（　　）。

A. 不得或者不准做什么

B. 可以或者有权做什么

C. 应当或者必须做什么

D. 能够或者不能做什么

43. 我国《合同法》规定："当事人对合同的效力可以约定附条件。"从法律的规范作用看，该条规定属于（　　）。

A. 有选择的指引

B. 确定的指引

C. 个别的指引

D. 鼓励人们从事某种行为的指引

44. 我国《消费者权益保护法》规定："经营者提供商品或者服务应当明码标价。"该规定（　　）。

A. 属于授权性规范

B. 属于义务性规范

C. 属于禁止性规范

D. 属于制裁性规范

45. 我国《公司法》规定："有限责任公司的股东之间可以相互转让其全部或者部分股权。"该规定体现了（　　）。

A. 法律的预防和制裁违法行为的作用

B. 法律的强制性规范作用

C. 法律的确定性指引作用

D. 法律的选择性指引作用

46. 根据我国《行政处罚法》第三条第二款"没有法定依据或者不遵守法定程序的，行政处罚无效"的规定，某县工商局的越权行政处罚行为被认定为无效行为。这体现了法律的（　　）。

A. 指引作用

B. 预测作用

C. 评价作用

D. 教育作用

47. 张某拟将自己的房屋出租给刘某三十年，但是根据我国《合同法》第二百一十四条"租赁期限不得超过二十年。超过二十年的，超过部分无效。"的规定，张某和刘某将租赁合同中的租赁期限改为二十年。这体现了法律的（　　）。

A. 指引作用

B. 预测作用

C. 评价作用

D. 教育作用

48. 法律运行的起始性和关键性环节是（　　）。

A. 法律制定

B. 法律执行

C. 法律适用

D. 法律遵守

49. 有立法权的国家机关依照法定职权和程序制定规范性法律文件的活动是（　　）。

A. 法律适用

B. 法律制定

C. 法律遵守

D. 法律实施的监督

50. 根据立法的（　　），立法活动应当纳入法律的轨道，并严格遵循法律，接受法律约束。

A. 民主原则

B. 法治原则

C. 科学原则

D. 效率原则

51. 立法主体制定出原来没有的全新的规范性法律文件，属于立法方式中的（　　）。

A. 制定

B. 认可

C. 修改

D. 删除

52. 立法主体赋予某些原本非法律的规范以法律形式和法律效力，属于立法方式中的（　　）。

A. 制定

B. 认可

C. 修改

D. 删除

53. 立法主体终止原有的规范性法律文件的法律效力，属于立法方式中的（　　）。

A. 制定

B. 认可

C. 修改

D. 废止

54. 在我国，全国人民代表大会及其常务委员会制定的规范性法律文件叫（　　）。

A. 宪法

B. 法律

C. 行政法规

D. 自治法规

55. 国务院有权根据宪法和法律制定（　　）。

A. 基本法律

B. 基本法律以外的法律

C. 行政法规

D. 行政规章

56. 根据我国宪法法律的规定，民族自治地方的（　　）有权依照当地民族的政治、经济和文化的特点，制定自治条例和单行条例。

A. 自治机关

B. 人民代表大会

C. 基层群众性自治组织

D. 人民政府

57. 下列不享有立法权的机关为（　　）。

A. 国务院

B. 县人民政府

C. 省人大常委会

D. 司法部

58. 国家司法机关及其工作人员按照法律规定的职权和程序，运用法律规范处理具体案件的活动是（　　）。

A. 法律遵守

B. 法律适用

C. 法律执行

D. 法律监督

59. 司法机关适用法律，应当以事实为根据，以（　　）为准绳。

A. 法理

B. 法律

C. 政策

D. 程序

60. 下列选项中，属于司法活动的是（　　）。

A. 某市公证机关根据某甲与某乙的申请对甲乙之间订立的货物买卖合同予以公证

B. 某市司法局依法组织、管理本辖区的司法考试报名和考试工作

C. 某县公安局对实施了扰乱社会治安的违法行为的刘某作出行政拘留5天的处罚决定

D. 某市公安局根据群众举报对张某等人涉嫌赌博犯罪行为予以立案侦查

61. 下列不属于司法活动的是（　　）。

A. 税务机关在作出行政处罚前举行听证会

B. 公安机关为调查犯罪活动搜集证据

C. 检察机关对刑事案件提起公诉

D. 司法机关对简单民事案件调解结案

62. 在我国国家机构中，依法独立行使审判权的是（　　）。

A. 国务院

B. 人民法院

C. 人民检察院

D. 人民代表大会

63. 下列选项中，属于我国司法机关的是（　　）。

A. 人民检察院

B. 人民政府

C. 司法部

D. 公安部

64. 我国司法机关独立行使职权，同时受（　　）的监督。

A. 权力机关

B. 行政机关

C. 党员

D. 国家公务员

65. 我国社会主义司法的基本要求是（　　）。

A. 以事实为根据，以法律为准绳

B. 公民在法律面前一律平等

C. 准确、合法、及时

D. 实事求是、有错必纠

66. 在我国，狭义上的法律执行是（　　）。

A. 国家机关及其公职人员在国家和公共事务管理中依法贯彻和实施法律的一切活动

B. 国家司法机关依法适用法律处理案件的专门活动

C. 国家行政机关依法执行法律、管理公共事务的活动

D. 国家机关、社会组织、公民个人依法行使权力以及履行职责和义务的活动

67. 在我国，狭义的执法机关包括（　　）。

A. 群众自治组织

B. 人民法院

C. 各级人民政府

D. 中央和各级党组织

68. 下列属于我国国家行政机关执法特点的是（　　）。

A. 被动性

B. 诉讼性

C. 非强制性

D. 单方面性

69. 下列不属于执法活动的是（　　）。

A. 某区工商局为企业办理设立登记

B. 某市公安局对外来务工人员办理暂住登记
C. 某市房管中心为房产交易办理物权登记
D. 某县法院为行政诉讼案件起诉人办理立案登记

70. 关于守法，下列说法正确的是（   ）。

A. 所谓守法，专指一切组织和个人严格依法承担并履行义务的活动和状态
B. 所谓守法，专指一切组织和个人严格依照法律办事的活动和状态，法规、规章等不属于守法范围
C. 国家机关依法行使权力和履行职责，不属于守法活动
D. 依法积极主动地行使权利也是一种守法行为

71. 关于守法，下列哪一项表述是正确的？（   ）

A. 在法律运行过程中，守法是法律实施和实现的基本途径
B. 守法仅要求一切组织和个人依法履行法律义务
C. 在社会主义国家，只有社会组织和公民个人才是守法的主体，执政党和国家机关不是守法的主体
D. 只有被统治阶级才是守法的主体，统治阶级不是守法的主体

72. 关于违法，下列说法正确的是（   ）。

A. 违法，仅指违反法律规定的积极作为行为，不包括消极的不作为
B. 违法，仅针对人的外在行为，未见诸外在行为的单纯的思想活动并不能构成违法
C. 违法行为等同于违反道德的行为
D. 违法行为等同于法律上的无效行为

73. "法立而不行，与无法等。"这句话强调了（   ）。

A. 学法的重要性
B. 信法的重要性
C. 立法的重要性
D. 守法的重要性

74. 庞德说："法律的生命在于它的实行。"该观点意指（   ）的重要意义。

A. 法的制定
B. 法的效力
C. 法的实施
D. 法的遵守

75. 法的实施的最终保障手段是（   ）。

A. 道德约束
B. 守法意识
C. 社会监督
D. 国家强制力

76. 在一国法律体系中居于核心地位的法律是（   ）。

A. 宪法
B. 民法

C. 刑法

D. 行政法

77. 规定国家制度和社会制度的基本原则，集中表现各种政治力量对比关系，保障公民基本权利和义务的国家根本法是（　　）。

A. 宪法

B. 民法

C. 刑法

D. 诉讼法

78. 世界范围产生的第一部成文宪法是（　　）的宪法。

A. 英国

B. 美国

C. 法国

D. 德国

79. （　　）被认为是近代宪法的起源地。

A. 英国

B. 美国

C. 古罗马

D. 古希腊

80. （　　）是18世纪末资产阶级在反封建革命斗争中的著名纲领性文件，后成为法国宪法的序言。

A.《人权宣言》

B.《独立宣言》

C.《自由大宪章》

D.《权利法案》

81. （　　）被认为是中国历史上第一部宪法性文件。

A.《钦定宪法大纲》

B.《十九信条》

C.《五五宪草》

D.《中华民国临时约法》

82. 我国第一部社会主义类型的宪法是在（　　）年颁布的。

A. 1949

B. 1954

C. 1978

D. 1982

83. 我国现行宪法是在（　　）年颁布的。

A. 1954

B. 1975

C. 1978

D. 1982

84. 我国现行宪法颁布实施以来，全国人民代表大会对宪法进行了（　　）。

A. 二次修改

B. 三次修改

C. 四次修改

D. 五次修改

85. 依照我国《宪法》的规定，制定和修改基本法律的国家机关是（　　）。

A. 全国人民代表大会

B. 全国人民代表大会及其常务委员会

C. 全国人民代表大会法律委员会

D. 全国人民代表大会代表

86. 我国有权解释宪法的机关是（　　）。

A. 全国人民代表大会

B. 全国人民代表大会常务委员会

C. 最高人民法院

D. 国家主席

87. 宪法是国家的根本大法，下列哪个不是我国现行宪法的基本原则？（　　）

A. 三权分立原则

B. 党的领导原则

C. 人民主权原则

D. 法治原则

88. 下列说法中，符合我国《宪法》所称的"人民主权"含义的是（　　）。

A. 公民的权利是国家权力的来源与基础

B. 人民对国家拥有至高无上的、排他性的政治权力

C. 国家中绝大多数人拥有国家的最高权力

D. 国家中绝大多数人实际享有并行使一切国家权力

89. 国家的性质是指国家的（　　）。

A. 阶级本质

B. 经济制度的性质

C. 政权组织形式的民主与否

D. 国家整体同其组成部分之间的关系

90. 我国《宪法》中的哪项规定充分表明了我国的国家性质？（　　）

A. 中华人民共和国是工人阶级领导的，以工农联盟为基础的人民民主专政的社会主义国家

B. 中华人民共和国的一切权利属于人民

C. 中华人民共和国各民族一律平等

D. 中华人民共和国的国家机构实行民主集中制的原则

91. 我国《宪法》第一条规定，我国的根本制度是（　　）。

A. 人民民主专政

B. 人民代表大会制度

C. 生产资料公有制

D. 社会主义制度

92. 我国《宪法》规定，中华人民共和国的一切权力属于（   ）。

A. 公民

B. 人民

C. 人民代表大会

D. 中央人民政府

93. 国体决定了一国的国家性质。下列选项中属于我国国体的是（   ）。

A. 人民民主专政制度

B. 人民代表大会制度

C. 社会主义制度

D. 中国共产党领导的多党合作和政治协商制度

94. 根据我国现行宪法的规定，中华人民共和国的根本政治制度是（   ）。

A. 人民代表大会制度

B. 人民民主专政制度

C. 民族区域自治制度

D. 社会主义制度

95. 我国的政权组织形式是（   ）。

A. 政治协商制度

B. 人民代表大会制度

C. 人民民主专政制度

D. 无产阶级专政制度

96. 我国《宪法》规定，在我国国家机关体系中，（   ）产生其他国家机关，其他国家机关对它负责，受它监督。

A. 国家行政机关

B. 中共中央

C. 国家权力机关

D. 国家主席

97. 我国的全国人民代表大会由（   ）。

A. 全国人民直接选出的代表组成

B. 各省、市、县的人民代表大会和军队选出的代表组成

C. 各省、自治区、直辖市的人民代表大会选出的代表组成

D. 各省、自治区、直辖市、特别行政区和军队选出的代表组成

98. 我国国家主席、副主席每届任期5年，由（   ）产生。

A. 全国人民代表大会选举

B. 中共中央指定

C. 全国人民代表大会常务委员会选举

D. 全国政协会议选举

99. 我国《宪法》规定，公布法律的权力属于（　　）。

A. 国务院

B. 国家主席

C. 全国人民代表大会

D. 全国人民代表大会常务委员会

100. 在我国的国家机关中，国家的法律监督机关是（　　）。

A. 国务院

B. 人民代表大会

C. 人民检察院

D. 人民法院

101. 我国《宪法》规定，最高人民法院是国家的（　　）。

A. 专门审判机关

B. 最高司法行政机关

C. 特别审判机关

D. 最高审判机关

102. 现阶段，我国的统一战线称为（　　）。

A. 民族统一战线

B. 社会主义统一战线

C. 爱国统一战线

D. 人民民主专政统一战线

103. 根据我国《宪法》规定，我国实行的政党制度是（　　）。

A. 多党制

B. 一党制

C. 两党制

D. 中国共产党领导的多党合作制

104. 中国共产党领导的多党合作和政治协商制度是一项具有中国特色的（　　）。

A. 国家体制

B. 议会民主制度

C. 根本政治制度

D. 基本政治制度

105. 中华人民共和国是全国各族人民共同缔造的统一的多民族国家，其国家结构形式为（　　）。

A. 单一制

B. 复合制

C. 联邦制

D. 邦联制

106. 我国民族自治地方的自治机关是自治区、自治州、自治县的（　　）。
A. 人民政府和人民法院
B. 人民法院和人民检察院
C. 人民代表大会和人民政府
D. 人民代表大会及其常务委员会

107. 依照我国《宪法》的规定，城市设立的居民委员会是（　　）。
A. 城市基层政权组织
B. 城市基层群众性自治组织
C. 城市基层综合性行政机关
D. 区级人民政府的派出机关

108. 宪法和法律规定的基本经济制度是指以（　　）为核心的各种基本经济关系的规则、原则和政策的总和。
A. 生产资料所有制
B. 人们在市场中的经济地位和相互关系
C. 人们在生产中的地位和相互关系
D. 劳动成果分配方式

109. 根据我国《宪法》的规定，我国的基本经济制度是（　　）。
A. 生产资料社会主义公有制
B. 公有制经济与非公有制经济长期并存、共同发展
C. 公有制为主体、多种所有制经济共同发展
D. 全民所有制和劳动群众集体所有制共同发展

110. 关于非公有制经济，下列说法符合我国《宪法》规定的是（　　）。
A. 非公有制经济是社会主义市场经济的主要组成部分
B. 非公有制经济是社会主义市场经济的重要组成部分
C. 非公有制经济日益成为国民经济中的主导力量，国家保障非公有制经济的巩固和发展
D. 国家指导和规划非公有制经济的发展，并对非公有制经济实行更严格的监督和管理

111. 我国《宪法》规定，在社会主义初级阶段，国家坚持（　　）的分配制度。
A. 按劳分配
B. 按劳分配与按需分配相结合
C. 按需分配
D. 按劳分配为主体，多种分配方式并存

112. 下列选项中，哪一个不属于我国法律体系的构成？（　　）
A. 刑法
B. 民法、商法
C. 宪法
D. 判例法

113. 按照规定的内容、法律地位和制定的程序不同，法律可以划分为根本法和普通法。

其中，（ ）属于根本法。

A. 民法

B. 宪法

C. 刑法

D. 行政法

114. 根据现行法律规范所调整的社会关系及其调整方法不同，将其分为不同的（ ）。

A. 法律体系

B. 法系

C. 立法体系

D. 法律部门

115. 《全国人民代表大会组织法》属于下列哪一个法律部门？（ ）

A. 行政法

B. 社会法

C. 宪法

D. 民法

116. 我国民法所调整的社会关系是（ ）。

A. 一切自然人、法人和非法人组织之间的财产关系

B. 一切公民之间、公民与法人之间的财产关系和人身关系

C. 平等主体的自然人、法人和非法人组织之间的人身关系和财产关系

D. 平等主体的自然人、法人和非法人组织之间的财产所有关系和财产流转关系

117. 甲欲买房，乙欲卖房，两人在协商过程中，乙坚持房价为 10 万元，甲坚持 8 万元，双方未能达成一致。一日，甲见乙患病无力，强迫乙在准备好的合同上签字。甲的行为违背了哪一项民法原则？（ ）

A. 自愿原则

B. 平等原则

C. 诚实信用原则

D. 公平原则

118. 王某在本市闹市区有一处当街的商业门面房，袁某多次与其商谈转让事宜。当王某得知即将兴建的人行天桥将遮挡自己的房屋时，就将该房转让给袁某。王某的行为违反了民法的（ ）。

A. 诚实信用原则

B. 公序良俗原则

C. 公平原则

D. 自愿原则

119. 甲公司利用其市场上的优势地位，强迫乙公司与自己订立合同，并强迫乙公司承诺不与其他公司发生同类贸易往来。甲公司的行为违背了哪项民法原则？（ ）

A. 自愿原则

B. 平等原则

C. 诚实信用原则

D. 禁止权利滥用原则

120. 万某与徐某婚后育有一女，但万某因工作需要被调到外地的分公司，很少尽到照顾妻女的义务。在分公司工作期间，万某从未将工资交与家人使用，还与分公司驻地的当地人周某发生不正当的恋爱关系，并在当地购置一套商品房赠与周某。徐某获知后向法院起诉离婚，并要求法院撤销万某赠与周某房屋的行为。法院受理该案后，支持了徐某的诉讼请求。法院依据的是哪项民法原则？（　　）

A. 诚实信用原则

B. 公序良俗原则

C. 自愿原则

D. 公平原则

121. 消费者有挑选经营者，选择购买的商品或接受服务的种类、数量，选择购买或不购买商品、接受或不接受服务的自由，这体现了民法上的（　　）。

A. 平等原则

B. 自愿原则

C. 诚实信用原则

D. 公序良俗原则

122. 下列现象中，哪一个违反了民法的平等原则？（　　）

A. 出租人出卖租赁房屋的，承租人享有以同等条件优先购买的权利

B. 公司的股东会可以表决决定公司合并、分立事项，而公司董事会不能决定公司合并、分立事项

C. 公民甲（25周岁）可以结婚，而公民乙（18周岁）不能结婚

D. 在某市建筑工程的招标投标中，项目负责人给予某市委领导的亲戚刘某优先订立合同的权利

123. 禁止民事权利滥用原则，要求民事主体在从事民事活动、行使民事权利时，不得（　　）。

A. 强迫他人违背真意

B. 损害社会公共利益

C. 实施欺诈行为

D. 规避法律

124. 行政机关公开的信息应当准确，是下列哪一项行政法基本原则的要求？（　　）

A. 合理行政

B. 高效便民

C. 诚实守信

D. 程序正当

125. 合法行政是行政法的重要原则。下列哪些做法违反了合法行政要求？（　　）

A. 某规章规定行政机关对行政许可事项进行监督时，不得妨碍被许可人正常的生产经

营活动

B. 行政机关应行政处罚当事人的申请组织听证会,当事人不承担组织听证的任何费用

C. 行政机关违反法律规定,将行政强制措施权委托给另一行政机关行使

D. 行政机关对行政许可事项进行监督时发现直接关系公共安全、人身健康的重要设备存在安全隐患,责令停止使用和立即改正

126. 下列选项中属于行政强制措施的是(　　)。

A. 罚款

B. 警告

C. 吊销营业执照

D. 暂扣营业执照

127. 在我国,有权行使限制人身自由的行政处罚权的机关是(　　)。

A. 公安机关

B. 检察机关

C. 审判机关

D. 立法机关

128. 能设置"行政拘留"这一行政处罚的法律规范只能是(　　)。

A. 法律

B. 行政法规

C. 行政规章

D. 地方条例

129. 我国《刑法》规定,刑罚的轻重,应当与犯罪分子所犯罪行和承担的刑事责任相适应。这是哪一刑法原则的体现?(　　)

A. 罪刑法定原则

B. 法律面前人人平等原则

C. 罪责刑相适应原则

D. 无罪推定原则

130. 下列表述中,不符合我国《刑法》关于刑事责任的规定的是(　　)。

A. 故意犯罪,应当负刑事责任

B. 已满十四周岁不满十八周岁的人犯罪,应当从轻或者减轻处罚

C. 已满七十五周岁的人故意犯罪的,可以从轻或者减轻处罚

D. 醉酒的人在不能辨认或不能控制自己行为的时候造成危害结果,经法定程序鉴定确认的,不负刑事责任

131. 我国《刑法》规定,符合法定构成要件的正当防卫和紧急避险不负刑事责任,因该类行为(　　)。

A. 行为主体不具有刑事责任能力

B. 行为主体依法得到法律的特殊保护

C. 不具有社会危害性

D. 未造成任何损害后果

132. 我国《行政诉讼法》规定，公民、法人或者其他组织认为（　　），有权依法向人民法院提起诉讼。

A. 国家机关和国家机关工作人员的行为违反法律规定

B. 行政机关和行政机关工作人员的行政行为侵犯其合法权益

C. 行政机关和行政机关工作人员的行政行为侵犯自己合法权益或国家利益、社会公共利益

D. 行政机关和行政机关工作人员的行政行为违反法律规定

133. 为建立全面依法治国的基本格局，首先要（　　）。

A. 科学立法

B. 全民守法

C. 严格执法

D. 公正司法

134. 科学立法，应当完善以（　　）为核心的中国特色社会主义法律体系。

A. 行政法

B. 经济法

C. 宪法

D. 民法

135. 建设严密的法治监督体系，核心在于实现法律对于（　　）的规范、制约和监督。

A. 权利

B. 权力

C. 人民

D. 社会

136. 下列选项中，属于建设有力的法治保障体系的内容的是（　　）。

A. 提升立法科学化、民主化的水平

B. 加快完善法律规范体系

C. 畅通民意表达机制以及民意与立法的对接机制

D. 加强法治专门队伍和法律服务队伍建设

137. "一切法律中最重要的法律，既不是铭刻在大理石上，也不是铭刻在铜表上，而是铭刻在公民的内心里。"这句话强调了（　　）对于建设法治国家的重要性。

A. 科学立法

B. 严格执法

C. 公正司法

D. 全民守法

二、多选题

1. 法律区别于其他社会规范的重要特征是（　　）。

A. 法律具有规范性

B. 法律由国家制定或认可

C. 法律以国家强制力保证其实施

D. 法律对全社会具有普遍约束力

2. 法律在形式上，具有（　　）的特征。

A. 规范性

B. 一般性

C. 概括性

D. 阶级性

3. 下列关于法律的本质的表述中，正确的有（　　）。

A. 法律体现的是上升为国家意志的统治阶级意志

B. 法律是统治阶级意志的体现

C. 法律反映了所有社会成员的意志

D. 法律是由特定社会的物质生活条件决定的

4. "灋，弄也，水之如平，从水，所以角不直者去之，从去。"在古代，"法"主要表现为"刑"或"刑律"，"刑"既有刑戮、罪罚之意，也有规范之意；"廌"也称"獬豸"，是神话传说中的触角兽，它公正不阿，善断是非曲直。上述材料表明在传统文化中人们对法律的理解和诉求是（　　）。

A. 法律寄托着惩恶扬善、匡扶正义的价值追求

B. 法律富含着公平如水、正义神圣的深刻意蕴

C. 法律是统治阶级意志的体现

D. 法律具有至高无上的地位

5. 人类社会的法的历史类型有（　　）。

A. 奴隶社会的法

B. 封建社会的法

C. 资本主义社会的法

D. 社会主义社会的法

6. 下列选项中，属于我国古代法律的有（　　）。

A.《资治通鉴》

B.《唐律》

C.《大清律》

D.《九章律》

7. 下列选项中，哪些属于古代社会即已存在的法律？（　　）

A. 宪法

B. 刑法

C. 婚姻家庭法

D. 土地管理法

8. 下列选项中，哪些属于近代社会以来立法的指导思想？（　　）

A. 礼刑合一、出礼入刑

B. 刑不上大夫、礼不下庶人

C. 法律面前人人平等

D. 法律保障人权

9. 封建制法律的基本特征包括（　　）。

A. 否认农民的法律人格

B. 刑罚严酷、野蛮

C. 具有明显的原始习惯残留

D. 维护专制皇权

10. 法与原始社会规范的主要区别有（　　）。

A. 产生方式不同

B. 所反映的利益和意志不同

C. 保障实施的力量不同

D. 适用的范围不同

11. 法产生的主要标志包括（　　）。

A. 特殊公共权力系统即国家的产生

B. 权利和义务观念的形成

C. 法律诉讼和司法的出现

D. 遵守公共规范、维护正义与秩序的公众信念的形成

12. 关于社会主义法律，下列说法符合马克思主义法学理论的有（　　）。

A. 社会主义法律是人类历史上唯一以公有制为基础的新型法律

B. 社会主义法律以消灭阶级剥削、消除两极分化、实现共同富裕为历史使命和价值追求

C. 社会主义法律是以社会主义生产关系为经济基础建立起来的上层建筑

D. 社会主义法律以实现普遍意义的平等、自由为目的

13. 下列关于法与经济基础的关系的表述，正确的是（　　）。

A. 经济基础对法具有决定作用

B. 经济基础是第一性的，法是第二性的

C. 法对于经济基础没有任何作用力

D. 经济基础和法之间没有直接联系

14. 私有制社会各种类型法律的共同特征是（　　）。

A. 建立在私有制的经济基础之上

B. 属于剥削阶级类型的法

C. 维护自由、民主、法治的基本原则

D. 实行严格的等级制度，否认低等级人的法律人格

15. 从法律体现的意志来看，我国社会主义法律实现了（　　）的统一。

A. 阶级性

B. 人民性

C. 科学性

D. 先进性

16. 中国特色社会主义法律体系的特征包括（　　）。

A. 体现了中国特色社会主义的本质要求

B. 体现了改革开放和社会主义现代化建设的时代要求和动态、开放、与时俱进的发展要求

C. 体现了结构内在统一而又多层次的国情要求

D. 体现了继承中国法制文化优秀传统和借鉴人类法制文明成果的文化要求

17. 法的作用是历史的，从法的本质上来看，与其所反映的（　　）紧密相连。

A. 经济基础

B. 文化传统

C. 阶级本质

D. 民族精神

18. 下列选项中，属于法律的规范作用的是（　　）。

A. 法律对经济基础具有能动的反作用

B. 法律具有判断行为有效或合法与否的作用

C. 法律鼓励、保护合法行为，从而对一般人的行为起到示范和促进作用

D. 法律制裁违法行为，保护人们的正当权利

19. 柏拉图说："法律有一部分是为有美德的人制定的，如果他们愿意和平善良地生活，那么法律可以教会他们在与他人的交往中所要遵循的准则；法律也有一部分是为那些不接受教诲的人制定的，这些人顽固不化，没有任何办法能使他们摆脱罪恶。"这段话所凸显的法律的规范作用是（　　）。

A. 教育作用

B. 保障作用

C. 预测作用

D. 强制作用

20. 法律具有预测作用，人们可以依据法律的规定，预测（　　）。

A. 当事人之间的相互行为

B. 国家对于某种行为的态度

C. 自己行为的性质与后果

D. 当事人之间相互行为的性质和后果

21. 与其他社会规范相比，法律的评价作用的优点是（　　）。

A. 比较主观

B. 比较客观

C. 比较明确

D. 比较具体

22. 下列法律规定中，哪些属于确定的指引？（　　）

A. 我国《宪法》规定："中华人民共和国公民的住宅不受侵犯。禁止非法搜查或者非法侵入公民的住宅。"

B. 我国《刑法》规定:"法律没有明文规定为犯罪行为的,不得定罪处刑。"

C. 我国《合同法》规定:"当事人协商一致,可以解除合同。"

D. 我国《行政处罚法》规定:"行政机关在收集证据时,可以采取抽样取证的方法。"

23. 社会主义法律的运行过程包括( )。

A. 法律的制定

B. 法律的执行

C. 法律的适用

D. 法律的遵守

24. 我国的立法程序包括( )。

A. 法律议案的提出

B. 法律议案的审议

C. 法律议案的表决

D. 法律的公布

25. 依据立法规范和法律保留原则,下列哪些事项只能制定法律,不能制定法律以外的规范性文件?( )

A. 国家主权的事项

B. 各级人大、人民政府、人民法院、人民检察院的产生、组织和职权

C. 犯罪与刑罚

D. 对公民政治权利的剥夺

26. 全国人民代表大会常务委员会有权( )。

A. 制定基本法律

B. 制定基本法律以外的法律

C. 作出具有规范性的决定

D. 撤销国务院制定的同宪法、法律相抵触的行政法规

27. 依法立法要求( )。

A. 保证宪法具有最高地位和最高效力

B. 一切法律、法规不得违宪

C. 一切效力低的规范性文件不得与效力高的规范性文件相矛盾

D. 一切新的立法不得与以前的立法相抵触

28. 下列国家机关中,属于我国行政机关的是( )。

A. 审计机关

B. 公安机关

C. 审判机关

D. 检察机关

29. 我国行政执法的基本原则包括( )。

A. 依法行政原则

B. 合理行政原则

C. 程序正当原则

D. 平等自愿原则

30. 在我国，具有行政执法权的行政主体包括（　　）。

A. 国务院及其组成部门

B. 各级人民政府及其享有执法权的组成机构

C. 法律、法规授予行政执法权的社会公共组织

D. 国家行政机关的公务员

31. 国家行政机关执行法律的特点包括（　　）。

A. 行政执法主体职权的法定性

B. 行政执法活动的单方面性

C. 行政执法活动的主动性和广泛性

D. 行政执法活动的强制性

32. "执法必严"意味着（　　）。

A. 一切国家执法机关的执法活动都必须有法律上的根据

B. 执法机关适用法律必须严明、严格、严肃

C. 一切执法机关、工作人员和公民严格遵守法律

D. 一切违法行为都应当从重处罚

33. 在我国，基本的司法原则包括（　　）。

A. 司法公正

B. 公民在法律面前一律平等

C. 以事实为依据、以法律为准绳

D. 司法机关依法独立行使职权

34. 司法机关依法独立行使职权，意味着（　　）。

A. 司法权只能由国家各级审判机关和检察机关统一行使，其他机关、团体、个人无权行使该项权力

B. 司法机关依法独立行使司法权，不受任何机关、组织和个人的干预

C. 司法机关依法独立行使司法权，不受行政机关、社会团体和个人的非法干涉

D. 司法机关审理案件必须严格依照法律规定，正确适用法律

35. 在我国，守法的主体包括（　　）。

A. 一切国家机关

B. 全体公民

C. 中国共产党和民主党派

D. 各类社会组织

36. 在我国，守法具有（　　）的特征。

A. 任意性

B. 广泛性

C. 平等性

D. 普遍性

37. 在我国，守法范围包括（　　）。

A. 法律、法规

B. 生效的判决书、裁定书

C. 典型案例

D. 风俗习惯

38. 宪法最主要的特征可以归纳为（　　）。

A. 在规定的内容上，宪法规定国家制度和社会制度的最基本的原则、公民的基本权利和义务、国家机构的组织及其运作的原则等

B. 在法律地位或法律效力上，宪法是制定普通法律的依据，具有最高法律地位或法律效力，任何普通法律、法规都不得与宪法相抵触

C. 宪法是一切国家机关、社会组织和公民个人活动的最高法律依据和行为准则

D. 在制定和修改的程序上，宪法的制定和修改都要经过区别于普通法律的特别的程序

39. 决定宪法居于根本法地位的因素主要包括（　　）。

A. 在内容上，它规定国家最根本、最重要的问题

B. 在形式上，它具有成文法的形式，表现为逻辑严谨的宪法典

C. 在制定和修改程序上，它比其他法律更为严格

D. 在效力上，它具有最高的法律效力

40. 与普通法律相比，宪法的主要特征有（　　）。

A. 宪法的制定和修改程序更为严格，宪法的解释和监督实施的主体和程序与普通法律不同

B. 法律文本的表现形式更为严谨，宪法必须制定为专门法典形式，普通法律则不需要

C. 宪法具有最高的法律效力，普通法律不得与宪法的原则和精神相抵触

D. 宪法的内容具有根本性、宏观性、全面性的特点

41. 下列关于宪法和普通法律的联系与区别，正确的是（　　）。

A. 宪法和普通法律共同构成特定国家的法律体系

B. 宪法是普通法律制定的依据

C. 在制定和修改的程序上，宪法比普通法律更为严格

D. 宪法体现统治阶级的意志，普通法律体现社会各阶级的意志

42. 资本主义宪法产生的思想理论条件包括（　　）。

A. 天赋人权学说

B. 人民主权学说

C. 权力分立学说

D. 法治学说

43. 下列关于我国宪法历史发展的说法中，正确的有（　　）。

A. 《中华民国临时约法》在性质上属于中国民族资产阶级宪法

B. 《中国人民政治协商会议共同纲领》是一部社会主义性质的宪法性法律

C. 《五五宪草》是新民主主义革命时期在革命根据地制定的宪法性文件

D. 中华人民共和国成立后，我国共制定和颁布了四部宪法

44. 根据宪法是否具有统一的法典形式，宪法可以分为下列何种类型？（　　）

A. 资本主义宪法

B. 社会主义宪法

C. 成文宪法

D. 不成文宪法

45. 宪法指引作用的实现途径主要是（　　）。

A. 宪法创制

B. 宪法修改

C. 宪法适用

D. 宪法遵守

46. 下列哪些法律属于宪法性法律文件？（　　）

A. 《国籍法》

B. 《立法法》

C. 《人民法院组织法》

D. 《义务教育法》

47. 宪法所调整的社会关系包括（　　）。

A. 国家政权的组织与活动

B. 公民的基本权利和义务

C. 司法诉讼的具体程序

D. 各类经济实体的组织与经营活动准则

48. 宪法具有哪些功能？（　　）

A. 宪法确认革命胜利成果，巩固国家政权

B. 宪法保障和维护公民的基本权利

C. 宪法维护经济基础，促进经济发展

D. 宪法确认文化制度，促进精神文明的发展

49. 下列选项中，不属于我国《宪法》基本原则的是（　　）。

A. 三权分立原则

B. 私权神圣原则

C. 法治原则

D. 人权保障原则

50. 关于我国《宪法》的修改，下列说法正确的有（　　）。

A. 《宪法》的修改，须由全国人民代表大会常务委员会或者五分之一以上的全国人民代表大会代表提议

B. 《宪法》的修改，须由全国人民代表大会常务委员会或者三分之一以上的全国人民代表大会代表提议

C. 《宪法》的修改，须由全国人民代表大会的代表全体一致通过

D. 《宪法》的修改，须由全国人民代表大会以全体代表的三分之二以上的多数通过

51. 我国《宪法》规定，中华人民共和国是（　　）的社会主义国家。

A. 工人阶级领导的

B. 以工农联盟为基础的

C. 无产阶级专政

D. 人民民主专政

52. 全国人民代表大会是（　　）。

A. 我国的最高国家权力机关，同时又是行使国家立法权的机关

B. 我国的最高国家权力机关，同时又是行使国家司法权的机关

C. 由各省、自治区、直辖市、特别行政区和军队选出的代表组成的

D. 由全国各族人民直接选出的代表组成的

53. 国务院是我国的中央人民政府，是最高国家权力机关的执行机关，其职权包括（　　）。

A. 解释法律，监督宪法法律的实施

B. 根据宪法和法律，规定行政措施，制定行政法规，发布决定和命令

C. 改变或者撤销各部、各委员会发布的不适当的命令、指示和规章

D. 改变或者撤销地方各级人民代表大会和地方各级国家行政机关的不适当的决定和命令

54. 人民政协的主要职能是（　　）。

A. 参政议政

B. 民主监督

C. 政治协商

D. 制定法律

55. 现阶段我国公有制经济包括（　　）。

A. 全民所有制经济

B. 劳动群众集体所有制经济

C. 股份制经济

D. 个体经济

56. 我国社会主义法律部门包括（　　）。

A. 宪法

B. 法律

C. 行政法规

D. 行政法

57. 法律部门可以分为实体法和程序法，下列选项中属于程序法的是（　　）。

A. 《中华人民共和国民法总则》

B. 《中华人民共和国仲裁法》

C. 《中华人民共和国行政处罚法》

D. 《中华人民共和国刑事诉讼法》

58. 法律部门有实体法与程序法之分，下列属于实体法的是（　　）。

A. 《中华人民共和国刑法》

B. 《中华人民共和国婚姻法》

C. 《中华人民共和国专利法》

D. 《中华人民共和国人民调解法》

59. 权责一致是行政法的基本原则，下列哪些选项符合权责一致的要求？（　　）

A. 行政机关有权力必有责任

B. 行政机关作出决定时不得考虑不相关因素

C. 行政机关行使权力应当依法接受监督

D. 行政机关依法履行职责，法律、法规应赋予其相应的执法手段

60. 高效便民是行政管理的基本要求，是服务型政府的具体体现。下列哪些选项体现了这一要求？（　　）

A. 简化行政机关内部办理行政许可流程

B. 非因法定事由并经法定程序，行政机关不得撤回或变更已生效的行政许可

C. 对办理行政许可的当事人提出的问题给予及时、耐心的答复

D. 对违法实施行政许可给当事人造成侵害的执法人员予以责任追究

61. 下列刑罚种类中，不能附加适用的是（　　）。

A. 罚金

B. 剥夺政治权利

C. 拘役

D. 有期徒刑

62. 关于公正司法，下列说法正确的是（　　）。

A. 公正是司法活动的最高价值追求

B. 公正司法是维护社会公平正义的最后一道防线

C. 为实现和保证司法公正，须建立健全司法人员履行法定职责保护机制

D. 媒体报道与群众参与必定有损司法公正

63. 为建设高效的法治实施体系，需要（　　）。

A. 增强法律规范本身的可实施性

B. 完善法律实施体制以及法律设施

C. 提高执法和司法人员的素质与能力

D. 优化法律实施的环境因素，克服法律实施的障碍和阻力

三、判断题

1. 在中国传统文化中，"法律"这个词语体现了人对暴力、专制的认同和服从。（　　）

2. 只有经公布的法律，才具有法律效力。（　　）

3. 具有强制力的行为规范就是法律。（　　）

4. 所有的法律规范的实施，均须由国家强制力（国家暴力）强制实施。（　　）

5. 法的约束力只能针对人的外在行为，而不能针对人的内心思想。（　　）

6. 法的普遍性在空间上是以国家主权管辖范围为界的，因此它不是绝对的和无限的。（　　）

7. 在法治社会中，人与人之间所有的纠纷都可以通过法律来解决。（   ）
8. 法是国家意志的体现，所有的国家意志都表现为法。（   ）
9. 法具有社会性，其内容、形式、作用并不完全以阶级为界限。因此不同历史类型的法律、不同性质国家的法律存在某些相同或相似性。（   ）
10. 私有制和商品经济的产生是法产生的社会根源。（   ）
11. 在古代汉语中，法即是刑，意思就是法专指惩治犯罪的刑法。这种对于法的认识也可以适用于当代法律。（   ）
12. 在我国，国家政策、党规党纪、团体规章、乡规民约等都属于法律规范，具有法的效力和作用。（   ）
13. 一切以国家名义制定并公布的规范性文件都属于法律规范，对于全体国民具有普遍的法律约束力。（   ）
14. 现代社会的法既为立法者、执法者、司法者或一切国家公职人员履行公务的行为提供法律依据，也对他们的行为加以制约，即防止和制裁他们滥用权力的行为。（   ）
15. 由于法律的作用具有局限性，所以法律是可有可无的。（   ）
16. 在法治社会中，所有的问题都可以通过法律来解决。（   ）
17. 任何法律都只是统治阶级意志的体现，只维护和保障统治阶级的利益。（   ）
18. 立法主体要依照法定职权进行立法，行政机关不能越权行使立法机关专有的立法权，地方国家机关不能越权行使中央国家机关专有的立法权。（   ）
19. 立法应当以科学的立法观为指导，遵循科学的立法规范，运用科学的立法技术，合理地规定人们的权利和义务。（   ）
20. 根据《宪法》和《立法法》的规定，全国人民代表大会审议的普通法律案需由全体代表的三分之二以上多数通过。（   ）
21. 任何一项法律案在获得通过之后，如果没有按照法定程序和法定形式予以公布，该法对于人们的行为就不具有约束力。（   ）
22. 未经公布的法律也具有法律效力，国家机关可以据之处理社会纠纷，调整人们的行为和社会关系。（   ）
23. 司法与执法相比，二者都具有国家强制性与国家权威性、独立性与专门性等特征，但是司法具有程序性与合法性的特征，执法不具有程序性和合法性的特征。（   ）
24. "法无禁止则可行。"例如在许多地区，法律并未禁止在公共场合吸烟的行为，故在公共场合吸烟的行为在这些地区不构成违法，反而是法律所支持的行为。（   ）
25. "法无禁止则可行。"对于行政机关而言，即法律虽并未明确授予其相关行政权力，但只要是出于管理社会公共事务的需要，并且没有法律的明确禁止，则行政机关可以自由地为自己创设新权力。（   ）
26. 法的实施是建立法治国家的必要条件，即使有再好的法律，没有切实的法律实施，那么也只能说是形式上的法治。（   ）
27. 宪法最核心的价值就在于它是公民权利的保障书。（   ）
28. 宪法的核心价值是保障政府权力。（   ）
29. 宪法是治国的根本规范，其规范涉及社会政治、经济、文化等各个方面，因而它所

保护和促进的价值也是多层次、多方面的。但就根本而言，人权和民主是宪法最核心、最基本的价值追求。（   ）

30. 宪法作用的全面发挥有赖于一定的社会条件。从根本上讲，宪法只有适应其赖以存在的经济基础，才能真正、全面地发挥作用。（   ）

31. 特定国家的法治环境是否优良，宪法本身是否完善，宪法是否得到完全的实施等因素是影响宪法作用发挥的根本原因。（   ）

32. 英国宪法是由宪法性文件、宪法性惯例和宪法性判例构成的，属于不成文宪法。（   ）

33. 美国1787年制定的联邦宪法是世界上第一部成文宪法。（   ）

34. 党的领导原则是我国《宪法》的基本原则之一。（   ）

35. 人民民主专政是无产阶级专政在中国具体历史条件下的表现形式。（   ）

36. 我国国家政权的组织形式是人民民主专政制度。（   ）

37. 我国的国家行政机关、审判机关、检察机关都由人民代表大会产生，对它负责，受它监督。（   ）

38. 我国《宪法》规定，人民行使国家权力的机关是全国人民代表大会和地方各级人民代表大会。（   ）

39. 我国的立法权由全国人民代表大会及其常务委员会行使，行政权由国务院行使，司法权由法院和检察院行使，所以我国的基本政治制度也是三权分立制度。（   ）

40. 我国的国家权力机关是国务院和地方各级人民政府。（   ）

41. 中华人民共和国国务院是我国最高国家权力机关的执行机关，是最高国家行政机关。（   ）

42. 城市内按居民居住地区设立的居民委员会与农村按居住地区设立的村民委员会一样，是我国最基层的一级政府机关。（   ）

43. 民族乡是我国民族区域自治地方之一。（   ）

44. 我国《宪法》规定，国家保护个体经济、私营经济等非公有制经济的发展，并对非公有制经济依法实行监督和管理。（   ）

45. 我国现阶段的爱国统一战线包括大陆和港澳台及海外两个范围的联盟。（   ）

46. 依据我国法律规定，民事法律行为可以是人的意志决定的合法行为，也可以是不以人的意志为转移的客观事件。（   ）

47. 行政法律关系必须有一方是行政主体。（   ）

48. 司法部给申请人张某某颁发法律职业资格证的行为属于抽象行政行为。（   ）

49. 国家适度干预原则是我国经济法和社会法均遵循的基本法律原则。（   ）

50. 刑罚的目的是对犯罪分子进行打击报复。（   ）

51. 依据我国《刑法》规定，对于情节显著轻微且危害不大的危害行为，不认为是犯罪。（   ）

52. 依据我国《刑法》，法无明文规定不为罪，法无明文规定不处罚。（   ）

53. "杀一儆百、刑不避重"反映了我国当前《刑法》的基本原则和目标。（   ）

54. "上访就是犯罪！"这句标语的内容符合我国《刑法》规定的罪刑法定原则。（   ）

55. 某公园告示栏上涂写着"损坏公物,格杀勿论"的警示语,这句话符合我国《刑法》的基本原则。( )

四、辨析题

1. 建设中国特色社会主义法治体系,其重要内容就是要建设完备的法律规范体系。只要具有了健全完善的社会主义法律规范体系,就实现了建设法治国家、法治政府、法治社会的目标。

2. 在我国社会主义法律规范体系中,全国人民代表大会及其常务委员会制定的法律是具有最高法律地位和最高法律效力的立法文件。

五、简答题

1. 我国的基本政治制度有哪些?
2. 我国的法律体系由哪些法律部门组成?
3. 什么是民法?民法有哪些基本原则?
4. 什么是行政法?行政法有哪些基本原则?
5. 我国《刑法》的基本原则有哪些?《刑法》所规定的犯罪有哪些种类?
6. 我国《民事诉讼法》的基本原则和制度有哪些?民事审判程序有哪些?
7. 我国《刑事诉讼法》的基本原则和制度有哪些?刑事诉讼的目的是什么?

六、论述题

1. 法律是如何产生的?法律的一般含义是什么?
2. 如何理解法律的特征?如何理解我国社会主义法律的特征?
3. 如何理解我国社会主义法律的阶级本质?
4. 我国社会主义法律是怎样运行的?
5. 守法的含义和意义是什么?如何推进和实现全民守法?
6. 我国法律的现代化与传统法律文化有什么样的关系?
7. 如何认识我国宪法的特点和原则?
8. 人民代表大会制度是我国的根本政治制度,如何理解其优越性?
9. 实体法律制度和程序法律制度的区别是什么?我国有哪些实体法律制度?有哪些程序法律制度?
10. 我国的非诉讼纠纷解决制度有哪些?其与诉讼制度有什么区别?

七、材料分析题

1. 结合材料回答问题。

【材料】

热点案件：《河南种子条例》案。

2003年1月25日，河南省洛阳市中级人民法院开庭审理了伊川县种子公司委托汝阳县种子公司代为繁殖"农大108"玉米杂交种子的纠纷。本案审判中，诉讼各方在案件事实认定上没有分歧，而在赔偿问题上，根据《河南种子条例》第三十六条规定："种子的收购和销售必须严格执行省内统一价格，不得随意提价。"而根据《中华人民共和国种子法》的立法精神，种子价格应由市场决定。法规之间的冲突使两者的赔偿相差了几十万元。此案经过法院、市人大等有关单位的协调，法院根据上位法作出了判决。

然而，此案的审判长、法官李慧娟在判决书中的一段话却引出了大问题："《种子法》实施后，玉米种子的价格已由市场调节，《河南省农作物种子管理条例》作为法律位阶较低的地方性法规，其与《种子法》相冲突的条文（原文如此）自然无效……"此案的判决书在当地人大和法院系统引起了很大的反响。为此，河南省高级人民法院在关于此事的通报上指出，人民法院依法行使审判权，无权对人大及其常委会通过的地方性法规的效力进行评判。在河南省人大和省高级人民法院的直接要求下，洛阳中院已初步拟定撤销李慧娟审判长职务，并免去助理审判员的处理决定。

请回答：

（1）李惠娟法官是否有权宣布《河南省农作物种子管理条例》无效？

（2）司法审查与我国现行立法监督制度是否合理？

2. 结合材料回答问题。

【材料】

热点案件：陕西国土厅召开会议否定法院判决事件。

事件回放：

2010年7月17日，陕西榆林横山县波罗镇山东煤矿和波罗镇樊河村发生了群体性械斗。这一事件的起因是矿权纠纷导致的"民告官"案，榆林市中级人民法院判定陕西省国土厅违法行政，但陕西省国土厅召开"合议庭"性质的协调会，以会议决定的形式否定生效的法院判决。

请回答：

（1）法院裁判的拘束力是怎样的？其他国家机关能否以决定的形式否定生效的法院判决？

（2）如果法院的生效裁判存在不合法之处，应如何通过合法的方式实现审判监督？

3. 结合材料回答问题。

【材料】

典型案例：吴某某等校园枪击案。

（1）基本案情：

2011年10月25日23时许，被告人吴某某（徐闻县某中学学生）和同学从校外返回学校门口时，被一群男青年冲过来追打，吴某某等人逃入校园。随后，吴某某打电话叫被告人陈某某来报复对方。陈某某接到电话后叫被告人张某某与其一起去现场，并找朋友取来一支猎枪，到达徐闻县机械厂附近某小吃店。此时，被害人林某某与同校同学二人正在小吃店门前。张某某取出猎枪先后向林某某开了两枪，随后逃离现场。林某某颈部中枪，当晚经抢救无效死亡。

（2）裁判结果：

广东省湛江市中级人民法院经审理认定，本案事出有因，被告人张某某、吴某某作案时均未满18周岁，且具有自首情节，依法应当从轻、减轻处罚，以故意伤害罪判处张某某有期徒刑13年，判处陈某某有期徒刑14年，判处吴某某有期徒刑6年。

（3）法院评论：

在校学生纠集社会人员枪杀在校学生，"校园枪击案"这一敏感词条经新闻媒体报道后，在湛江当地乃至全省都受到高度关注。该案的发生也引起了人们对学校教育、校园周边安全问题的思考。

学校是未成年人除家庭以外最重要的生活、学习环境。目前，少数学校在学生教育方面存在一些问题，成为影响未成年人健康成长不可忽视的因素。如办学理念存在偏差，重考分、轻德育，重教书、轻育人，片面追求升学率，不注重对学生法治观念和人生观、道德观、价值观的培养。一些学校周边环境恶劣，网吧、电子游戏厅、KTV等不适合未成年人进入的娱乐场所随处可见，诱使不少学生在耳濡目染中沉迷于网络游戏乃至色情场所，易引发犯罪。

请回答：

（1）试从本案的法院判决结果中归纳法律知识要点。

（2）通过本案所反映的社会问题，思考学校、学生、社会以及相关国家机关如何改善校园安全问题？

4. 结合材料回答问题。

【材料】

典型案例：在微信朋友圈销售假冒注册商品罪。

（1）基本案情：

被告人戚冰、钱巍系夫妻，2013年6月16日至2014年7月31日通过微信软件等途径销售假冒注册商标的商品（手提包、皮带等），后又租用韶关市区解放路某大厦的房间存放假冒注册商标的商品待售。

2014年8月1日12时，公安机关将钱巍抓获，并在其家中查获假冒注册商标的商品一批。同日16时许，戚冰到公安机关投案，并带民警到市区某大厦存放假冒注册商标的商品的房间进行检查，在该房内查获假冒注册商标的商品一批。

经鉴定和审计，戚冰、钱巍销售的商品均为假冒注册商标的商品，销售金额为人民币77757元，其库存的假冒注册商标的商品价值人民币9570元。

（2）裁判结果：

广东韶关市浈江区人民法院经审理认为，被告人戚冰、钱巍销售明知是假冒注册商标的商品，数额较大，其行为均已构成销售假冒注册商标的商品罪。戚冰在犯罪过程中起主要作用，是主犯，钱巍在作案过程中起辅助作用，是从犯。戚冰在案发后自动投案，归案后能如实供述自己的犯罪事实，系自首。一审以销售假冒注册商标的商品罪分别判处二人有期徒刑7个月和6个月，均缓刑1年6个月，并处罚金1.5万元。一审宣判后，二被告人均未提出上诉，现判决已生效。

（3）典型意义：

本案是一起通过微信朋友圈销售假冒注册商标商品的典型案例。微信朋友圈原是相对私人的个人空间，然而越来越多的人加入微商，利用微信朋友圈等新平台售假者也越来越多。与传统的侵犯知识产权犯罪案件相比，这类犯罪作案手段相对隐蔽，但传播面广及推广速度快，销售假冒注册商标商品涉及面广，社会影响恶劣。目前《消费者权益保护法》和《网络交易管理办法》在微信购物方面还没有明文规定，而且微商没有经过工商注册登记，相关法律法规还需要进一步完善。

请回答：

（1）请从本案的法院判决结果中归纳法律知识要点。

（2）在互联网时代，我们应如何保护自己的合法权益？

5. 结合材料回答问题。

【材料】

典型案例：湖南省岳阳楼区人民检察院诉何建强等非法杀害珍贵濒危野生动物罪、非法狩猎罪刑事附带民事诉讼案。

（1）基本案情：

2014年11月至2015年1月期间，何建强、钟德军在湖南省东洞庭湖国家级自然保护区收鱼时，与养鱼户及帮工人员方建华、龙雪如、龙启明、龙真、涂胜保、余六秋、张连海、任小平等人商定投毒杀害保护区内的野生候鸟，由何建强提供农药并负责收购。此后，何建强等人先后多次在保护区内投毒杀害野生候鸟，均由何建强统一收购后贩卖给李强介绍的汪前平。2015年1月18日，何建强、钟德军先后从方建华及余六秋处收购了8袋共计63只候鸟，在岳阳市君山区壕坝码头被自然保护区管理局工作人员当场查获。经鉴定，上述63只候鸟均系中毒死亡；其中12只小天鹅及5只白琵鹭均属国家二级保护野生动物；其余的苍鹭、赤麻鸭、赤颈鸭、斑嘴鸭、夜鹭等共计46只，均属国家三级保护野生动物。查获的63只野生候鸟核定价值为人民币44617元。

湖南省岳阳楼区人民检察院以何建强等七人犯非法猎捕、杀害珍贵濒危野生动物罪，向岳阳市岳阳楼区人民法院提起公诉。岳阳市林业局提起刑事附带民事诉讼，请求七名被告人共同赔偿损失53553元，湖南省岳阳楼区人民检察院支持起诉。

（2）裁判结果：

湖南省岳阳市岳阳楼区人民法院一审认为：何建强伙同钟德军、方建华在湖南省东洞庭湖国家级自然保护区内，采取投毒方式非法杀害国家二级保护动物小天鹅、白琵鹭及其他野生动物，李强帮助何建强购毒并全程负责对毒杀的野生候鸟进行销售，何建强、钟德军、方建华、李强的行为均已构成非法杀害珍贵濒危野生动物罪，情节特别严重。龙雪如、龙启明、龙真在何建强的授意下，采取投毒方式，分别在国家级自然保护区内猎杀野生候鸟，破坏野生动物资源，情节严重，其行为均已构成非法狩猎罪。何建强、钟德军的犯罪行为同时触犯非法杀害珍贵濒危野生动物罪和非法狩猎罪，应择一重罪以非法杀害珍贵濒危野生动物罪定罪处罚。此外，因何建强等七人的犯罪行为破坏了国家野生动物资源，致使国家财产遭受损失，各方应承担赔偿责任。相应损失以涉案63只野生候鸟的核定价值认定为44617元，根据各人在犯罪过程中所起的具体作用进行分担,判决何建强、钟德军、方建华、李强犯非法杀害珍贵濒危野生动物罪,判处有期徒刑六年至十二年不等,并处罚金。龙雪如、龙真、龙启明犯非法狩猎罪,判处有期徒刑一年至二年不等,其中二人缓刑二年。由何建强等七人共同向岳阳市林业局赔偿损失人民币44617元。

(3) 典型意义:

本案系非法猎捕、杀害珍贵濒危野生动物刑事附带民事诉讼案件。刑罚是环境治理的重要方式,面对日趋严峻的环境资源问题,运用刑罚手段惩治和防范环境资源犯罪、加大环境资源刑事司法保护力度,是维护生态环境的重要环节。本案发生于湖南省东洞庭湖国家级自然保护区内,在检察机关提起公诉的同时,由相关环境资源主管部门提起刑事附带民事诉讼、检察机关支持起诉,依法同时追究行为人刑事责任和民事责任,具有较高借鉴价值。一审法院在认定七名被告人均具有在自然保护区内投毒杀害野生候鸟的主观犯意前提下,正确区分各自的客观行为,根据主客观相一致原则对七名被告人分别以杀害珍贵濒危野生动物罪和非法狩猎罪定罪;并根据共同犯罪理论区分主从犯,分别对七名被告人判处一年至十二年不等的有期徒刑,部分适用缓刑,既体现了从严惩治环境资源犯罪的基本价值取向,突出了环境法益的独立地位,又体现了宽严相济的刑事政策,充分发挥了刑法的威慑和教育功能。此外,本案不仅追究了被告人杀害野生候鸟的刑事责任,还追究了被告人因其犯罪行为给国家野生动物资源造成损失的民事赔偿责任,对环境资源刑事犯罪和民事赔偿案件的一并处理具有较好的示范意义。

(4) 延伸阅读:

本案中司法机关依法对非法捕杀珍贵、濒危野生动物的犯罪行为进行打击,不仅体现了我国司法机制惩治环境犯罪行为、保护生态环境的积极意义,而且对今后我国环境司法专门化的进一步发展具有积极意义。

首先,本案体现了打击环境违法行为中的多部门协作。本案中,湖南省东洞庭湖自然保护区管理局发现犯罪行为后,立即将该案移交岳阳市森林公安局办理。公安机关积极进行案件侦办和移送工作,并由检察机关依法提起公诉,最终由法院依法作出判决。同时,检察机关还派员支持了由岳阳市林业局提起的刑事附带民事诉讼。行政机关、公安机关、检察机关、审判机关等多部门的协作配合不仅有效打击了环境违法行为,而且也代表了新时期我国环境司法机制的发展方向。

其次,本案提升了公众保护环境特别是保护野生生物的意识。本案中人民法院依法对环境犯罪行为进行了判决,不仅使违法行为人得到了应有的处罚,而且证据鉴定、法律适用等内容向公众呈现了我国司法机关保护生态环境的具体运行机制。同时,人民陪审员的加入以及开庭审理的方式体现了司法机关保障公众参与环境保护的权利,进而提升了公众的环境保护意识。

最后,本案积极探索了生态环境修复机制。在附带民事赔偿部分,法院判决被告赔偿其违法行为造成的国家野生动物资源损失。虽然单纯的经济赔偿难以完全填补和修复生态环境损失,但本案判决体现了我国环境司法实践的积极探索,对于建立健全我国的生态环境修复机制具有重要意义。

请回答:

（1）试从本案的法院判决结果中归纳法律知识要点。
（2）试分析如何加强法律实施以保护生态环境？
6. 结合材料回答问题。
【材料】
典型案例：孙银山诉南京欧尚超市有限公司江宁店买卖合同纠纷案。
（1）关键词：
民事　买卖合同　食品安全　十倍赔偿
（2）裁判要点：
消费者购买到不符合食品安全标准的食品，要求销售者或者生产者依照食品安全法的规定支付价款十倍的赔偿金或者依照法律规定的其他赔偿标准赔偿的，不论其购买时是否明知食品不符合安全标准，人民法院都应予支持。
（3）相关法条：《中华人民共和国食品安全法》第九十六条第二款。
（4）基本案情：
2012年5月1日，原告孙银山在被告南京欧尚超市有限公司江宁店（简称欧尚超市江宁店）购买"玉兔牌"香肠15包，其中价值558.6元的14包香肠已过保质期。孙银山到收银台结账后，即径直到服务台索赔，后因协商未果诉至法院，要求欧尚超市江宁店支付14包香肠售价十倍的赔偿金5586元。
（5）裁判结果：
江苏省南京市江宁区人民法院于2012年9月10日作出（2012）江宁开民初字第646号民事判决：被告欧尚超市江宁店于判决发生法律效力之日起10日内赔偿原告孙银山5586元。宣判后，双方当事人均未上诉，判决已发生法律效力。
（6）裁判理由：
法院生效裁判认为：关于原告孙银山是否属于消费者的问题。《中华人民共和国消费者权益保护法》（以下简称《消费者权益保护法》）第二条规定："消费者为生活消费需要购买、使用商品或者接受服务，其权益受本法保护；本法未作规定的，受其他有关法律、法规保护。"消费者是相对于销售者和生产者的概念。只要在市场交易中购买、使用商品或者接受服务是为了个人、家庭生活需要，而不是为了生产经营活动或者职业活动需要的，就应当认定为"为生活消费需要"的消费者，属于《消费者权益保护法》调整的范围。本案中，原、被告双方对孙银山从欧尚超市江宁店购买香肠这一事实不持异议，据此可以认定孙银山实施了购买商品的行为，且孙银山并未将所购香肠用于再次销售经营，欧尚超市江宁店也未提供证据证明其购买商品是为了生产经营。孙银山因购买了超过保质期的食品而索赔，属于行使法定权利。因此欧尚超市江宁店认为孙银山"买假索赔"不是消费者的抗辩理由不能成立。

关于被告欧尚超市江宁店是否属于销售明知是不符合食品安全标准食品的问题。《中华人民共和国食品安全法》（以下简称《食品安全法》）第三条规定："食品生产经营者应当依照法律、法规和食品安全标准从事生产经营活动，对社会和公众负责，保证食品安全，接受社会监督，承担社会责任。"该法第二十八条第（八）项规定，超过保质期的食品属于禁止生产经营的食品。食品销售者负有保证食品安全的法定义务，应当对不符合安全标准的食品自行及时清理。欧尚超市江宁店作为食品销售者，应当按照保障食品安全的要求储存食品，及时检查待售食品，清理超过保质期的食品，但欧尚超市江宁店仍然摆放并销售货架上超过保质期的"玉兔牌"香肠，未履行法定义务，可以认定为销售明知是不符合食品安全标准的食品。

关于被告欧尚超市江宁店的责任承担问题。《食品安全法》第九十六条第一款规定："违反本法规定，造成人身、财产或者其他损害的，依法承担赔偿责任。"第二款规定："生产不符合食品安全标准的食品或者销售明知是不符合食品安全标准的食品，消费者除要求赔偿损失外，还可以向生产者或者销售者要求支付价款十倍的赔偿金。"当销售者销售明知是不符合安全标准的食品时，消费者可以同时主张赔偿损失和支付价款十倍的赔偿金，也可以只主张支付价款十倍的赔偿金。本案中，原告孙银山仅要求欧尚超市江宁店支付售价十倍的赔偿金，属于当事人自行处分权利的行为，应予支持。关于被告欧尚超市江宁店提出原告明知食品过期而购买，希望利用其错误谋求利益，不应予以十倍赔偿的主张，因前述法律规定消费者有权获得支付价款十倍的赔偿金，因该赔偿获得的利益属于法律应当保护的利益，且法律并未对消费者的主观购物动机作出限制性规定，故对其该项主张不予支持。

请回答：

（1）试从本案的法院裁判结果中归纳法律知识要点。

（2）试分析《食品安全法》第九十六条规定的实践意义。

7. 结合材料回答问题。

【材料】

典型案例：中兴通讯（杭州）有限责任公司诉王鹏劳动合同纠纷案。

（1）关键词：

民事　劳动合同　单方解除

（2）裁判要点：

劳动者在用人单位的等级考核中居于末位等次，不等同于"不能胜任工作"，不符合单方解除劳动合同的法定条件，用人单位不能据此单方解除劳动合同。

（3）相关法条：《中华人民共和国劳动合同法》第三十九条、第四十条。

（4）基本案情：

2005年7月，被告王鹏进入原告中兴通讯（杭州）有限责任公司（以下简称中兴通讯）工作，劳动合同约定王鹏从事销售工作，基本工资每月3840元。该公司的《员工绩效管理办法》规定：员工半年、年度绩效考核分别为S、A、C1、C2四个等级，分别代表优秀、良好、价值观不符、业绩待改进；S、A、C（C1、C2）等级的比例分别为20%、70%、10%；不胜任工作原则上考核为C2。王鹏原在该公司分销科从事销售工作，2009年1月后因分销科解散等原因，转岗至华东区从事销售工作。2008年下半年、2009年上半年及2010年下半年，王鹏的考核结果均为C2。中兴通讯认为，王鹏不能胜任工作，经转岗后，仍不能胜任工作，故在支付了部分经济补偿金的情况下解除了劳动合同。

2011年7月27日，王鹏提起劳动仲裁。同年10月8日，仲裁委作出裁决：中兴通讯支付王鹏违法解除劳动合同的赔偿金余额36596.28元。中兴通讯认为其不存在违法解除劳动合同的行为，故于同年11月1日诉至法院，请求判令不予支付解除劳动合同赔偿金余额。

(5) 裁判结果：

浙江省杭州市滨江区人民法院于2011年12月6日作出（2011）杭滨民初字第885号民事判决：原告中兴通讯（杭州）有限责任公司于本判决生效之日起十五日内一次性支付被告王鹏违法解除劳动合同的赔偿金余额36596.28元。宣判后，双方均未上诉，判决已发生法律效力。

(6) 判决理由：

法院生效裁判认为：为了保护劳动者的合法权益，构建和发展和谐稳定的劳动关系，《中华人民共和国劳动法》《中华人民共和国劳动合同法》对用人单位单方解除劳动合同的条件进行了明确限定。原告中兴通讯以被告王鹏不胜任工作，经转岗后仍不胜任工作为由，解除劳动合同，对此应负举证责任。根据《员工绩效管理办法》的规定，"C（C1、C2）考核等级的比例为10%"，虽然王鹏曾经考核结果为C2，但是C2等级并不完全等同于"不能胜任工作"，中兴通讯仅凭该限定考核等级比例的考核结果，不能证明劳动者不能胜任工作，不符合据此单方解除劳动合同的法定条件。虽然2009年1月王鹏从分销科转岗，但是转岗前后均从事销售工作，并存在分销科解散导致王鹏转岗这一根本原因，故不能证明王鹏系因不能胜任工作而转岗。因此，中兴通讯主张王鹏不胜任工作，经转岗后仍然不胜任工作的依据不足，存在违法解除劳动合同的情形，应当依法向王鹏支付经济补偿标准两倍的赔偿金。

请回答：

(1) 试从本案的法院裁判结果中归纳法律知识要点。

(2) 我国《劳动合同法》在保护劳动者合法权益方面有哪些规定？

8. 结合材料回答问题。

【材料】

个体工商户债务的承担。

(1) 基本案情：

1990年，张某高中毕业后没能考上大学，在其父母的鼓动和帮助下，开始筹办一家个体服装店。其父母帮助张某与某工厂签订了房屋租赁合同，约定租期自1991年1月1日到1996年1月1日，每月租金500元。合同签订后，张某很快办起了服装店，并经工商行政管理部门登记，以自己的名义领取了营业执照。

1994年5月，张某与田某结婚。田某在婚前已有3万元存款，结婚后将这笔存款带到了张家。由于田某有固定的工作，并未参加服装店的日常经营管理，只是偶尔到服装店帮忙。另外，张某的父母也经常帮忙，代其卖货、收款等，但是，张某开店所得收入都由张某与田某夫妇享用，其父母并未分享其收入。

1995年1月，张某向胡某某借了5万元钱，加上自己的2万元，购进了一批皮衣。未料该批货物销路不畅，经一再削价处理，最后只收回4万多元。这样，张某欠他人债务2万元。1995年4月，张某关闭了服装店。胡某某要求张某还债，张某表示已无钱可还，但胡某某认为，田某尚有3万元存款；另外，其父母均参加了经营，也必须承担责任，也可以其父母的财产清偿债务，遂诉至法院。

(2) 裁判结果：

法院经审理认为：张某的父母不应该承担责任，因为他们并未获得张某经营服装店的盈利。但田某作为张某之妻，应当以其存款承担夫妻共同债务。遂判决用田某在银行的存款来偿还张某所欠的债务。

请回答：

（1）什么是夫妻共同债务？依法应如何承担？

（2）本案中张某的父母是否应承担清偿债务的责任？

9. 结合材料回答问题。

【材料】

赠与合同纠纷。

基本案情：

2003年1月10日，北京太子童装有限公司、北京太子奶生物科技发展有限公司和北京太子奶生物美容化妆品有限责任公司三家企业与中国妇女发展基金签订了《捐赠协议书》，承诺捐赠100万元，用于购买10辆"母亲健康快车"。1月12日，三家太子企业方面在北京人民大会堂隆重召开了向"希望工程"和"母亲健康快车"项目捐赠仪式，并将象征"母亲健康快车"的金钥匙交给了中国妇女发展基金会的法定代表人。然而时过一年后，太子企业方面一直未履行捐赠协议。在协商无效的情况下，中国妇女发展基金会将三家太子企业告上法庭，要求法院判令他们兑现承诺。

请回答：

（1）什么是赠予合同？赠予人应承担何种法律义务？

（2）本案中的赠予合同是否有效？被告是否应承担合同义务？

10. 结合材料回答问题。

【材料】

劳动合同签订纠纷。

基本案情：

某公司在与员工签订劳动合同时遇到一个棘手问题，员工甲2008年1月1日进厂，但公司一直忘了与员工甲签订劳动合同，员工甲知道公司如果不与其签订书面劳动合同，依法需要向其支付双倍的工资，因此一直不动声色，直至2008年5月1日，公司对劳动合同进行了一次普查，才发现与员工甲漏签了劳动合同，公司表示要与员工甲补签劳动合同，员工甲同意补签，但是公司要先支付其2008年1月至4月的另一倍工资，否则员工甲只愿意将补签劳动合同日期定为2008年5月1日。

请回答：

（1）员工甲的要求是否符合法律规定？

（2）双方如果无法通过协商解决纠纷，可以通过哪些法律途径来解决？

11. 结合材料回答问题。

【材料】

行政执法——福建法炜律师事务所被责令解散事件。

基本案情：

2010年，律师林洪楠因8年前执业中的"泄密行为"受到停止执业1年的处罚。3个月后，即 4 月 21 日，其所在律师事务所——福建法炜律师事务所因合伙人不足 3 人被福州市司法局责令解散。

请回答：

（1）福州市司法局是否有权对该律师事务所实施监督管理和处罚？

（2）福州市司法局的处罚是否有法律依据？程序上是否合法？

12. 结合材料回答问题。

【材料】

罪刑法定原则——尤某非法进行节育手术案。

基本案情：

被告人尤某在取得医生执业资格后，个人开业行医。多次为他人进行节育复通手术和摘取宫内节育环手术。有 23 名妇女在他这里做完手术后怀孕，并生了第二胎或第三胎。司法机关以非法进行节育手术罪对尤某提起公诉。

请回答：

（1）我国《刑法》规定的"非法进行节育手术罪"的犯罪主体是怎样的？本案被告是否符合构罪条件？

（2）依据《刑法》规定与罪刑法定原则，试分析本案被告是否构成犯罪？

13. 结合材料回答问题。

【材料】

犯罪构成——王某等人私分个人合伙企业财产案。

基本案情：

1986 年下半年至 1990 年 6 月，被告人王某、陈某、方某等人，利用职务之便，采取开假条、假发票、收入不记账、重复报销等手段，九次冒领并私分霞西林工商公司的公款共计人民币 38 万余元，其中被告人王某三次单独侵吞公款 3 万余元五次，参与私分公款分得 8 万余元，共计 11 万余元；陈某得款 5 万余元，方某得款 4 万余元。一审法院以贪污罪判处被告人王某死刑，缓期 2 年执行，剥夺政治权利终身；判处陈某、方某有期徒刑 12 年。宣判后王某、陈某、方某提出上诉，认为霞西林工商公司不是集体经济组织，他们不能成为贪污罪的主体，其分款行为不构成贪污罪。二审法院经审理查明：原判认定王某等人私分霞西林工商公司款项属实，该公司虽曾注册为集体经济组织，但该公司经营的资金、场所等均是王某等人自行筹措的。在管理形式上，该公司是自主经营，自负盈亏，因此该公司属于个人合伙性质的经济组织，王某等人私分的 38 万余元人民币，是合法收入，其行为不构成犯罪，遂宣告王某等人无罪。

请回答：

（1）什么是犯罪构成？

（2）依据犯罪构成的理论与我国《刑法》规定，本案中王某等人是否构成犯罪？

14. 结合材料回答问题。

【材料】

正当防卫。

基本案情：

李某在某市场以卖水果为生。2007年1月15日，李某守在水果摊前卖水果。王某要买水果，于是过来询问价格，感觉价格合适并买了5斤水果。傍晚王某来到李某的摊位前，说是因为水果不好吃想退掉已买的水果，李某不同意。于是王某拿起水果扔向李某，李某随即躲闪没有打到李某。王某因为水果没有打到李某，更加愤怒，于是上去朝李某的脸部打了两拳，因李某长得瘦小，王某长得高大，不敢还手，还是躲闪。王某于是上去掐住李某的脖子，朝其腹部用脚猛踢。李某想跑，王某拽住他继续殴打。李某情急之下拿起随身携带的水果刀朝王某腹部刺去，王某倒地。李某拨打了"110"与"120"，王某经鉴定构成重伤。当地检察院以故意伤害罪向人民法院提起公诉。被害人王某也向法院提起刑事附带民事诉讼，要求李某赔偿医疗费等经济损失。当地法院经过合并审理后认为，李某构成故意伤害罪，判处有期徒刑一年，缓刑一年。赔偿附带民事诉讼原告人王某经济损失6000元。被告人李某不服，以其行为属于正当防卫为由提起上诉。二审法院经过审理后认为，原审判决认定李某犯故意伤害罪的事实不清，证据不足。认为上诉人在遭到王某的不法侵害时，一度采取了克制与躲避的态度。后为避免自己的人身免受正在进行的不法侵害，被迫用随身携带的水果刀将王某刺伤。李某将王某刺伤后没有继续刺伤王某，而是拨打了"110"与"120"。其行为属于正当防卫，其防卫程度与不法侵害的性质与程度相适应，没有超过必要的限度，不负刑事责任。

　　据此，二审法院作出刑事判决：撤销一审判决，宣告李某无罪。

　　请回答：

　　（1）什么是正当防卫？我国《刑法》规定的正当防卫的构成要件是什么？

　　（2）我国《刑法》为什么将正当防卫规定为不负刑事责任？其立法目的与实践意义是什么？

第七章

树立法治观念 尊重法律权威

一、单选题

1. 马克思说:"在民主的国家里,法律就是国王;在专制的国家里,国王就是法律。"关于马克思这段话的理解,下列哪一选项是错误的?( )
   A. 从性质上看,有民主的法律,也有专制的法律
   B. 实行民主的国家,也是实行法律至上原则的国家
   C. 在实行民主的国家,君主或者国王不可以参与立法
   D. 在实行专制的国家,君主或者国王的意志可以上升为法律

2. "法治应包含两重意义,已经成立的法律获得普遍的服从,而大家所服从的法律又应该本身是制定得良好的法律。"这段话是由谁阐述的?( )
   A. 马克思
   B. 恩格斯
   C. 柏拉图
   D. 亚里士多德

3. 关于"法治"和"法制",下列说法中正确的是( )。
   A. 在法治和法制的内涵中,都强调法的统治,奉行法律至上,主张一切权力都要受到法律的制约
   B. 法治意味着法律之治,是一种治国方式,而法制一般就是法律制度的简称
   C. 法治奉行一定的民主、自由和人权价值,而法制则反对这些价值
   D. 任何法制都是以法治为基础建立起来的,无法治则必无法制,有法制则必有法治

4. 在现代社会,法治的政治基础通常是( )。
   A. 市场经济
   B. 先进文化

C. 专制集权

D. 民主政治

5. 社会主义法治在形式方面的要求是（　　）。

A. 社会主义法制

B. 社会主义民主

C. 依法治国

D. 司法公正

6. 社会主义法治的政治基础是（　　）。

A. 党的领导

B. 工人阶级的意志

C. 社会主义民主

D. 社会主义理论

7. 我国社会主义民主政治的本质和核心是（　　）。

A. 人民当家做主

B. 为人民服务

C. 社会主义法治

D. 社会主义公有制经济

8. 在我国，广大人民群众在中国共产党的领导下，依照宪法和法律规定，通过各种途径和形式管理国家事务，管理经济文化事业，管理社会事务，保证国家各项工作依法进行，逐步实现社会主义民主的制度化、法律化。这体现了我国的基本治国方略是（　　）。

A. 人治

B. 法制

C. 以德治国

D. 依法治国

9. 1999 年我国（　　）通过宪法修正案，在《宪法》中明确规定："中华人民共和国实行依法治国，建设社会主义法治国家。"

A. 八届人大一次会议

B. 八届人大五次会议

C. 九届人大一次会议

D. 九届人大二次会议

10. 依法治国是我国《宪法》确定的治国方略，是社会主义法治理念的核心内容。关于"依法治国"，下列哪个选项是不正确的？（　　）

A. 构建和完善中国特色社会主义法律体系是依法治国的必要前提

B. 依法行政在很大程度上决定依法治国的水平和成效

C. 高效、公正、权威的司法对于依法治国具有举足轻重的意义

D. 确立公民的"法律中心主义"意识是依法治国的根本条件

11. 社会主义法治理念的核心内容是"依法治国"。关于"依法治国"，下列哪个选项是错误的？（　　）

A. 依法治国以国家法律体系的健全、完善、规范、系统、协调为必要条件

B. 依法治国依赖于法制完备，法律健全完备了，法治就实现了

C. 依法治国应当树立宪法法律的权威

D. 依法治国的实现，必须以规范和制约公权力为前提，做到职权法定、有权必有责、用权受监督、违法受追究。

12. 社会主义法治所要达到的目标是（   ）。

A. 建成社会主义国家

B. 建成在高度民主基础上的社会主义法治国家

C. 建立科学、完备的法律体系

D. 建立社会主义市场经济法律体制

13. 依法治国的主体可能因为法律关系的不同而有所差异，在我国，（   ）是依法治国的根本主体。

A. 公民

B. 人民

C. 国家

D. 执政党与人民群众

14. 依法治国有多重目标，包括人民民主、社会稳定、经济发展等。在我国，依法治国在政治上的最终目标是（   ）。

A. 实现和保障社会稳定

B. 实现人民民主和保障人民利益

C. 促进经济发展和改善人民生活

D. 构建和完善社会主义法律体系

15. 中国特色社会主义法治理念包含"依法治国、执法为民、公平正义、服务大局、党的领导"五个方面的基本内涵，它们是相辅相成、不可分割的有机整体，构成了社会主义法治理念的完整理论体系。其中，公平正义是（   ）。

A. 社会主义法治的价值追求

B. 社会主义法治的本质要求

C. 社会主义法治的基本方略

D. 社会主义法治的重要使命

16. 中国特色社会主义法治理念包含"依法治国、执法为民、公平正义、服务大局、党的领导"五个方面的基本内涵，其中"依法治国"是（   ）。

A. 社会主义法治的价值追求

B. 社会主义法治的本质要求

C. 社会主义法治的基本方略

D. 社会主义法治的制度保障

17. "执法为民"是社会主义法治的本质要求。对此，下列哪一选项是不正确的？（   ）

A. 执法为民要求尊重和保障人权，这是《宪法》规定的一项基本原则

B. 执法为民强调以人为本，这是科学发展观的核心
C. 执法为民表明执法机关存在的目的在于合法地行使人民赋予的权力
D. 执法为民说明执法活动以"及时""高效"作为最根本的出发点

18. 中国特色社会主义法治理念包含"依法治国、执法为民、公平正义、服务大局、党的领导"五个方面的基本内涵，其中"服务大局"是（　　）。

　　A. 社会主义法治的价值追求
　　B. 社会主义法治的本质要求
　　C. 社会主义法治的基本方略
　　D. 社会主义法治的重要使命

19. 关于社会主义法治理念的理解，下列哪一选项是正确的？（　　）

　　A. 社会主义法治理念与中国传统法律文化有本质区别，它与后者之间不存在继承关系
　　B. 社会主义法治理念主要以马克思主义的剩余价值学说为基础
　　C. 社会主义法治理念是建设社会主义法治文化的价值指引
　　D. 社会主义法治理念本身属于社会主义法治的制度体系

20. 下列哪一选项不属于社会主义法治理念的理论渊源？（　　）

　　A. 马克思主义的人民主权思想
　　B. 马克思主义有关法的本质和作用的思想
　　C. 研究社会主义法治理念的方法论
　　D. 中华人民共和国成立以来的社会主义法治建设

21. 社会主义法治理念是马克思主义法律观中国化的最新成果。对于这一表述，下列哪一说法是不成立的？（　　）

　　A. 社会主义法治理念是马克思主义法律观同中国国情和现代化建设实际逐渐结合的产物
　　B. 马克思主义法律观的中国化进程从中华人民共和国成立以后才开始
　　C. 1954年《中华人民共和国宪法》的制定实现了马克思主义法律观中国化的一次重大创新
　　D. 社会主义法治理念的提出，解决了建设什么样的法治国家、如何建设社会主义法治国家的重大问题

22. "立善法于天下，则天下治；立善法于一国，则一国治。"这句话表明，（　　）是全面依法治国的基础，是实行法治的前提。

　　A. 立法
　　B. 执法
　　C. 司法
　　D. 守法

23. 在社会主义法治条件下，从本质上决定法律"合法性"的是（　　）。

　　A. 法律文化的先进性
　　B. 法律的科学性
　　C. 生产力的要求

D. 人民的意志和利益

24. 依照我国《宪法》的规定，依法治国首先是（　　）。

   A. 有法可依、有法必依

   B. 执法必严、违法必究

   C. 依宪治国

   D. 法律面前人人平等

25. 在中共中央提出的"党的事业至上、人民利益至上、宪法法律至上"重要观点中，关于"宪法法律至上"，下列哪一种理解是正确的？（　　）

   A. "宪法法律至上"是指宪法和法律在效力上地位相同，都具有最高效力

   B. "宪法法律至上"仅仅强调实现法律效果，是增强全社会法律意识的价值指引

   C. 肯定"宪法法律至上"，是社会主义法治思维的基本内容

   D. "宪法法律至上"是我国《宪法》明文规定的原则，一切国家机关、武装力量、各政党和各社会团体、各企业事业组织都必须遵守

26. 2014年11月1日十二届全国人大常委会第十一次会议表决通过了全国人大常委会关于设立国家宪法日的决定，将每年（　　）定为国家宪法日，在全社会最大范围内普及和弘扬宪法精神。

   A. 1月1日

   B. 3月15日

   C. 10月1日

   D. 12月4日

27. 全面实施宪法是落实依宪治国的重要内容。下列选项中，哪个不属于宪法实施的基本要求？（　　）

   A. 全社会树立宪法意识，弘扬宪法精神

   B. 全体公民主动参与宪法实施的监督

   C. 加强宪法的民主立法、科学立法

   D. 坚持党的依宪执政，自觉在宪法法律范围内活动

28. 近年来，从"彭宇案"掀起的轩然大波，到"扶老被诬伤老，好人败诉赔钱"等事件的一再发生，使历来推崇"助人为乐"的国人遭遇了严重的道德考验。2013年8月1日，《深圳特区救助人权益保护规定》的正式实施，填补了国内公民救助行为立法的空白。为此，有媒体撰文《"好人法"释放道德正能量》，认为该规定无疑会释放出挺好人、做好人的正能量，对社会风气的净化不无益处。法律之所以能释放道德正能量，是因为（　　）。

   A. 法律是道德的归宿

   B. 法律是道德的基础

   C. 法律是道德的前提

   D. 法律是道德的支撑

29. 下列选项中，属于法律的特征，而非道德的特征的是（　　）。

   A. 生成方式的建构性

B. 行为标准的模糊性

C. 存在形态的多元性

D. 评价方式的个体性

30. 下列选项中，属于法律和道德的共同点的是（   ）。

A. 规范性

B. 可诉性

C. 程序性

D. 国家强制性

31. 下列关于法律和道德的表述，正确的是（   ）。

A. 法律和道德是同时产生、同时消亡的历史现象

B. 法律规范应当具有最低限度的道德内容

C. 法律和道德在内容上是完全一致的

D. 法律和道德都是约定俗成的

32. 中国特色社会主义思想道德与中国特色社会主义法律相互联系、相互作用，其中，中国特色社会主义法律为中国特色社会主义思想道德提供（   ）。

A. 制度保障

B. 价值基础

C. 工具支持

D. 规范约束

33. "为政者须率先奉法。"中国共产党作为执政党，应当（   ）。

A. 坚持依法行政，有效配置行政权力，并通过法律对权力进行有效制约和监督

B. 履行好执政兴国的重大职责，必须依据马克思主义基本原理和党的政策从严治党

C. 坚持依法执政，带头守法，对实现全面依法治国起到引领和推动作用

D. 科学民主立法、严格执法、带头守法、公正司法

34. 按照法的原理、法律原则和立法精神，分析、解决法律问题的习惯和思想取向，称为（   ）。

A. 法律原则

B. 法律精神

C. 法律思维

D. 法律规范

35. 下列选项中，符合我国社会主义法律思维的是（   ）。

A. 重证据

B. 重形式

C. 重实体轻程序

D. 重程序轻实体

36. 法律素质是指人们掌握和运用法律的（   ）。

A. 知识和技能

B. 品德和修养

C. 理想和信念

D. 素养和能力

37. 下列关于权利、自由的认识中，哪一种是不符合法治观的？（　　）

A. 为权利而斗争是权利人对自己的义务

B. 权利、自由与法律是根本对立的

C. 没有无义务的权利，也没有无权利的义务

D. 哪里没有法律，哪里就没有自由

38. 作为与法治相对的概念，人治就是一种依靠（　　）来管理国家和社会，处理社会公共事务的治国方式。

A. 领导人或统治者的意志和能力

B. 全体公民的意志和能力

C. 全面的道德教化

D. 高效的司法诉讼制度

39. 下列历史上的政治文化观点中，属于法治论的是（　　）。

A. "道之以德，齐之以刑，有耻且格"

B. "政者，正也。子帅以正，孰敢不正"

C. "不务德而务法"

D. "贤人之治"

40. 从历史上看，奉行宪法至上的法治国家（　　）。

A. 在古希腊城邦共和国时期就已经出现

B. 在近现代社会才出现

C. 仅存在于资本主义社会

D. 仅存在于社会主义社会

41. 在西方学说史上，最早论述法治问题的学者是（　　）。

A. 亚里士多德

B. 柏拉图

C. 约翰·洛克

D. 孟德斯鸠

42. 亚里士多德认为："我们应该注意到邦国虽有良法，要是人民不能全部遵循，仍然不能实现法治。法治应包含两重含义：已成立的法律获得普遍的服从，而大家所服从的法律又应该本身是制定得良好的法律。"这段话指出了（　　）。

A. 在法治和德治的关系上，前者是优越于后者的

B. 法治的两个要素条件，已经接近于科学的法治的两个条件：制度条件和思想条件

C. 法治优越于人治，原因在于多数人的考虑要比少数人的考虑周到些

D. 让一个人来统治，就在政治中混入了兽性的因素。常人既不完全消除兽欲，虽最好的人们也未免热忱，这就往往在执政的时候引起偏向

43. 法律的重要使命就是充分尊重和保障人权，人权的法律保障包括宪法保障、立法保障、行政保障和司法保障。我国《宪法》已经将"国家尊重和保障人权"定为一项基本原

则，宪法保障是（　　）。

A. 人权保障的前提和基础

B. 人权保障的重要条件

C. 人权保障的关键环节

D. 人权保障的最后防线

44. 建设社会主义法治国家，要明确"规范和约束公权力"的价值取向，把权力关进制度的笼子，依法设定权力、规范权力、制约权力、监督权力，让权力在阳光下运行，确保国家机关按照法定权限和程序行使权力。这体现了哪一种法治思维？（　　）

A. 法律至上

B. 公平正义

C. 正当程序

D. 权力制约

45. 我国《民事诉讼法》规定，审判人员是本案当事人或者当事人、诉讼代理人近亲属的，或者与本案有利害关系的，应当自行回避，当事人有权用口头或者书面方式申请其回避。民事诉讼中的回避制度体现了（　　）的法治思维。

A. 法律至上

B. 权力制约

C. 公平正义

D. 正当程序

46. 法律具有普遍适用性，意味着（　　）。

A. 法律在本国主权范围内对本国公民具有特别约束力

B. 法律在本国主权范围内对所有人具有普遍约束力

C. 当法律与其他社会规范共同调整某一社会关系但存在相互矛盾时，应以法律为准

D. 当法律与其他社会规范共同调整某一社会关系但存在相互矛盾时，可以以其他社会规范为准

47. 实现司法公正，是实现社会的（　　）。

A. 结果公平

B. 分配公平

C. 机会公平

D. 救济公平

48. 我国《宪法》规定："国家对就业前的公民进行必要的劳动就业训练。""国家和社会帮助安排盲、聋、哑和其他有残疾的公民的劳动、生活和教育。"这些规定反映了哪一种公平理念？（　　）

A. 规则公平

B. 形式公平

C. 机会公平

D. 分配公平

49. 我国《刑事诉讼法》规定，刑事诉讼的审判人员、检察人员、侦查人员担任过本案

的证人、鉴定人、辩护人、诉讼代理人的,应当自行回避,当事人及其法定代理人也有权要求其回避。这是程序（   ）的要求。

A. 合法性

B. 中立性

C. 参与性

D. 公开性

50. 我国《行政诉讼法》规定,人民法院应当在立案之日起六个月内作出第一审判决。有特殊情况需要延长的,由高级人民法院批准,高级人民法院审理第一审案件需要延长的,由最高人民法院批准。这一规定是程序（   ）的要求。

A. 公开性

B. 中立性

C. 时限性

D. 时效性

51. 法律权威体现为（   ）。

A. 法律在社会生活中的作用力、影响力和公信力

B. 法律的效力范围

C. 法律的本质属性

D. 法律的价值追求

52. 社会主义法律在国家和社会生活中的权威和尊严是建设社会主义法治国家的前提条件。法律权威是就国家和社会管理过程中法律的地位和作用而言的,是指（   ）。

A. 法的外在强制性

B. 法的内在合理性

C. 法的形式规范性

D. 法的不可违抗性

53. 如果公民和官员缺乏法治意识、权利与义务观念、程序意识等,那么法的作用必然受到限制。这说明（   ）。

A. 法律在任何社会都无法有效发挥作用

B. 法不具有权威性、强制性

C. 法的作用范围是极其有限的

D. 没有法治的文化环境,法的作用必然受到限制

54. 凡是人民法院公开审理的案件,都允许公民旁听。公民通过旁听庭审,了解案件的审判过程,可以（   ）。

A. 学习到系统的法律知识

B. 锻炼运用法律的方法

C. 在实践中训练、培养法治思维

D. 行使民主立法权和法律监督权

55. 下列行为中,哪个属于维护法律的具体活动?（   ）

A. 帮扶弱者、见义勇为

B. 相信法律、依据法律决定自己的行为
C. 学习法律知识与法律方法
D. 积极参与立法活动和其他民主政治活动

二、多选题

1. 中国共产党第十五次代表大会提出了（   ）。
A. 依法治国
B. 建设社会主义法治国家
C. 建设社会主义法制国家
D. 进一步扩大社会主义民主，健全社会主义法制

2. 建设社会主义法治国家，需要（   ）。
A. 社会主义市场经济的健康发展
B. 政治体制改革的推进和社会民主政治的完善
C. 社会主义精神文明建设的发展和公民素质的提高
D. 立法体制、司法体制的改革和社会主义法律监督体系的完善

3. 关于社会主义民主与社会主义法治之间关系的正确表述是（   ）。
A. 社会主义法治是社会主义民主的目的
B. 社会主义民主是社会主义法治的前提和基础
C. 社会主义法治是社会主义民主的体现和保障
D. 社会主义法治是社会主义民主的前提

4. 我国在建设社会主义法治国家的道路上不断探索，继2011年宣布中国特色社会主义法律体系已经形成以后，2014年又提出"建设中国特色社会主义法治体系"的目标。从"法律体系"到"法治体系"的变化体现在（   ）。
A. 法治体系不仅有法律规范体系，还包括法治实施体系、法治监督体系、法治保障体系和党内法规体系
B. 法治体系强调科学立法、严格执法、公正司法、全民守法
C. 法治体系既要有法律的制度，也要保证法律的落实
D. 法治体系不仅仅是静态的法律文本，而且也是动态的法的实现过程

5. 下列关于社会主义法治理念及其特征的表述，哪些选项是正确的？（   ）
A. 社会主义法治理念重在强调行政执法和司法工作应遵守一定的原则，与立法没有直接关系
B. 社会主义法治理念反映和坚持了人民民主专政的国体
C. 社会主义法治理念反映了社会主义法治的性质、功能、价值取向和实现途径
D. 社会主义法治理念中的法治建设根本目标是实现、维护、发展最广大人民的根本利益

6. 下列选项中，哪些属于中国特色社会主义法治理论观点？（   ）
A. 法律是统治者实现社会统治的工具，统治者具有超越于法律的权力

B. 人民是依法治国的主体和力量源泉

C. 人民权益要靠法律保障，法律权威要靠政府强制

D. 法律的生命在于实施，法律的权威也在于实施

7. 下列关于"依法治国"的表述，哪些是正确的或适当的？（　　）

A. 依法治国是发展社会主义市场经济的客观需要，是社会文明进步的重要标志，是国家长治久安的重要保障

B. 依法治国的最终目标在于实现形式意义的法治

C. 依法治国要求逐步实现社会主义民主的制度化

D. 依法治国把坚持中国共产党的领导、发扬人民民主和严格依法办事统一起来

8. 社会主义法治（　　）。

A. 与社会主义法制有本质上的不同

B. 与社会主义法制在本质上一致

C. 包括形式意义上的法治与实质意义上的法治

D. 以实现司法公正为根本目标

9. 社会主义法治和法制的含义在强调法律要建立在社会主义民主的基础上，在体现人民的意志、反映社会发展规律、依法办事方面是接近的，但是二者也有区别。以下关于二者区别的表述，正确的是（　　）。

A. 法治一词显示了法律介入社会生活的广泛性，而法律制度对于法律在社会生活中的作用范围从字面上是无法界定的

B. 法治一词蕴涵了法律调整社会生活的正当性，而法制所包含的法律和制度，其含义从字面上看是中性的

C. 从法制到法治的概念转换，标志着我国人民在党的领导下，进入了法的现代化建设的新时期

D. 法制体现的是法律和制度的总称，而法治体现的是依法治国的原则和方略

10. 关于法律与道德的共同点，下列哪些选项是正确的？（　　）

A. 法律和道德都是一种社会规范，都具有规范性

B. 法律和道德都具有一定的强制性，都是人们应该遵循的社会规范

C. 法律和道德都是历史的产物，都是不断变化的

D. 法律和道德都是建立在一定物质生产方式之上的

11. 关于法治和德治的联系与区别，下列说法正确的有（　　）。

A. 法治的基本准则是法律规范，德治的基本准则是道德规范

B. 法律具有确定性和外在强制性，道德具有不确定性、多层次性，缺乏外在强制性

C. 法治可以通过德治而实现，德治不能通过法治而实现

D. 法治与人治是根本对立的，德治与人治具有一定的相通性和一致性

12. 关于法治和德治这两种不同的治国方式，下列说法正确的有（　　）。

A. 法律具有确定性、外在强制性，可以为治理国家和社会提供明确的准则和强有力的手段

B. 道德具有不确定性、多层次性，缺乏外在强制性，使德治的实现较为困难

C. 从切实可行的角度看，法治更适合于管理国家和社会

D. 法治排斥道德的作用，要实现法治，就要完全摒弃德治

13. 法治对人们行为的规范性作用具有（　　）的优点。

A. 连续性

B. 稳定性

C. 高效率性

D. 权威性

14. 下列行为中，哪些既违反了社会主义道德，又违反了法律？（　　）

A. 在朋友交往中经常失约、撒谎

B. 在私人宴请中铺张浪费

C. 结伙打架斗殴

D. 发布虚假广告

15. 法治思维作为一种思维模式，是一种（　　）。

A. 以道德精神为指导的正当性思维

B. 以法治价值精神为指导的正当性思维

C. 以法律原则和法律规制为依据来指导人们社会行为的规范性思维

D. 以个人意志尤其是统治者的道德和智慧为治国依据的思维

16. 法治思维内涵丰富、外延宽广，从不同的角度可以进行不同的解读。一般来讲，法治思维包括哪些内容？（　　）

A. 法律至上

B. 权力制约、人权保障

C. 公平正义

D. 正当程序

17. 下列选项中属于社会主义法律思维方式的有（　　）。

A. 重证据讲程序

B. 重实体轻程序

C. 重程序轻实体

D. 权利义务相统一

18. 法律至上，意味着（　　）。

A. 法律具有绝对真理性

B. 法律具有优先适用性

C. 法律具有不可违抗性

D. 法律具有普遍适用性

19. 1763年，老威廉·皮特在《论英国人个人居家安全的权利》的演讲中说："即使最穷的人，在他的小屋里也能够对抗国王的权威。屋子可能很破旧，屋顶可能摇摇欲坠；风可以吹进这所房子，雨可以淋进这所房子，但是国王不能踏进这所房子，他的千军万马也不敢跨进这间破房子的门槛。"这段话后来被浓缩成"风能进，雨能进，国王不能进"，它凸显了权力与权利的关系是（　　）。

A. 权力优先于权利

B. 权力决定权利

C. 权力应当以权利为界限

D. 权力必须受到权利的制约

20. 把权力关进制度的笼子，实现法律对权力的制约，是法治的重要内容。下列选项中，反映了法律制约权力这种功能的是（　　）。

A. 权利来自人的理性，法无禁止皆可为

B. 权力来自法律赋予，法无授权不可为

C. 有权必有责，责权相一致

D. 用权受监督，让权力在阳光下运行

21. 权力制约是依法治国的关键环节。下列哪些选项是权力制约原则在我国《宪法》中的体现？（　　）

A. 全国人民代表大会和地方各级人民代表大会由民主选举产生，对人民负责，受人民监督

B. 人民法院、人民检察院和公安机关办理刑事案件，应当分工负责、互相配合、互相制约

C. 地方各级人民代表大会及其常务委员会依法对"一府两院"进行监督

D. 人民法院对法律、法规进行合宪性审查

22. 近年来，国务院各部门和31个省级人民政府公布了国家、省、市、县四级政府部门权力和责任清单。公开权力清单，建立阳光政府，让权力真正在阳光下运行，其目的在于把权力关进制度的笼子，（　　）。

A. 让公众知道政府的权力边界，促进公众对政府权力的监督

B. 让政府知道其法定职权和法定职责的内容和边界

C. 确保国家机关按照法定权限和程序行使权力

D. 防止政府的履职缺位、错位、越位现象的发生

23. 权力制约有哪些基本要求？（　　）

A. 权力由法定，法无授权不可为

B. 有权必有责，国家机关在获得权力的同时必须承担相应的职责和责任

C. 用权受监督，国家权力的运行必须接受各种形式的监督

D. 违法受追究，国家机关及其工作人员违法行使权力必须受到法律的追究、制裁

24. 公民是否有较强的法律意识，与他对下列哪些问题的认识有关？（　　）

A. 法律规范的效力及其在社会生活中的作用与价值

B. 法律与自身利益的密切关系

C. 诉讼制度的类型以及非诉讼纠纷解决方式的种类

D. 宪法、刑法、民商法、经济法、社会法、诉讼法等法律部门划分的基本知识

25. 下列属于法律意识范畴的是（　　）。

A. 甲认为自己还是一名在校学生，接触社会少，学法、守法与己无关

B. 乙被公安机关不当处罚，认为"官官相护"，不敢依法提起诉讼或申请复议

C. 丙获得合同争议案件胜诉，讨回欠款，认为法院和法律太有用了
D. 丁经常殴打、虐待自己的子女，认为当父亲的教训自己的孩子天经地义，不关法律的事

26. 下列行为中，不符合法治思维的是（　　）。
A. 某市环保局在开展环境污染治理检查的时候，对于本地企业的违法排污行为网开一面、法外留情，对于外地企业在本地所设工厂或外商投资企业的排污行为则严肃依法整治
B. 某市检察院迫于本级人民政府和政法委"严打快查"的指令，对一个因事实不清、证据不足而不符合起诉条件的案件提起公诉
C. 刘某认为市交警队在对自己的违章停车行为的认定和行政处罚中有不合法不合理的作法，侵害了自己的合法权益，遂向人民法院起诉市交警队
D. 某区公安局在进行治安综合治理检查工作中，发现某食品加工企业存在食品加工场所不卫生、采用变质原材料的情况，立即作出查封该企业生产场所，扣押全部产品、原材料和生产设备的决定，并在十天后作出没收涉案原材料、暂扣该企业生产许可证与营业执照的处罚决定

27. 下列行为中，符合法治思维的是（　　）。
A. 行人过马路不遵守红绿灯规则，即使是遇到红灯禁行，只要过马路的人多了，就一起走过去
B. 被他人殴打致伤后，受害人不采用暴力复仇方式，而是依据法律规定向人民法院提起诉讼
C. 经营者为获得工程中标机会，采取私下请客、送礼、拉关系等方式给予招标方负责人"好处"
D. 公民对政府机关和政府官员的违法失职行为通过合法方式和途径进行申诉、控告、检举

28. 要培养法治思维，必须抛弃人治思维。下列说法中，反映人治思维的是（　　）。
A. 古希腊哲学家提出的"哲学王的统治"
B. 中国儒学家主张的"为政在人"
C. 传统文化中推崇的"能人之治"
D. 古代法律中遵行的"治乱世用重典"

29. 在法治和人治的词意方面，法治论者和人治论者的分歧主要在（　　）。
A. 治理国家主要依靠法律还是道德
B. 对人行为的指引是依靠一般性规则还是针对具体情况的具体指引
C. 在经济制度上实行市场经济还是计划经济
D. 在政治制度上实行民主还是专制

30. 法学家伯尔曼说："法律必须被信仰，否则等于形同虚设。"一个人只有从内心深处真正认同、信任和信仰法律，才会自觉维护法律的权威。由此可见，（　　）。
A. 法律的内在说服力是法律权威的内在基础
B. 法律权威不可能完全建立在外在强制力的基础之上

C. 法律信仰与宗教信仰没有本质的区别
D. 法律信仰是法律制定和执行的根本依据

31. 法律有无权威,取决于下列哪些因素?（   ）
A. 法律在国家和社会治理体系中的地位和作用
B. 法律本身的科学程度
C. 法律在实践中的实施程度
D. 法律被社会成员尊崇或信仰的程度

32. 人民是法治国家的建设者与捍卫者,尊重法治权威,要做到（   ）。
A. 信仰法律
B. 遵守法律
C. 服从法律
D. 维护法律

33. 培养法治思维方式,可以通过哪些途径?（   ）
A. 学习法律知识
B. 掌握法律方法
C. 参与法律实践
D. 奉行传统文化

三、判断题

1. 社会主义法治理念是体现社会主义法治内在要求的观念、信念、理想和价值的集合体,是指导和调整社会主义立法、执法、司法、守法和法律监督的方针和原则。（   ）
2. 依法治国的最终目标在于实现形式意义上的法治。（   ）
3. 依法治国是发展社会主义市场经济的客观需要,是社会文明进步的重要标志,是国家长治久安的重要保障。（   ）
4. 依法治国要求逐步实现社会主义民主的制度化、规范化、程序化。（   ）
5. 行政机关是实施法律法规的重要主体,严格执法、依法全面履行职能是法治政府的基本要求,也是实现全面依法治国的主要标志之一。（   ）
6. 道德调节主要借助于传统习惯、教育宣传、社会舆论和内心信念,通过说服、教育的方法调节人们的行为。法律手段则是依靠国家强制力量规范人们的行为。虽然道德和法律调节作用的方式有所不同,但二者可以互为补充、相辅相成。（   ）
7. 发挥道德的调节作用,需要法律的支撑;而法律作用更好地实现,又需要以道德建设为重要条件。（   ）
8. 现代法治的内容包括法律至上、司法公正、限制国家权力、保障人权等,其中限制国家权力、保障人权是法治的核心内容。（   ）
9. 人权保障依赖于国际人权环境的发展,因此我国的社会主义法治建设对于人权的保障仅仅起间接作用。（   ）
10. 在现代社会,为实现有节度的自由、有组织的民主、有保障的人权、有制约的权

力，就必须使其法律有正当的程序。（ ）

11. 在现代法治思想中，"正义"只是人们的道德理想，而非法律的价值标准。即使法律不符合正义的准则，但只要是由国家制定并保障实施的，就是真正的法律。（ ）

12. 在现代法治思想中，"秩序"是法律的基本价值之一，为了维护统治秩序，法律制度可以以牺牲人们的一切自由、平等为代价。（ ）

13. 法律所保障的自由，是没有任何限制的绝对自由。（ ）

14. 没有自由，法律就仅仅是一种限制人们行为的强制性规则，而无法体现它在提升人的价值、维护人的尊严上的重要意义。（ ）

15. 在现代法治思想中，法律最本质的价值是自由，法典是用来保卫、维护人民自由的，而不是用来践踏人民自由的。（ ）

16. "法律面前人人平等"，意味着公民在守法和适用法律上一律平等，在任何法律关系中的权利、义务和责任都一律平等。（ ）

17. 对于任何人犯罪，不论其社会地位、职业、财产状况、民族、种族、性别、宗教信仰如何，在适用刑法上一律平等，任何人都不得有超越法律的特权。（ ）

18. 法治思维是一种习惯性思维，与人们的专业、职业或知识水平并没有必然联系。（ ）

19. 法律思维是一种习惯性思维，与人对法律知识的认识水平没有关系。所以，是否学习和了解具体的法律知识，对法治思维的培养没有影响。（ ）

20. 即使程序不正当，也能实现正义。通过"刑讯逼供""非法取证"等手段获得的供述、证词、证据，只要具有真实性，都可以成为刑事案件定罪量刑的依据。（ ）

21. "迟来的正义也是正义"，即使诉讼案件超过法定的期限才作出裁判，但只要结果符合事实，合乎法律的裁判规则，就是真正实现了无瑕疵的正义。（ ）

22. 法律权威的树立主要依靠法律的外在强制力和内在说服力。（ ）

23. "一次审判不公，恶于十次犯罪。"司法活动是维护社会公平正义的最后一道防线，司法的权威从本质上来说源于公正。（ ）

24. "尊法"反映了人们在行为上对法律的服从，而"遵法"则反映了人们内心对法律的信仰。（ ）

25. 全体社会成员都尊重和维护法律权威，不仅是保证法律充分发挥作用的基本要求，也是保证个人平安幸福的底线和红线。（ ）

26. 从本质上讲，尊重和维护法律权威，就能切实保证个人合法权益的充分实现。（ ）

27. 从目的性而言，尊重和维护法律权威，就是为了充分实现国家意志、维护国家利益。（ ）

28. 帮扶弱者、见义勇为，仅仅是一种道德要求，我国法律对此并未进行规定和保护。（ ）

29. 信仰法律，首先要信仰宪法，增强宪法意识、树立宪法权威。（ ）

30. 当国家的最高权威系于法律时，国家就不会因领导个人的变动和更迭而变化，从而有助于保持国家政治统治与社会秩序的稳定性和连续性。（ ）

31. 法治是现代文明的制度基石。( )

32. 法治兴则国家兴，法治强则国家强。( )

四、辨析题

1. 作为治国理政的方式，法治和德治不仅存在本质的区别，而且在具体内容、实现途径、规范作用与社会作用等方面存在诸多区别。故建设社会主义法治国家，只需法治，不需德治。

2. 法律必须被信仰，否则等于形同虚设。

五、简答题

1. 中国特色社会主义法治道路的核心要义是什么？
2. 坚持党的领导、人民当家做主与依法治国的关系是什么？
3. 我国的依宪治国与西方宪政的本质区别主要有哪些？
4. 法治思维的含义是什么？
5. 法治思维与人治思维的区别有哪些？
6. 法治思维的内容主要有哪些？
7. "程序正当"的表现和意义是什么？
8. 影响法律权威的因素有哪些？

六、论述题

1. 如何正确理解社会主义法治观念？
2. 为什么说党的领导是社会主义法治最根本的保证？
3. 中国特色社会主义法治理论包括哪些内容？
4. 如何理解法治、法制、德治、人治这些概念？
5. 联系实际，谈谈在我国确立建设法治国家方略、倡导"法律至上"原则的意义。
6. 怎样理解"依法治国首先是依宪治国"？
7. 法治社会中的"公平正义"的含义是什么？
8. 怎样理解"把权力关在制度的笼子里"的要求和意义？
9. 法治思维的意义是什么？公民如何培养自己的法治思维？
10. 大学生应该如何增强法律观念、尊重法律权威？

七、材料分析题

1. 结合材料回答问题。

【材料1】

十一届全国人民代表大会常务委员会第二十次会议初次审议的《中华人民共和国个人所得税法修正案（草案）》（以下简称《草案》）将个人所得税免征额由现行的每月2000元调至3000元。随后，全国人民代表大会常务委员会通过中国人大网向社会公开征求意见，共收到82707人提出的意见23万余件。82536人对个人所得税起征点发表意见，其中要求提高起征点的意见高达83%。

2011年5月10日和20日，全国人民代表大会法律委员会、财政经济委员会和全国人民代表大会常务委员会法制工作委员会联合召开座谈会，还分别听取11位专家和16位来自不同地区、不同职业、不同收入群体具有一定代表性的社会公众对草案的意见。

6月27日，《草案》再次提交全国人民代表大会常务委员会审议时，二审稿对3000元起征点仍未作修改。在审议过程中，有委员表示，网上征求意见中，要求提高起征点的占83%。对如此集中的意见，《草案》未充分回应，很难向公众解释清楚。更有委员指出，个人所得税法不是5000元、3000元的问题，而是如何更认真地对待群众意见和老百姓的关注问题。

6月30日，全国人民代表大会常务委员会第二十一次会议以134票赞成、6票反对、11票弃权，决定对《中华人民共和国个人所得税法》作如下修改：一、第三条第一项修改为："工资、薪金所得，适用超额累进税率，税率为百分之三至百分之四十五。"二、第六条第一款第一项修改为："工资、薪金所得，以每月收入额减除费用三千五百元后的余额，为应纳税所得额。"

摘自中国人大网（2011年6月30日、2011年7月1日）

【材料2】

此次个人所得税法的修改将在社会生活中发挥积极作用。首先，大幅度减轻中低收入纳税群体的负担。一方面，减除费用标准由2000元提高到3500元后，纳税人纳税负担普遍减轻。工薪收入者纳税面调整后，纳税人数由约8400万人减至约2400万人。另一方面，通过调整工薪所得税率结构，使绝大部分工薪所得税纳税人在享受提高减除费用标准的同时，进一步减轻税负。这两个措施是不一样的，减除费用的提高是普惠，通过税率级距调整进行结构性的变化，使中低收入纳税群体在减税的基础上进一步减税。此外，适当扩大低档税率和最高档税率的适用范围，使低税率向大部分纳税人倾斜。其次，适当加大对高收入者的调节力度。实行提高工薪所得税减除费用标准和调整工薪所得税率结构变化联动，能够使一部分高收入者在抵消减除费用标准提高得到的减税好处以后，适当增加一些税负。

摘自中国人大网（2011年6月30日）

请回答：

此次个人所得税法修改过程如何体现了中国特色社会主义民主？

2. 结合材料回答问题。

【材料】

热点案件：四川省巴中市白庙乡"全裸"财政事件。

事件回放：2010年3月，四川省巴中市巴州区白庙乡政府公布了当年1月公务费开支明细表，详细记录了每一分钱的公务花费。如此透明，被网友称为"政府全裸第一例"。4月4日，白庙乡政府公布了该乡3月公务费开支统计表格。与此前公布的1、2月的数据相比，此次公布更为详细，表格多达10张，详细列明了该乡3月办公费、交通费、招待费等具体情况。同时，在每一项开支栏中，还增添了"业主"一项。与此相关的另一个事件是，国土资源部成为首个预算公开的国家部委。3月30日，国土资源部在其官方网站上发布了"2010年部门预算"。有报道称，这是我国政府决定"三年内公开中央部门预算"后，第一个公开部门预算的中央部委。

宪法聚焦：财政公开的宪法意义，财政宪政主义的意义。

请回答：

（1）本案所涉及的相关法律有哪些？

（2）财政公开的宪法意义有哪些？其对于法治政府建设的意义是什么？

3. 结合材料回答问题。

【材料】

典型案例：张道文、陶仁诉四川省简阳市人民政府侵犯客运人力三轮车经营权案。

（1）基本案情：

1996年8月，四川省简阳市人民政府（以下简称市政府）对240辆人力客运老年车改型为人力客运三轮车的经营者每人收取了有偿使用费3500元。1996年11月，对原有的161辆客运人力三轮车经营者每人收取了有偿使用费2000元。从1996年11月开始，市政府开始实行经营权有偿使用，有关部门对限额的401辆客运人力三轮车收取了相关的规费。1999年7月15日、7月28日，市政府针对有偿使用期限已届满两年的客运人力三轮车，发布《关于整顿城区小型车辆营运秩序的公告》（以下简称《公告》）和《关于整顿城区小型车辆营运秩序的补充公告》（以下简称《补充公告》）。其中，《公告》要求"原已具有合法证照的客运人力三轮车经营者必须在1999年7月19日至7月20日到市交警大队办公室重新登记"，《补充公告》要求"经审查，取得经营权的登记者，每辆车按8000元的标准（符合《公告》第六条规定的每辆车按7200元的标准）交纳经营权有偿使用费"。张道文等182名经营者认为市政府作出的《公告》和《补充公告》侵犯其经营自主权，向简阳市人民法院提起行政诉讼。

（2）裁判结果：

简阳市人民法院经审理认为，市政府在行政法规、地方性法规、规章对经营权有偿使用期限未作明确规定的情况下，执行上级行政主管部门四川省交通厅《四川省小型车辆营运管理规定》中"有偿使用期限一次不得超过两年"的规定，对已实行经营权有偿使用期限超过两年的原告，以公告形式决定其重新登记并支付有偿使用费的行为，并无不当。判决维持市政府作出的《公告》和《补充公告》。张道文等不服，向四川省资阳地区（现为资阳市）中级人民法院提起上诉。四川省资阳地区中级人民法院以与一审基本相同的理由判决驳回上诉，维持原判。

后本案经最高人民法院裁定提审。最高人民法院认为，行政机关作出行政许可等授益性行政行为时，应当明确告知行政许可的期限。行政机关在作出行政许可时，行政相对人也有权知晓行政许可的期限。明确行政许可的期限，既是为了保障公共利益的需要，也是为了保障许可申请人的选择权利。市政府1996年的经营权许可在程序上存在明显不当，直接导致与其存在前后承继关系的本案被诉行政程序明显不当。本案中，四川省交通厅制定的规范性文件明确了许可期限。申请人关于本案行政许可没有期限限制的主张不能成立。考虑到本案被诉行政行为作出之后，简阳市城区交通秩序得到好转，城市道路运行能力得到提高，城区市容市貌持续改善，以及通过两次"惠民"行动，绝大多数三轮车主已经分批次完成置换，如果判决撤销被诉行政行为，将会给行政管理秩序和社会公共利益带来不利影响。判决确认简阳市人民政府作出的《公告》和《补充公告》违法。

请回答：

（1）试归纳本案法院裁判结果的法律知识要点。

（2）试分析本案所反映的正当行政程序原则对于构建法治政府的意义。

4. 结合材料回答问题。

【材料】

典型案例：刘云务诉山西省太原市公安局交通警察支队晋源一大队道路交通管理行政强制案。

（1）基本案情：

2001年7月，刘云务购买东风牌运输汽车一辆。2006年12月12日，刘云务雇佣的司机驾驶该车行驶至太原市和平路西峪乡路口时，山西省太原市公安局交通警察支队晋源一大队（以下简称晋源交警一大队）执勤民警以该车未经年审为由将该车扣留。2006年12月14日，刘云务携带审验手续前往处理。晋源交警一大队执勤民警在核实过程中又发现无法查验该车的发动机号码和车架号码，遂以涉嫌套牌为由继续扣留，并口头告知刘云务提供其他合法有效手续。刘云务虽多次托人交涉并提供更换发动机缸体、更换发动机缸体造成不显示发动机号码、车架用钢板铆钉加固致使车架号码被遮盖等证明材料，但晋源交警一大队一直以其不能提供车辆合法来历证明为由继续扣留该车。刘云务不服，提起行政诉讼。法院在审理期间，组织当事人对加固车架的钢板铆钉进行了切割查验，显示该车车架号码为GAGJB-DK0110×××2219，而该车行驶证载明的车架号码为LGAGJBDK0110×××2219。

（2）裁判结果：

山西省太原市中级人民法院一审判决驳回刘云务的诉讼请求。山西省高级人民法院二审判决撤销一审判决，责令晋源交警一大队在判决生效后30日内对扣留涉案车辆依法作出处理并答复刘云务，驳回刘云务的其他诉讼请求。

最高人民法院认为，在刘云务提交合法年审手续后，晋源交警一大队又发现涉案车辆涉嫌套牌时，可依法继续扣留，但其违反法定程序，且始终未出具任何形式的书面扣留决定。涉案车辆确系我国生产的东风牌运输汽车，特定汽车生产厂家生产的特定汽车的车架号码最后8位字符组成的字符串具有唯一性，切割查验后显示的车架号码和行驶证所载车架号码的最后8位字符完全一致，可以认定被扣留车辆即为行驶证载明的车辆。晋源交警一大队认定涉案车辆涉嫌套牌而持续扣留，构成主要证据不足。在刘云务提交相关材料后，晋源交警一大队既不返还，又不积极调查核实，反复要求刘云务提供客观上已无法提供的其他合法来历证明，长期扣留涉案车辆不予处理，构成滥用职权罪。据此判决撤销一、二审判决，确认晋源交警一大队扣留涉案车辆违法，判令晋源交警一大队在判决生效后30日内将涉案车辆返还刘云务。

请回答：

(1) 试归纳本案法院裁判结果中的法律知识要点。
(2) 试分析行政机关执法中应遵循哪些基本法律原则？
5. 结合材料回答问题。
【材料】
典型案例：李国庆诉上海市静安区人民政府、上海市人民政府房屋征收补偿决定及行政复议决定案。
(1) 基本案情：
上海市静安区人民政府（以下简称静安区政府）于 2012 年 10 月 19 日作出房屋征收决定，李国庆户承租的公房在征收范围内。在安置补偿协商过程中，静安区住房保障和房屋管理局（以下简称静安房管局）向李国庆户提供货币补偿和房屋产权调换两种方式选择，因李国庆不认可补偿方案，双方在签约期限内未达成补偿协议。静安房管局于 2015 年 1 月 19 日报请静安区政府作房屋征收补偿决定。静安区政府受理后，组织双方进行调查和调解，李国庆出席但调解未成。静安区政府经审查，认定静安房管局提出的以结算差价的房屋产权调换方式补偿李国庆户的方案合法、适当，遂于 2015 年 2 月 5 日作出房屋征收补偿决定，并将决定书依法送达李国庆及静安房管局，同时在基地张贴公示。李国庆不服，于 2015 年 4 月 3 日向上海市人民政府（以下简称上海市政府）提出行政复议。上海市政府受理后，经审查作出行政复议决定，维持静安区政府所作征收补偿决定。李国庆仍不服，遂提起本案诉讼。

(2) 裁判结果：
上海市第二中级人民法院认为，根据《国有土地上房屋征收与补偿条例》（以下简称《征补条例》）和《上海市国有土地上房屋征收与补偿实施细则》（以下简称《实施细则》）的规定，静安区政府具有作出房屋征收补偿决定的行政职权。其于法定期限内作出被诉房屋征收补偿决定，行政程序并无不当。被诉房屋征收补偿决定认定事实清楚，法律适用准确。上海市政府在规定的期限内作出行政复议决定，程序合法。遂判决驳回李国庆的诉讼请求。上海市高级人民法院以与一审基本相同的理由判决驳回上诉，维持原判。

最高人民法院认为，静安房管局因与李国庆在征收补偿方案确定的签约期限内达不成补偿协议，报请静安区政府作出补偿决定。静安区政府受理后，核实相关材料，组织召开调解会，并在调解未成的情况下，在法定期限内作出被诉房屋征收补偿决定，程序合法。静安区政府依据租用公房凭证记载的居住面积乘以相应系数计算被征收房屋建筑面积，结合房屋评估单价等确定货币补偿金额及补贴款等，并以上海市土地储备中心安排的用于征收地块安置的房源安置给李国庆，未侵犯李国庆的合法利益，安置方案并无不当。此外，经上海房地产估价师事务所有限公司评估，被征收房屋于征收决定公告之日的房地产市场评估单价为 29233 元/平方米，该地块评估均价为 29200 元。李国庆在规定的期限内未申请复核。后静安房管局向李国庆征询是否需要专家鉴定，李国庆明确表示拒绝。在协商过程中，静安房管局向李国庆提供货币补偿和房屋产权调换两种方式选择，因李国庆不认可补偿方案，双方在签约期限内未达成补偿协议。据此，李国庆提出的评估报告违法及剥夺其安置补偿方式选择权的异议缺乏依据。上海市政府在规定的期限内作出行政复议决定，适用法律正确，程序合法。遂裁定驳回李国庆的再审申请。

请回答:
(1) 试归纳本案中法院裁判结果中的法律知识要点。
(2) 试分析本案司法审判的典型意义。

6. 结合材料回答问题。

【材料】

典型案例:大学生缺乏法律意识,背债百万元。

2003年在上海大学读大四时,秦亮(化名)通过熟人与中国联通上海分公司一级代理商上海美天通信科技工程设备有限公司(以下简称"美天")取得联系,并得知美天正准备推广CDMA校园卡业务。秦亮认为可以发动老师同学购买,赢利几乎唾手可得。

由于美天要求必须同公司来签协议,秦亮和几个同学又发动父母成立公司。耐不住孩子的恳求,三个下岗母亲在经济开发区注册了上海想云科技咨询有限公司(以下简称"想云")。

2003年3月,秦亮的想云公司与上海美天签署了《CDMA校园卡集团用户销售协议书》,约定想云公司在上海大学进行CDMA手机及UIM卡捆绑销售,并约定想云公司对校园卡用户资料的真实性及履行协议承担保证责任,用户必须凭学生证和教师证购买,一人一台等。如想云公司发展用户不真实,美天有权停机,想云承担不合格用户的全部欠费。

在同学老师的帮助下,秦亮的"生意"一下子很红火。秦亮一共发展了4196个用户,按照与美天的协议,秦亮和想云公司可拿到10余万元的回报。

但是美天刚支付给秦亮2万元钱后,2003年12月,联通公司发现想云递交的几百名客户资料虚假,有一部分根本不是校园用户,还有身份证冒用别人的,最终形成了大量欠费。

美天为此赔偿联通442户不良用户的欠费52万余元,联通还扣减美天406部虚假用户和不良用户的手机补贴款28万余元及8万余元。

美天将想云公司及秦亮起诉到法院,要求承担上述赔偿款项,另赔偿美天406部虚假用户、不良用户手机的补贴差价6万余元及未归还的手机价款15万余元和卡款5100元,总计100万元左右。

请回答:

这个案例对我们在校大学生有什么启示?

7. 结合材料回答问题。

【材料】

典型案例:因法律意识的匮乏而造成的违法行为。

案情介绍:

2000年6月16日傍晚,潘伟毅和刘卫东一同前往申华大酒店参加朋友的生日宴会。两人都喝了不少酒,不敢开车,于是商量好当晚不回家。晚上十点左右,两人在酒店开了个房间睡下了。刘卫东说,到了晚上十一点半左右,他先醒了过来,看到潘伟毅随手放在桌子上的包,就想跟他开个玩笑,于是把包拿出了房间,藏在同楼层的服务台里。为了达到逼真的效果,他还特意把房间门打开,造成是窃贼进入的样子。

做完了这一切之后,刘卫东又悄悄溜回床上睡下了。半夜十二点左右,潘伟毅醒了过来,一看包不见了,连忙把刘卫东叫醒询问。刘卫东说原来打算吓唬潘伟毅一晚上,等第二天退房时再告诉他真相。然而他没有想到，正是因为房间的门开着，潘伟毅才断定是窃贼闯入，于是立即报了警。刘卫东说："我当时想这件事我要当面跟潘伟毅说，我也没想到他这么快叫'110'过来。等'110'一来，我人已经像傻子一样了，好像被他打了一拳，蒙掉了，说不出话来了。"刘卫东情急之下，想等公安人员暂时查不出头绪，撤走以后再跟好朋友说清楚。于是他趁人不备，把藏在6楼服务台的包又迅速转移到了7楼服务台。

刘卫东进了看守所，可他实在想不通，这次自己开的这个玩笑，和潘伟毅以前跟他开的玩笑从形式上来看根本差不了多少，这次的玩笑甚至连点新创意都谈不上，怎么到了自己这儿，就算是犯罪了呢？看到刘卫东为此进了看守所，潘伟毅心里很不是滋味。他几次三番来到检察院，为朋友辩解。

然而人民检察院认为：刘卫东说他是以开玩笑为目的，我们定他是以非法占有为目的，是因为一个人的主观犯罪故意，主要是通过他的客观行为来认定。因为一个人的思想是不可能看得出来的，只能通过他的客观行为表现出来。事发当天公安人员到达现场后，曾询问过刘卫东，但是他却说自己什么也不知道。检察院认为：刘卫东把藏在6楼服务台的包又转移到了7楼服务台，进一步对包实行了控制，也就是盗窃犯罪中所规定的，采用秘密手段控制了这个包，而被害人则完全对包失去了控制。公安人员已经掌握了刘卫东拿包的比较直接的证据、重要的证据，在这种情况下，他承认是自己拿的包。虽然可能刚开始的时候，他有开玩笑的动机，但是随着事态的发展，他在主观上发生了转变，就是刑法理论中所讲的，主观故意已经发生了转变，已经是一种盗窃的犯罪故意了。最终，刘卫东因盗窃罪被判处有期徒刑4年。

请回答：

(1) 根据所学的法律知识，分析本案当事人的行为是否构成违法犯罪。

(2) 本案中刘卫东遭遇的"麻烦"可以给我们什么启示？

行使法律权利　履行法律义务

一、单选题

1. 关于"公民的权利和义务是平等的",下列理解正确的是（　　）。
   A. 每一个公民所享有的权利和所承担的义务是对等的
   B. 每一个公民所享有的权利和所承担的义务的内容与其他公民的完全一样
   C. 法律面前人人平等,任何人不得享有法内或法外特权
   D. 法律面前人人平等,但法律规定享有特权的人除外

2. 某甲从某乙处购买价格为500元的皮箱一只。依据双方合同,某乙获得"请求对方支付500元货款"的权利,某乙称为（　　）。
   A. 债权人
   B. 债务人
   C. 第三人
   D. 相对人

3. 某甲从某乙处购买价格为500元的皮箱一只。依据双方合同,某甲承担"支付500元货款"的义务,某甲称为（　　）。
   A. 债权人
   B. 债务人
   C. 责任人
   D. 相对人

4. 某丙作为某甲的代理人,以某甲的名义与某乙订立一份货物运输合同。在该货物运输合同法律关系中,承担合同权利义务的人是（　　）。
   A. 某甲、某乙、某丙
   B. 某甲、某丙

C. 某乙、某丙

D. 某甲、某乙

5. 父母对未成年子女负有抚养、教育和保护的（　　）。

A. 法律权利

B. 法律义务

C. 法律权力

D. 法律责任

6. 某大学依法向税务机关代缴其教职工的个人所得税，在该税收法律关系中，纳税义务人是（　　）。

A. 教职工

B. 某大学

C. 某大学及其教职工

D. 税务机关

7. 某大学依法向税务机关代缴其教职工的个人所得税，在该税收行政法律关系中，税务机关是（　　）。

A. 权利人

B. 义务人

C. 行政主体

D. 行政相对人

8. 西方自然法学派认为，（　　）。

A. 权利的内容和保障均来自法律的规定

B. 权利产生于人与人之间的社会关系

C. 权利是天赋的，是人与生俱来享有的

D. 权利是神所赋予的

9. 马克思主义认为，权利的产生、发展和实现，都必须以（　　）为基础。

A. 国家法治发展现状

B. 统治阶级的意志

C. 国家的阶级构成情况

D. 社会物质生活条件

10. 马克思主义权利观与其他权利观的根本区别在于（　　）。

A. 强调国家立法对权利的制约和决定作用

B. 强调社会的物质生活条件对权利的制约和决定作用

C. 权利的具体内容、种类不同

D. 享有权利的主体的范围不同

11. 马克思主义权利观认为，法律权利是权利主体依法要求（　　）作出某种行为或不作出某种行为的资格。

A. 权利客体

B. 义务主体

C. 相对人

D. 社会

12. 一项法律权利的核心是（　　）。

A. 自由权

B. 许可权

C. 支配权

D. 请求权

13. 法律权利和法律义务的关系，就像一枚硬币的两面，密不可分。关于二者的关系，下列表述错误的是（　　）。

A. 法律权利与法律义务是相互依存的关系

B. 法律权利与法律义务是目的与手段的关系

C. 法律权利与法律义务具有顺序性

D. 法律权利与法律义务具有二重性

14. 根据与权利义务相对应的主体的不同，可以将权利义务分为（　　）。

A. 基本权利义务与普通权利义务

B. 绝对权利义务与相对权利义务

C. 个人权利义务、集体权利义务与国家权利义务

D. 单向性权利义务与双向性权利义务

15. 在我国，公民的基本权利是由（　　）规定的权利。

A. 宪法以及宪法性法律

B. 民事法律

C. 刑事法律

D. 经济法与社会法

16. 下列权利中，属于公民基本权利的是（　　）。

A. 债权

B. 诉权

C. 代理权

D. 受教育权

17. 下列权利中，属于普通权利的是（　　）。

A. 人身自由权

B. 合同自由权

C. 宗教信仰自由权

D. 通信自由权

18. 只能属于特定人享有，不能转让他人的权利是（　　）。

A. 对人权利

B. 对世权利

C. 专属权利

D. 可转移权利

19. 下列权利中，属于与权利主体不可分离的权利的是（　　）。

A. 物权

B. 股权

C. 人格尊严权

D. 发明专利权

20. 下列权利中，属于财产权利的是（　　）。

A. 亲权

B. 劳动权

C. 商标权

D. 名誉权

21. 下列权利中，属于人身权利的是（　　）。

A. 保险求偿权

B. 名誉权

C. 票据追索权

D. 检举权

22. 下列权利中，属于特定公民享有的权利是（　　）。

A. 劳动与休息权

B. 获得物质帮助权

C. 私有财产权

D. 住宅安全权

23. 下列权利中，属于民事实体权利的是（　　）。

A. 公平竞争权

B. 财产继承权

C. 行政许可权

D. 民事起诉权

24. 人身权利属于（　　）。

A. 绝对权利

B. 相对权利

C. 特殊权利

D. 法定职权

25. 私有财产所有权属于（　　）。

A. 绝对权利

B. 相对权利

C. 特殊权利

D. 法定职权

26. 因侵权而产生的债权属于（　　）。

A. 绝对权利

B. 相对权利

C. 特殊权利

D. 一般人格权

27. 下列选项中，不属于法律权利的是（   ）。

A. 恋爱自由权

B. 婚姻自由权

C. 人格尊严权

D. 宗教信仰自由权

28. 下列法律权利中，既是公民的基本权利也是基本义务的是（   ）。

A. 财产权

B. 健康权

C. 受教育权

D. 知识产权

29. 将人权归结为法律权利，最早是由（   ）提出来的。

A. 卢梭

B. 西塞罗

C. 孟德斯鸠

D. 边沁

30. 马克思主义人权理论认为，（   ）。

A. 人权以自然权利为基础，并受到自然法规制

B. 人权不应脱离社会的具体经济历史条件，与国家的政治体制因素相关联

C. 人权是人的理性固有的，并不依赖于社会的物质生活条件

D. 人权受国际法调整，当国际法的保护更能体现人的价值时，应当优先适用国际法

31. 关于法律与人权的关系，下列哪一选项是错误的？（   ）

A. 人权的法律化表明人权只能是一种实有权利

B. 保障人权是法治的核心内容之一

C. 是否保障人权可以作为判断法律善恶的标准

D. 法律可以保障人权的实现，但是法律并不能根除侵犯人权的现象

32. 我国首次以政府文件形式肯定人权概念在我国社会主义政治发展中的地位的，是（   ）国务院的《中国的人权状况》白皮书。

A. 1982 年

B. 1986 年

C. 1991 年

D. 1997 年

33. 我国首次将"国家尊重和保障人权"写入《宪法》，使之成为一项宪法原则，是通过（   ）实现的。

A. 1982 年宪法

B. 1993 年宪法修正案

C. 1999 年宪法修正案

D. 2004年宪法修正案

34. 下列权利中，属于个体人权的是（　　）。

   A. 集会结社权

   B. 民族自决权

   C. 种族平等权

   D. 社会发展权

35. 下列法律权利中，所对应的义务人应当履行不作为义务的是（　　）。

   A. 支付货款请求权

   B. 损害赔偿请求权

   C. 申请听证权

   D. 个人隐私权

36. 下列法律权利中，所对应的义务人应当履行作为义务的是（　　）。

   A. 不当得利返还请求权

   B. 自然人的肖像权

   C. 财产所有权

   D. 婚姻自主权

37. 依据我国法律规定，依法纳税属于一项（　　）。

   A. 法律权利

   B. 法律义务

   C. 法律责任

   D. 法律行为

38. 我国个人所得税法的历次修改将工资、薪金所得的个人所得税起征标准逐步提高，使得纳税义务人范围和税基发生重大变化。这反映了法律义务的哪一项特征？（　　）

   A. 法律义务可能发生变化

   B. 法律义务源于经济需要

   C. 法律义务必须依法设定

   D. 法律义务与法律权利具有一致性

39. 法律义务具有法定的强制性，违反法律义务须承担（　　）。

   A. 法律义务

   B. 法律责任

   C. 刑事责任

   D. 行政责任

40. 马克思认为："没有无义务的权利，也没有无权利的义务。"这句话是说（　　）。

   A. 权利与义务具有一致性

   B. 权利与义务具有完全等同性

   C. 权利主体与义务主体具有高度一致性

   D. 权利与义务具有绝对性、合法性

41. 在法律关系的构成中，权利与义务是法律关系的（　　）要素。

A. 主体

B. 客体

C. 内容

D. 事实

42. 在法律关系的构成中，权利与义务的享有或承受者被称为（　　）。

A. 主体

B. 客体

C. 内容

D. 事实

43. 在法律关系的构成中，权利与义务所指向的对象被称为（　　）。

A. 主体

B. 客体

C. 内容

D. 事实

44. 我国《民法总则》规定："民事主体行使权利时，应当履行法律规定的和当事人约定的义务。"对于这条规定，下列理解正确的是（　　）。

A. 法律权利的行使不能损害社会公共利益

B. 法律权利必须依法行使

C. 法律权利产生于法律规定和当事人的约定

D. 如果不履行约定的义务，就不能行使约定的权利

45. "对个人权利无限制的制度实际上就是无权利的制度。"对于这句话，下列理解正确的是（　　）。

A. 权利的行使不能超越必要的界限

B. 权利的行使即使致使他人遭受不利益，也是合理的

C. 权利的行使属于权利人自由行为领域，法律无从置喙

D. 如果不尊重权利人的权利意志的自由，则权利行使是不可能实现的

46. 依据我国《宪法》，凡具有中华人民共和国国籍的人都是中华人民共和国（　　）。

A. 公民

B. 人民

C. 居民

D. 国民

47. 在我国，"公民"一词是指（　　）。

A. 出生在我国的人

B. 在我国定居的人

C. 具有我国国籍的自然人

D. 具有我国国籍的自然人和法人

48. 根据我国《宪法》规定，公民的含义是指（　　）。

A. 人民的个体

B. 具有我国国籍的人

C. 享有政治权利的人

D. 年满 18 周岁的人

49. 依据我国《宪法》和《国籍法》的规定，下列说法正确的是（　　）。

A. 中国国籍只能通过出生取得，不能通过申请取得

B. 父亲和母亲均为中国公民，本人出生于美国的，可以拥有中国和美国的双重国籍

C. 国家工作人民和现役军人，不得退出中国国籍

D. 具有外国国籍的归国华人是我国的公民

50. 关于我国现阶段的"公民"和"人民"，下列说法错误的是（　　）。

A. 公民是一个法律概念，人民是一个政治概念

B. 公民是与外国人、无国籍人相对应的概念，人民是与敌人相对应的概念

C. 公民是一个集合概念，人民是一个个体概念

D. 公民的范围比人民广泛，公民中的部分人不能享受全部宪法的基本权利

51. 公民的宪法权利也称为（　　）。

A. 法律权利

B. 政治权利

C. 普通权利

D. 基本权利

52. 公民权以（　　）为来源和基础。

A. 人权

B. 主权

C. 财产权

D. 人身权

53. 对于国家和民族而言，（　　）是首要权利。

A. 独立权

B. 和平权

C. 生存权

D. 发展权

54. 我国宪法基本权利的权利主体是（　　）。

A. 人民群众

B. 工人阶级

C. 我国公民

D. 一切尊重并认可我国宪法法律的人

55. 宪法所规定的公民基本权利由（　　）从制度上、法律上、物质上保障其实现。

A. 国家

B. 社会

C. 执政党

D. 其他公民

56. "任何组织或者个人都不得有超越宪法和法律的特权。"这体现了（　　）。
    A. 宪法的人民主权原则
    B. 宪法的基本人权原则
    C. 宪法规定的平等原则
    D. 宪法规定的权力制约

57. 下列选项中，属于基本人权范畴，但在我国《宪法》中未明文规定的是（　　）。
    A. 生命权
    B. 财产权
    C. 人身自由
    D. 言论自由

58. 下列选项中，哪一项未被我国《宪法》规定为公民的基本权利？（　　）
    A. 集会、结社自由
    B. 游行、示威自由
    C. 环境权
    D. 政治监督权

59. 我国《宪法》规定，城市的土地属于（　　）。
    A. 国家所有
    B. 城市居民共有
    C. 国家和城市居民共有
    D. 国家、集体和城市居民共有

60. 政治权利是公民参与（　　）的权利和自由的总称。
    A. 政治组织
    B. 国家政治活动
    C. 各种社会活动
    D. 行政法律关系

61. 下列选项中，属于我国《宪法》规定的政治权利和自由的是（　　）。
    A. 言论自由
    B. 罢工自由
    C. 通信自由
    D. 宗教信仰自由

62. 下列选项中，属于我国《宪法》规定的丧失选举权和被选举权的原因是（　　）。
    A. 年老、疾病
    B. 无固定居所
    C. 移居外国
    D. 被剥夺政治权利

63. 根据我国《宪法》的规定，国家机关和国家工作人员侵犯公民权利，受到损害的公民有依照法律规定取得（　　）的权利。
    A. 补偿

B. 补助

C. 民事赔偿

D. 国家赔偿

64. 依照我国《宪法》的规定，（　　）享有选举权和被选举权。

A. 全体人民

B. 全体公民

C. 18 周岁以上的公民

D. 18 周岁以上未被剥夺政治权利的公民

65. 下列属于我国《宪法》规定的公民的政治权利和自由的是（　　）。

A. 出版自由

B. 通信自由

C. 罢工自由

D. 迁徙自由

66. 依据我国《宪法》和相关法律规定，只有何种方式才能剥夺公民的政治权利？（　　）

A. 国家权力机关作出剥夺政治权利的专门决定

B. 人民法院依法处以剥夺政治权利的刑罚

C. 地方选举管理机关作出剥夺政治权利的决定

D. 县级以上人民政府作出剥夺政治权利的行政处罚

67. 依据我国《宪法》和相关法律规定，公民的政治权利被剥夺期间，（　　）。

A. 私有财产权利不受法律保护

B. 不再享有人身自由

C. 不再享有集会、结社自由

D. 不再享有艺术创作、科学研究的自由

68. 依据我国《宪法》和相关法律规定，公民的政治权利被剥夺期间，（　　）。

A. 丧失选举权和被选举权

B. 丧失被选举权，但可以有条件地行使选举权

C. 选举权和被选举权有条件地保留

D. 由居住地的选举主管机关决定是否丧失选举权和被选举权

69. 下列公民基本权利中，属于监督权利的是（　　）。

A. 选举权

B. 言论自由

C. 批评建议权

D. 出版自由

70. 我国公民对于（　　），有向有关国家机关提出申诉、控告或者检举的权利。

A. 任何国家机关和国家工作人员

B. 任何国家机关和国家工作人员的行为

C. 任何国家机关和国家工作人员的职务行为

D. 任何国家机关和国家工作人员的违法失职行为

71. 我国《宪法》中所称的公民结社，指的是（　　）。
A. 营利性结社和非营利性结社
B. 营利性结社
C. 非营利性结社
D. 非法人性结社

72. 狭义的人身自由是指公民的肉体和精神不受（　　）。
A. 限制
B. 搜查
C. 剥夺
D. 非法侵犯

73. 我国《宪法》规定，公民的人格尊严不受侵犯、住宅不受侵犯、通信自由和通信秘密受法律保护。以上权利属于我国公民基本权利中的（　　）。
A. 文化权利
B. 政治权利和自由
C. 人身自由
D. 社会经济权利

74. 最早将人格尊严写入宪法基本权利的我国宪法是（　　）。
A. 1954 年宪法
B. 1975 年宪法
C. 1978 年宪法
D. 1982 年宪法

75. 根据我国《宪法》的规定，狭义的人身自由主要指（　　）。
A. 公民的人身不受非法侵犯
B. 公民的自由不受非法侵犯
C. 公民的身体不受搜查
D. 公民的权利不受限制

76. 我国《宪法》规定，任何公民，非经（　　），并由公安机关执行，不受逮捕。
A. 县级以上人民政府批准或决定
B. 国家安全机关决定，或者人民法院批准或决定
C. 公安机关批准或者决定，或者人民法院决定
D. 人民检察院批准或者决定，或者人民法院决定

77. 任何公民，非经人民检察院批准或者决定或者人民法院决定，并由（　　）执行，不受逮捕。
A. 人民法院
B. 公安机关
C. 武装部队
D. 监狱机关

78. 中华人民共和国公民的人格尊严不受侵犯，禁止用任何方法对公民进行（　　）。

　　A. 批评、建议

　　B. 检举、控告

　　C. 申诉、控告、检举

　　D. 侮辱、诽谤和诬告陷害

79. 我国《宪法》规定，宗教团体和宗教事务不受（　　）的支配。

　　A. 国际宗教组织

　　B. 西方势力

　　C. 外国势力

　　D. 国外敌对势力

80. 下拉选项中，哪一个不属于我国公民享有的宗教自由的内容？（　　）

　　A. 信仰宗教

　　B. 不信仰宗教

　　C. 改变所信仰的宗教教派

　　D. 公开传教

81. "通信自由和通信秘密受法律保护"属于我国公民的（　　）。

　　A. 政治权利

　　B. 文化权利

　　C. 人身自由

　　D. 言论自由

82. 公民的通信权是公民（　　）的一项重要内容。

　　A. 财产权利

　　B. 社会经济权利

　　C. 信仰自由

　　D. 人身自由

83. 依据我国《宪法》的规定，非法拆阅邮件或窃听公民电话等通信内容的行为是侵犯公民何种基本权利的行为？（　　）

　　A. 通信秘密

　　B. 政治权利

　　C. 隐私权

　　D. 人格权

84. 某县人民法院在审理一起民事案件的过程中，要求县移动通信营业部提供某个人通信用户的电话详单。根据我国《宪法》的规定，下列说法正确的是（　　）。

　　A. 用户电话详单属于《宪法》保护的公民通信秘密的范围

　　B. 县人民法院有直接检查任何通信用户的电话详单的权力

　　C. 县人民法院有权要求县移动通信营业部提供任何通信用户的电话详单

　　D. 县移动通信营业部有协助县人民法院的义务，无保护通信用户的通信自由和通信秘密的义务

85. 下列表述中，不属于我国《宪法》规定的是（ ）。
A. 社会主义的公共财产神圣不可侵犯
B. 公民的私有财产神圣不可侵犯
C. 国家为了公共利益的需要，可以依法对公民的私有财产实行征收或征用并给予补偿
D. 爱护公共财产是公民的基本宪法义务

86. 我国《宪法》规定公民有劳动的（ ）。
A. 义务
B. 权利
C. 权利与义务
D. 法律责任

87. 劳动权的核心内容是（ ）。
A. 休息权
B. 退休权
C. 劳动就业权
D. 取得报酬权

88. 我国《宪法》规定，休息权是（ ）所享有的基本权利。
A. 劳动者
B. 人民群众
C. 有劳动能力的公民
D. 全体公民

89. 我国《宪法》规定，退休人员的生活受到（ ）的保障。
A. 国家劳动机关、社会保障机构
B. 中央政府、地方政府、群众组织
C. 所在单位、居民委员会
D. 国家、社会

90. 我国《宪法》规定，公民从事义务劳动是（ ）。
A. 一项基本义务
B. 一项光荣职责
C. 得到国家提倡的行为
D. 受到国家强制的行为

91. 我国《宪法》规定，国家对（ ）进行必要的劳动就业训练。
A. 全体公民
B. 就业前的公民
C. 成年公民
D. 全体劳动者

92. 下列公民基本权利中，属于社会经济权利的是（ ）。
A. 劳动权
B. 受教育权

C. 选举权和被选举权

D. 对国家机关及其工作人员提出批评、建议的权利

93. 下列选项中，（　　）不属于我国公民的基本文化权利。

A. 科学研究自由

B. 文艺创作自由

C. 文化活动自由

D. 出版作品自由

94. 我国《宪法》规定，实行计划生育是（　　）。

A. 夫妻双方的基本义务

B. 公民的合法利益

C. 公民的正当权利

D. 国家与社会的责任

95. 我国《宪法》规定，父母有（　　）的义务。

A. 监督管理未成年子女

B. 抚养教育未成年子女

C. 监护代理未成年子女

D. 扶持帮助成年子女

96. 我国《宪法》禁止任何人破坏婚姻自由，禁止虐待（　　）。

A. 体弱者、残疾人

B. 妇女、未成年人

C. 患病者、丧失劳动能力的人

D. 老人、妇女和儿童

97. 在我国《宪法》中，所谓"特定人的权利"中的"特定人"不包括下列哪一种？（　　）

A. 在中国定居的外国人、无国籍人

B. 华侨、归侨、侨眷

C. 妇女、老人、母亲、儿童

D. 烈士家属、军属

98. 下列不属于我国公民基本义务的是（　　）。

A. 国家创办各种教育机构和文化设施，为公民提供受教育的途径

B. 维护国家统一与民族团结

C. 遵守宪法和法律

D. 维护国家安全、荣誉和利益

99. 尊重社会公德是我国公民的基本义务，这里所称的"社会公德"，是指（　　）。

A. 一般社会道德规范

B. 能促进社会发展的道德规范

C. 为社会全体成员共同认可的进步思想

D. 一定社会里占统治地位的道德

100. 我国《宪法》规定："保卫祖国、抵抗侵略是中华人民共和国每一个公民的（   ）。"

A. 神圣职责

B. 神圣权利

C. 法律责任

D. 光荣义务

101. 我国《宪法》规定："依照法律服兵役和参加民兵组织是中华人民共和国公民的光荣义务。"由此可见，服兵役和参加民兵组织（   ）。

A. 是我国公民必须履行的法定义务，每个公民都必须服兵役和参加民兵组织

B. 是我国公民对国家的基本法律义务，达到征兵条件的公民不得拒绝或逃避征兵

C. 是我国公民崇高的道德义务，并非一种法律义务

D. 是我国公民对国家承担的法律责任，每一个公民都应当依法承担

102. 根据我国《宪法》关于公民权利和自由的规定，下列哪一项是正确的？（   ）

A. 劳动、受教育和依法服兵役既是公民的基本权利，又是公民的基本义务

B. 休息权的主体是全体公民

C. 公民在年老、疾病或失业的情况下，有从国家和社会获得物质帮助的权利

D. 公民享有科学研究、文艺创作和其他文化活动的自由

103. 我国《宪法》规定，国家保护华侨的（   ）。

A. 合法的权利和利益

B. 正当的权利和利益

C. 基本权利和合法利益

D. 财产权利和人身自由

104. 下面关于我国《宪法》规定的公民在法律面前一律平等原则的理解，正确的是（   ）。

A. 凡具有中华人民共和国国籍的人适用法律一律平等

B. 18周岁以上的中国公民才享有平等的法律权利，平等承担法律义务

C. 居住在中华人民共和国境内的所有人适用法律一律平等

D. 公民的平等权仅在法院适用法律时存在，实际上是法院面前人人平等

105. 关于权利和义务的区别，下列说法中正确的是（   ）。

A. 权利可以放弃，义务必须履行

B. 权利必须行使，义务可以放弃

C. 权利与生俱来，义务来自法律规定

D. 权利人人相同，义务因人而异

106. 要让写在法律上的权利义务成为现实中的权利义务，需要通过（   ）实现。

A. 积极行使权利

B. 依法履行义务

C. 依法充分行使权利和履行义务

D. 依法承担法律责任

107. 依法行使权利，是体现权利正当性和保障权利实现的（　　）。

A. 结果

B. 前提

C. 方法

D. 条件

108. 代理，属于（　　）。

A. 权利的救济方式

B. 权利的产生途径

C. 权利的直接行使方式

D. 权利的间接行使方式

109. 依据我国《选举法》的规定，选民名单应在选举日的（　　）以前公布，实行凭选民证参加投票选举的，应当发给选民证。

A. 三十日

B. 二十日

C. 十日

D. 五日

110. 依据我国现行《选举法》的规定，由选民直接选举人民代表大会代表的，代表候选人的人数（　　）。

A. 可以等于应选代表名额

B. 应当多于应选代表名额二名以上

C. 应当多于应选代表名额五分之一至二分之一

D. 应当多于应选代表名额三分之一至一倍

111. 我国现行《选举法》规定，选民如果在选举期间外出，经选举委员会同意，可以书面委托其他选民代为投票。每一位选民接受的委托不得超过（　　），并应当按照委托人的意愿代为投票。

A. 二人

B. 三人

C. 四人

D. 五人

112. "有权利则有救济，无救济则无权利。"对于这句话，下列理解正确的是（　　）。

A. 只有公民在权利受到侵害时能够得到充分有效的救济，才能真正享有权利

B. 公民的权利受到侵害时，国家必须积极主动地给予其充分的救济

C. 公民行使权利的必要环节就是获得充分有效的救济

D. 公民行使权利，为获得期待的利益，必须依赖义务人给予其相应的救济

113. 下列选项中哪一个属于对权利的行政救济方式？（　　）

A. 刑事诉讼

B. 商事仲裁

C. 行政复议

D. 政治请愿

114. 下列选项中哪一个属于对权利的司法救济方式？（　　）

A. 申请国家赔偿

B. 申请行政复议

C. 申请劳动仲裁

D. 申请召开听证会

115. 下列选项中哪一个属于对权利的自力救济方式？（　　）

A. 提起诉讼

B. 提出信访事项

C. 正当防卫

D. 游行示威

116. "和为贵"是中华民族的传统美德，采用调解的方法解决纠纷，有利于社会和谐。调解可以在诉讼程序外进行，也可以在诉讼程序内进行，诉讼中的调解是指（　　）。

A. 人民调解

B. 行政调解

C. 司法调解

D. 仲裁调解

117. 下列关于民事诉讼和仲裁的表述中，哪一个是正确的？（　　）

A. 二者的受案范围完全一致

B. 二者的审理程序完全相同

C. 作出裁判或决定的机关或机构都是国家机关

D. 生效的裁判或决定都具有法律效力

118. 下列关于民事诉讼和民事调解的表述中，哪一个是正确的？（　　）

A. 民事诉讼由人民法院行使审判权，民事调解不能由法院主持

B. 民事诉讼的当事人具有平等的法律地位，民事调解的当事人不具有平等的法律地位

C. 民事诉讼属于权利的公力救济方式，民事调解属于权利的自力救济方式

D. 民事诉讼的裁判决定具有法律强制力，民事调解的决定不具有法律强制力

119. 根据我国现行《兵役法》的规定，下列何种人可以缓征兵役？（　　）

A. 有严重生理缺陷或者严重残疾不适合服兵役的人

B. 依照法律被剥夺政治权利的人

C. 应征公民是维持家庭生活唯一劳动力的

D. 在征集期间，应征公民既被征集服现役，同时又被国家机关招收录用的

120. 根据我国现行《兵役法》的规定，义务兵服现役的期限为（　　）。

A. 四年

B. 三年

C. 二年

D. 一年

二、多选题

1. 关于法律权利与法律义务的关系，下列说法中正确的是（   ）。
   A. 两者是对立统一的
   B. 两者在总量上是等值的
   C. 两者在功能上具有互补性
   D. 两者对一个社会来说都是不可缺少的

2. 关于法律权利和法律义务，下列说法正确的是（   ）。
   A. 法律权利和法律义务是相互依存的关系
   B. 法律权利与法律义务是目的与手段的关系
   C. 法律权利和法律义务平等，是现代法治的基本原则之一
   D. 在现代法治国家中，不存在纯粹的权利主体或纯粹的义务主体

3. 法律格言说："不知自己之权利，即不知法律。"关于这句法律格言含义的阐释，下列哪些选项是错误的？（   ）
   A. 不知道法律的人不享有权利
   B. 任何人只要知道自己的权利，就等于知道全部法律
   C. 权利人所拥有的权利，既是事实问题，也是法律问题
   D. 权利构成法律上所规定的一切内容，在此意义上，权利即法律，法律亦权利

4. 从权利和义务的产生和发展看，下列观点符合马克思主义权利观的是（   ）。
   A. 在原始社会，权利和义务浑然一体，没有分离
   B. 在阶级对立的社会，权利和义务发生了分离
   C. 在阶级对立的社会，权利和义务在总量上是不对等的
   D. 在社会主义社会，权利和义务既对立又统一

5. 法律权利与法律义务的平等，表现为（   ）。
   A. 法律面前人人平等被确立为法律的基本原则
   B. 在法律权利和法律义务的具体设定上实现平等
   C. 法律权利与法律义务的实现要体现法律的平等保护
   D. 法律权利和法律义务都必须具有二重性的关系，即同一个行为必须同时是权利行为和义务行为

6. 下列权利中，属于集体人权的是（   ）。
   A. 社会发展权
   B. 民族自决权
   C. 和平权
   D. 环境权

7. 关于人权与法律权利，下列说法正确的是（   ）。
   A. 人权是法律权利的内容和来源
   B. 法律权利是对人权的确认和保障

C. 法律权利只有符合人权保障的精神和要求，才具有正当性和合理性

D. 人权只有上升为法律权利，才能得到有效的尊重和保障

8. 下列有关人权的表述，哪些是不正确的？（　　）

A. 马克思主义法学最早提出了人权的理论

B. 人权仅为一种法定权利

C. 第二代人权的内容首要的是发展权、环境权等

D. 人权只是国际法上规定并保护的权利

9. 我国现行法律规定的法律责任包括（　　）。

A. 民事责任

B. 行政责任

C. 刑事责任

D. 社会责任

10. 法律义务的特点是（　　）。

A. 法律义务是历史的

B. 法律义务源于现实需要

C. 法律义务必须依法设定

D. 法律义务可能发生变化

11. 我国《立法法》规定，（　　）必须由国家立法机关制定。

A. 限制人身自由的强制措施和处罚的法律规范

B. 剥夺公民政治权利的法律规范

C. 调整财产流转关系的民事法律规范

D. 诉讼制度

12. 从法律条文的规定看，法律权利可以表现为哪些形式？（　　）

A. "获得"

B. "占有"

C. "必须"

D. "给予"

13. 从法律条文的规定看，法律义务可以表现为哪些形式？（　　）

A. "享有"

B. "承担"

C. "获得"

D. "付出"

14. 法律权利的特征包括（　　）。

A. 法律权利的内容、种类和实现程度受社会物质生活条件的制约

B. 法律权利的内容、分配和实现方式因社会制度和国家法律的不同而存在差异

C. 法律权利不仅由法律规定或认可，而且受法律维护或保障，具有不可侵犯性

D. 法律权利必须依法行使，不能不择手段地行使法律权利

15. 根据权利是否独立存在，可以将法律权利分为（　　）。

A. 原权利

B. 救济权

C. 行动权

D. 接受权

16. 根据权利效力范围的不同,可以将法律权利分为（　　）。

A. 专属权

B. 可转移权

C. 对世权

D. 对人权

17. 根据权利是否可以转移,可以将法律权利分为（　　）。

A. 专属权

B. 可转移权

C. 公权

D. 私权

18. 下列法律义务中,属于公法上义务的是（　　）。

A. 公民依法服兵役

B. 保守国家机密

C. 债务人清偿债务

D. 债权人免除债务

19. 下列法律义务中,属于专属的、不可转移的义务是（　　）。

A. 父母对子女的抚养义务

B. 成年子女对父母的赡养义务

C. 买卖合同的买受人支付货款的义务

D. 演出合同的特约演出人按约表演的义务

20. 下列法律规范中,规定普通权利与义务的是（　　）。

A. 宪法

B. 民法

C. 刑法

D. 诉讼法

21. 我国《宪法》规定的权利与义务具有广泛性、公平性、真实性的特点,表现在（　　）。

A. 权利与义务的主体为全体公民

B. 权利范围涵盖社会、政治、经济、文化生活的各个方面

C. 权利与义务为全体公民平等地享有或履行

D. 国家从制度上、法律上、物质上保障公民权利与义务的实现

22. 我国《宪法》规定的权利与义务包括（　　）。

A. 政治权利与义务

B. 人身权利与义务

C. 财产权利与义务、经济权利与义务
D. 宗教信仰、文化生活方面的权利与义务

23. 关于公民基本权利，下列说法正确的是（　　）。
A. 维护国家统一与民族团结是我国公民的一项基本权利
B. 我国公民的基本权利具有广泛性、真实性、平等性的特征
C. 公民的基本权利是由宪法及宪法性法律规定的法律权利
D. 公民的基本权利由全体公民平等享有

24. 下列选项中属于公民政治权利的是（　　）。
A. 选举权
B. 表达权
C. 监督权
D. 劳动权

25. 根据我国《宪法》规定，下列选项中属于公民享有的政治权利和自由的是（　　）。
A. 民族自决权
B. 选举权与被选举权
C. 言论自由
D. 宗教信仰自由

26. 我国《宪法》规定的公民的政治自由有（　　）。
A. 宗教信仰自由
B. 集会、结社自由
C. 游行、示威自由
D. 言论、出版自由

27. 在我国，享有选举权的基本条件是（　　）。
A. 具有中国国籍，是中华人民共和国公民
B. 年满18周岁
C. 未被剥夺政治权利
D. 未被限制人身自由

28. 下列人员享有选举权的是（　　）。
A. 李一，70周岁，信仰基督教
B. 钱二，38周岁，6年前因故意犯罪被判有期徒刑5年，并被剥夺政治权利3年
C. 张三，45周岁，韩国公民，已经在中国居住满10年，并在中国与中国公民缔结了婚姻关系
D. 陈四，33周岁，出国留学并留校任教，现已在美国居住5年

29. 下列人员享有选举权的是（　　）。
A. 王五，30周岁，患有精神疾病
B. 赵六，45周岁，10年前因故意犯罪被判无期徒刑
C. 刘七，17周岁，已经独立工作和生活

D. 周八，22 周岁，因严重扰乱公共治安被行政拘留 10 天

30. 根据我国《宪法》的规定，我国公民的监督权主要包括（　　）。

A. 批评、建议权

B. 申诉权

C. 检举、控告权

D. 辩护权

31. 根据我国《宪法》的规定，下列属于我国公民政治表达自由的是（　　）。

A. 言论自由

B. 出版自由

C. 结社自由

D. 学术自由

32. 下列选项中，属于在我国行使言论自由权利界限的是（　　）。

A. 不得泄露国家秘密

B. 不得编造、故意传播虚假恐怖信息

C. 不得以造谣、诽谤的方式煽动颠覆国家政权

D. 不得用虚假言论故意侮辱、诽谤、诋毁其他公民的人格尊严

33. 下列选项中，属于我国公民行使民主管理权利方式的是（　　）。

A. 选举和监督人大代表

B. 监督国家行政机关、审判机关、检察机关的活动

C. 参与居民委员会或村民委员会（基层群众性自治组织）的管理活动

D. 参与各类团体组织的内部管理活动

34. 我国宪法法律规定的公民的人身权利（广义）的内容包括（　　）。

A. 人身自由不受非法侵犯

B. 人格尊严不受非法侵犯

C. 住宅不受非法侵犯

D. 通信自由和通信秘密受法律保护

35. 我国《宪法》和相关法律规定的公民的人格尊严的内容包括（　　）。

A. 姓名权

B. 肖像权

C. 名誉权、荣誉权

D. 隐私权

36. 我国宪法法律规定的公民的人身自由的含义包括（　　）。

A. 公民的人身自由不受任何限制和剥夺

B. 公民的人身自由不受非法限制和剥夺

C. 公民拥有行动自由

D. 公民的身体不受拘束

37. "风能进，雨能进，国王不能进。"在我国，公民的住宅安全受到《宪法》和相关法律的保护，下列选项中，属于住宅的是（　　）。

A. 学校的教室、报告厅

B. 学生长期和固定居住的宿舍

C. 外来游客在本地短期租住的度假屋

D. 企业用于生产经营的厂房

38. 我国《宪法》规定公民的住宅安全不受侵犯。下列选项中哪些属于侵犯公民住宅安全的行为？（　　）

A. 非法侵入公民住宅

B. 非法搜查公民住宅

C. 非法买卖公民住宅

D. 非法出租公民住宅

39. 我国《宪法》规定："公民的合法私有财产不受侵犯。"对公民的私有财产的法律保护包括（　　）。

A. 公民自由占有、使用、收益、处分其财产，排除他人干涉

B. 国家征收、征用公民财产须为公共利益，且依法给予合理补偿

C. 国家机关及其工作人员违法侵犯公民财产权的，应当依法赔偿

D. 公民不得侵犯他人的财产权，否则应负相应的法律责任

40. 依据我国法律规定，公民死亡后，其遗产的第一顺序继承人为（　　）。

A. 配偶

B. 父母

C. 兄弟姐妹

D. 子女

41. 我国《宪法》规定，公民在（　　）的情况下，有从国家和社会获得物质帮助的权利。

A. 年老

B. 疾病

C. 贫困

D. 丧失劳动能力

42. 我国的社会保险包括（　　）。

A. 基本养老保险

B. 基本医疗保险

C. 工伤保险与失业保险

D. 生育保险

43. 社会保障权的基本特征包括（　　）。

A. 社会保障权具有特殊性，特指国家、社会对特殊人群给予法律特权

B. 社会保障权具有物质基础性，是公民行使其他权利的重要条件

C. 社会保障权既是公民的基本权利，也是公民的基本义务

D. 社会保障权既是一种社会权利，也是一种经济权利

44. 我国公民的基本社会经济权利包括（　　）。

A. 劳动权

B. 劳动者的休息权

C. 就业前的公民获得必要的劳动就业训练的权利

D. 丧失劳动能力的人获得物质帮助的权利

45. 根据我国《宪法》规定,"剥夺政治权利"意味着公民在被剥夺政治权利期间（　　）。

A. 不得享有集会、结社、游行、示威的自由

B. 不得享有选举权和被选举权

C. 不得担任国家公职

D. 不得享有参加宗教团体、参与宗教活动的自由

46. 我国《宪法》规定"中华人民共和国公民有宗教信仰自由",其含义是（　　）。

A. 公民有信教或不信教的自由

B. 公民有信仰这种宗教或那种宗教的自由

C. 公民有信仰某一宗教中这种教派或那种教派的自由

D. 公民有过去信教而现在不信教的自由,或过去不信教而现在信教的自由

47. 我国《宪法》明文规定,我国（　　）不受外国势力的支配。

A. 宗教仪式

B. 宗教团体

C. 宗教事务

D. 宗教教义

48. 依据我国《集会游行示威法》的规定,（　　）周边距离十米至三百米内,不得举行集会、游行、示威,经国务院或省、自治区、直辖市的人民政府批准的除外。

A. 全国人大常委会、国务院、中央军委、最高人民法院、最高人民检察院的所在地

B. 重要军事设施

C. 航空港、火车站和港口

D. 外国驻华使领馆

49. 根据我国《宪法》的规定,下列哪些说法不正确？（　　）

A. 为了收集"第三者插足"的证据,公民可以委托私人调查机构以各种形式对"第三者"进行跟踪

B. 为了收集犯罪证据,公民可以委托法官对犯罪嫌疑人的通信进行监听

C. 商场保安人员有权根据商场的规定,对"盗窃嫌疑人"当场进行搜身检查

D. 商场保安人员有权对拒绝搜身检查的顾客采取限制人身自由的措施

50. 刘某系某乡女村民,已生育三个女儿,现又怀上第四胎。乡、村两级干部决心把她作典型处理。于是,在某日一大早便破门而入,将还在睡梦中未及穿戴整齐的刘某强行带到村委会教育了一整天,并决定取消其读小学三年级的女儿"三好学生"的称号。根据我国《宪法》和相关法律,乡、村干部的行为侵犯了刘某作为公民的哪些宪法权利？（　　）

A. 人身自由

B. 住宅不受侵犯

C. 受教育的权利

D. 人格尊严

51. 依据我国《宪法》的规定，下列哪些既是公民的基本权利，也是公民的基本义务？（　　）

   A. 选举

   B. 劳动

   C. 纳税

   D. 受教育

52. 对于下列哪些科学文化活动，国家不能加以保护，而应通过法律加以限制？（　　）

   A. 不利于人类安全的科学创造

   B. 研究成本过高的科学创造

   C. 严重损害公共利益的文化活动

   D. 包含宗教思想的文艺创作

53. 下列选项中，哪些属于公民可以积极主动地向国家提出请求的权利？（　　）

   A. 选举权

   B. 受教育权

   C. 宗教信仰自由

   D. 缔约自由

54. 下列公民基本权利中，哪些不属于公民可以积极主动地向国家提出请求的权利？（　　）

   A. 受教育权

   B. 财产权

   C. 继承权

   D. 劳动权

55. 公民在行使法律权利时，应当符合哪些要求？（　　）

   A. 在形式上符合相关法律的规定

   B. 符合立法意图和精神

   C. 不得违反宪法法律确定的基本原则

   D. 不得损害国家的、社会的、集体的利益和侵犯其他公民的自由和权利

56. 在公共生活中，个人的权利与他人的权利发生冲突在所难免，比如在学生宿舍里有人要看书、有人要休息、有人要听音乐……对解决权利冲突要有正确的认识，虽然每个人都有行使个人权利的自由，但也要尊重他人的权利。这是因为（　　）。

   A. 不尊重他人的权利，就有可能丧失自己的权利

   B. 尊重他人的权利既是一项法律义务，也是一项道德义务

   C. 权利实现的内在动力是人们彼此之间对各自权利的相互尊重

   D. 尊重他人的权利是公民权利意识的重要内容

57. 我国公民行使选举权和被选举权，不受下列哪些因素的限制？（　　）

   A. 民族、种族、性别

B. 职业、教育程度

C. 家庭出身、财产状况、宗教信仰

D. 居住期限、国籍

58. 依据我国《选举法》的规定,选举人对于代表候选人可以作哪些选择?(   )

A. 可以投赞成票

B. 可以投反对票

C. 可以另选其他任何选民

D. 可以弃权

59. 下列行为中,哪些属于破坏选举的违法行为?(   )

A. 以金钱或者其他财物贿赂选民,妨害选民自由行使选举权

B. 以暴力、威胁手段妨害选民和代表自由行使选举权和被选举权

C. 虚报选举票数

D. 对于控告、检举选举中违法行为的人进行压制、报复

60. 下列选项中,哪些属于我国《宪法》明文规定的每一个公民都应履行的基本义务?(   )

A. 保守国家秘密

B. 维护国家统一

C. 保护生态环境

D. 尊重社会公德

三、判断题

1. 在法律中,权利是主要内容,义务是起辅助作用的从属性内容。   (   )
2. 权利与义务一经法律规定或认可,即成为法律权利和法律义务。   (   )
3. 为实现自己的利益,权利人可以采取一切手段去行使其权利。   (   )
4. 由国家强制力保障其实现,是法律权利区别于其他权利的根本所在。   (   )
5. 在不同种类的法律关系中,权利与义务有不同的表现形式和不同的组合方式。
                                                                          (   )
6. 在民事债权债务法律关系中,权利与义务均具有绝对性的特征。   (   )
7. 在我国法律规定中,权利与利益的内涵与外延及其配置与实现方式都是一样的。
                                                                          (   )
8. 在我国法律规定中,权利和权力是可以通用、互换的法律概念。   (   )
9. 在我国法律规定中,法律权利所对应的概念是法律责任。   (   )
10. 人权是人生来固有的,不依赖于社会物质生活条件。   (   )
11. 人权的具体内容完全由国内法规定的法律权利所决定。   (   )
12. 人权包括三个层面的意思:第一个层次是应有权利,第二个层次是法律权利,第三个层次是实有权利。
                                                                          (   )
13. 作为应有权利的人权,其内涵事实上要受人类各个时代的社会条件、自然条件所制

约。（　）

14. 作为法律权利和实有权利的人权，它是直接同人类各个时代的经济、政治、文化、历史等各种条件相适应的。（　）

15. 人权发展到今天，基本人权的内容至少应当包括生存权、发展权、人身权、政治权、经济权、文化教育权、社会权。（　）

16. 第二代人权的内容中，首要的是生存权。（　）

17. 在绝对权法律关系中，法律权利具有排他性、对世性，可以对抗所有其他人，其他人均承担不作为的义务。（　）

18. 在相对权法律关系中，法律权利是对特定义务人的权利，权利人只能向特定的义务人主张权利。（　）

19. 我们将人格权称为绝对权利，意味着人格权是一种只有权利内容，而没有义务内容的权利。（　）

20. 我们将财产所有权称为对世权利，意味着财产所有权所对应的义务主体是法律上的"物"。（　）

21. 在现代法治国家，一个人可以只享有法律权利而不承担任何法律义务。（　）

22. 作为法律规范中最重要的内容，权利与义务具有高度一致、不可分割的关系。（　）

23. 为实现全面法治，所有的权利都应当上升为法律权利，法律权利的范围应当与人的应有权利范围相一致。（　）

24. 权利的行使有一定的界限，任何人都不能滥用权利。（　）

25. 权利与义务具有一致性，故任何权利无法实现的原因只能是其所对应的义务主体没有依法履行义务。（　）

26. 权利与义务具有一致性，在任何一种法律关系中，权利人享受权利依赖于义务人承担义务，义务人如果不承担义务，则权利人不可能实在地享受权利。（　）

27. 在国家规定的法律权利与法律义务相一致的情况下，在实行法律权利与法律义务人人平等的制度中，一个人无论是行使权利还是履行义务，都是对自己有利的。（　）

28. 在我国，"公民"和"人民"的法律地位不同，《宪法》规定国家的一切权力属于公民，公民是国家的主人，有权管理国家事务和社会事务，而人民中的部分人有可能政治权利受到限制，或不能履行属于公民的光荣义务。（　）

29. 公民的基本权利体现了公民与国家之间的基本关系，体现了公民在国家和社会生活中的法律地位。（　）

30. 公民的基本权利与基本义务构成普通法律规定公民权利和义务的基础与原则。（　）

31. 我国《宪法》规定，凡具有中华人民共和国国籍的人都是中华人民共和国公民。（　）

32. 根据我国《国籍法》关于出生国籍的规定，其父母双方均为外国公民且定居在中国，本人出生在中国的，不具有中国国籍。（　）

33. 根据我国《国籍法》的规定，满足法定条件的外国公民可以经申请批准加入中国国籍，我国承认其保有双重国籍。   (   )

34. 我国的选举理论认为，选举权与被选举权是统一的，公民有选举权，就有被选举权，二者的权利功能是完全相同的。   (   )

35. 我国《宪法》规定，凡中华人民共和国公民，都可以依法行使选举权和被选举权。   (   )

36. 我国《宪法》规定，中华人民共和国年满18周岁的公民都有选举权和被选举权。   (   )

37. 王某年满18周岁，因受重大精神刺激，患上精神分裂症，正在医院接受治疗。依据我国法律规定，王某当然不享有选举权。   (   )

38. 我国《宪法》规定，公民对于任何国家机关和国家工作人员的违法失职行为，只享有提出批评和建议的权利。   (   )

39. 公民的控告权和检举权不仅是公民对国家机关及其工作人员的监督权利，也是公民保护自身其他权利不受侵犯的手段。   (   )

40. 公民行使集会、游行、示威自由的权利前，集会、游行、示威活动的负责人必须向主管机关（活动举行地的市、县公安局或城市公安分局；游行、示威路线经过两个以上区、县的，主管机关为所经过区、县的公安机关的共同上一级公安机关）进行申请，获得批准后才能进行。   (   )

41. 文娱体育活动、正常的宗教活动、传统的民间习俗活动需要进行集会的，须依照我国《集会游行示威法》的规定举行。   (   )

42. 我国《宪法》保障公民的通信自由和通信秘密，但这种权利不是绝对的，公安机关、检察机关出于国家安全或者追查刑事犯罪的需要，严格依照法律规定的程序对通信进行检查并不违宪。   (   )

43. 我国《宪法》保障公民的住宅安全，这意味着国家要保障每个公民获得住宅的权利，即保障全面实现"居者有其屋"。   (   )

44. 我国《宪法》规定，中华人民共和国公民在年老、疾病或丧失劳动能力的情况下，有从国家和社会获得物质帮助的权利。   (   )

45. 我国《宪法》既规定了法律面前一律平等的一般原则，也规定给予妇女、儿童、老年人、残疾人的特别保护性措施，体现了法律保护的形式平等和实质平等的高度统一。   (   )

46. 根据我国《宪法》规定，劳动是我国一切公民的光荣职责，全体公民均需履行劳动义务。   (   )

47. 劳动既是我国公民的一项基本权利，也是基本义务。   (   )

48. 依法纳税不是我国公民的基本义务，因为收入高的人才需纳税。   (   )

49. 纳税义务直接涉及公民个人财产权，通过宪法规定纳税义务具有防止国家权力肆意扩张侵犯公民财产权的属性与目的。   (   )

50. 履行纳税义务是公民享有宪法基本权利的前提条件。   (   )

51. 要坚持税收法定原则，税收基本制度应当实行法律保留，即只有人大立法才能制定税收基本制度。   (   )

52. 华侨、归侨、侨眷不是我国公民，故我国法律不保护其权利和利益。（ ）

53. 我国公民享有受教育的权利。这意味着，在现阶段，国家必须为全体公民提供免费基础教育，并为非基础教育的受教育者提供一定的补贴。（ ）

54. 守法，就是指全面履行法定义务。（ ）

55. 在我国，有违公序良俗的行为只是不道德的行为，但并不违反任何法律规定。（ ）

56. 为救济自己的权利，权利人可以采用一切法律上的或法律外的手段。（ ）

57. 中华人民共和国公民有维护祖国的安全、荣誉和利益的义务，不得有危害祖国的安全、荣誉和利益的行为。（ ）

58. 我国《宪法》规定，保护名胜古迹、珍贵文物和其他重要历史文化遗产是每一个公民的基本义务。（ ）

59. 为保障公民的选举权，我国法律规定：人民代表大会代表的选举，一律采用无记名投票的方法；选举时应当设有秘密写票处。（ ）

60. 为保障公民的选举权，我国法律规定：全国和地方各级人民代表大会的代表受选民和原选举单位的监督，选民或者选举单位都有权罢免自己选出的代表。（ ）

四、辨析题

1. 在社会生活中，并非每个人都能享有各种法律权利，也并非每个人都需要承担各种法律义务。

2. 有权利则有救济，无救济则无权利。

五、简答题

1. 简述法律意义上的权利的含义与特征。
2. 简述法律意义上的义务的含义与特征。
3. 我国《宪法》规定的公民的基本权利和自由有哪些种类？
4. 我国《宪法》规定的公民政治权利有哪些？
5. 简述言论自由的意义和界限。
6. 简述我国《宪法》规定的人身自由的内容。
7. 简述我国《宪法》关于弱势群体宪法保护的具体内容。
8. 简述我国《宪法》规定的公民基本义务的实现方式与具体内容。

六、论述题

1. 如何理解法律权利和人权的关系？
2. 如何认识法律权利和法律义务的关系？
3. 如何从权利和义务的角度理解"法律面前人人平等"？

4. 我国公民的基本权利和基本义务之间的关系是什么?
5. 我国《宪法》规定的公民权利有哪些特点?
6. 公民基本权利是否存在界限?这些界限表现在哪些方面?
7. 试从我国宪法来看国家权力与公民权利的区别。
8. 当权利受侵犯时如何依法维权?
9. 举例说明依照法律程序维护合法权益的意义。
10. 在依法行使自己的权利时,为什么要尊重他人的权利?

七、材料分析题

1. 结合材料回答问题。

【材料】

热点案件:周香华诉中国建设银行平顶山市分行强制女性职工 55 岁退休案。

(1) 案情介绍:

原告周香华,女,生于 1949 年 10 月,原担任中国建设银行平顶山市分行(本案以下简称建行平顶山分行)出纳部副经理。2005 年 1 月,建行平顶山分行以周香华已达到法定退休年龄为由,通知其办理退休手续。周香华认为,自己足以胜任目前的工作,应和男职工同龄退休,工作单位要求自己 55 周岁退休的决定与我国宪法和法律的有关规定相抵触,应当予以撤销。因此,周香华女士向当地的劳动仲裁机构——平顶山市劳动争议仲裁委员会提起劳动仲裁。

2005 年 10 月 11 日,平顶山市劳动争议仲裁委员会开庭仲裁,申诉人代理人提出,宪法具有最高的法律效力,一切法律、行政法规、地方性法规、自治条例和单行条例、规章都不得同宪法相抵触,目前国务院的暂行办法关于男女退休年龄不同的规定属于下位法违反上位法,有关机关应依照权限予以改变或者撤销。而建行平顶山分行针对周香华的退休决定,因违反宪法男女平等的原则而不具备法律效力,依法应予以撤销。但仲裁员认为,受理仲裁范围仅在申诉人的退休问题是否符合现行法律、法规,申诉人所提关于宪法的请求不属于仲裁委员会管辖范围。因此,平顶山市劳动争议仲裁委员会对此案裁决如下:因申诉人未提供支持其观点的有效证据和法律依据,故仲裁庭对申诉人的申诉请求不予支持。

周香华不服该裁决,于 2005 年 10 月 28 日向平顶山市湛河区人民法院递交了民事起诉状,要求撤销平顶山市劳动争议仲裁委员会"平劳仲裁字"(2005)第 86 号仲裁裁决书,撤销被告作出的针对原告的退休决定,诉讼费用由被告承担。湛河区人民法院于 2005 年 12 月 9 日开庭审理了此案,并于 2006 年 1 月 14 日作出一审判决。

(2) 判决结果:

法院审理认为,原告周香华对其已满 55 周岁,且参加工作年限满 10 年并无争议,依照国务院《关于安置老弱病残干部的暂行办法》的规定,其符合办理退休手续的条件,被告建行平顶山分行以此为据为其申报退休的决定符合现行国家政策和法规,并无不当。周香华认为被告为其办理退休手续的决定违背了宪法关于男女平等的原则,要求予以撤销的请求无法律依据,法院不予支持。

另外，周香华在本案判决后曾上书全国人大常委会，要求对规定我国男女退休年龄的《关于安置老弱病残干部的暂行办法》第四条第一款进行违宪审查，建议改行弹性退休制度。

请回答：

（1）本案法院作出判决所依据的法律文件是否构成违宪？法院裁判是否合法？

（2）根据宪法基本原则以及公民基本权利的规定，分析男女退休年龄不同的制度是否合理？

2. 结合材料回答问题。

【材料】

热点案件：齐玉苓诉陈晓琪等以侵犯姓名权的手段侵犯《宪法》保护的公民受教育的基本权利纠纷案。

（1）事实概要：

1999年1月29日，原告齐玉苓以侵犯姓名权和受教育权为由，在山东省枣庄市中级人民法院对陈晓琪、陈晓琪之父陈克政以及山东省济宁市商业学校（以下简称"济宁商校"）、山东省滕州市第八中学、山东省滕州市教育委员会（以下简称"教委"）提起诉讼。

起诉理由如下：1990年原告齐玉苓参加中考，被济宁市商业学校录取为90级财会班的委培生，但是原告就读的滕州市第八中学在收到录取通知书后，直接将它送给了和原告同级的陈晓琪。陈晓琪遂冒用原告姓名在该校财会班就读直至毕业，后被分配到银行工作。直至1999年年初，原告才得知自己已经被冒名10年。原告认为，上列被告侵犯了其姓名权和受教育权，请求其赔偿经济损失16万元和精神损失40万元。

除原告主张的上述事实外，法庭还查明，1990年被告陈晓琪拿到录取通知书后，未按规定持准考证入学登记注册。1991年，陈父在教委和滕州市第八中学取得体检表（盖有教委钢印）和学期评语表（相片加盖了学校印章），于1993年利用毕业后自带档案的机会将档案中的上述两表抽换，从而顺利进入银行工作。

一审法院在审理案件后认定：原告姓名权被侵犯，陈晓琪和陈父应负主要责任，其他被告也应承担责任。原告主张的受教育权属一般人格权范畴，本案证据表明原告放弃了此项权利，故侵权不能成立。法院判决被告陈晓琪停止对原告姓名权的侵害，向原告赔礼道歉并按各自份额赔偿原告35000元精神损害费。

原告齐玉苓不服一审判决，向山东省高级人民法院提起上诉，理由是其受教育权也被侵害，应当得到赔偿。

（2）判决内容：

山东省高级人民法院在受理上诉后，认为本案存在"适用法律方面之疑难问题"，因此依照《人民法院组织法》第三十三条的规定向最高人民法院请示。最高人民法院于2001年6月28日作出名为"关于以侵犯姓名权的手段侵犯宪法保护的公民受教育的基本权利是否应承担民事责任"的法释〔2001〕25号批复。全文如下：

山东省高级人民法院：你院〔1999〕鲁民终字第258号《关于齐玉苓与陈晓琪、陈克政、山东省济宁市商业学校、山东省滕州市第八中学、山东省滕州市教育委员会姓名权纠纷一案的请示》收悉。经研究，我们认为，根据本案事实，陈晓琪等以侵犯姓名权的手段，侵犯了齐玉苓依据宪法规定所享有的受教育的基本权利，并造成了具体的损害后果，应承担相应的民事责任。

2001年8月23日，山东省高级人民法院据最高人民法院的批复，援引《宪法》第四十六条判决如下：被告陈晓琪停止对齐玉苓姓名权的侵害；陈晓琪、陈克政、济宁商校、滕州市第八中学、滕州市教委向齐玉苓赔礼道歉；齐玉苓因受教育的权利被侵犯造成的直接经济损失7000元由陈晓琪和陈克政赔偿，济宁商校、滕州市第八中学、滕州市教委承担连带赔偿责任；齐玉苓因受教育的权利被侵犯造成的间接经济损失由陈晓琪、陈克政赔偿，济宁商校、滕州市第八中学、滕州市教委承担连带赔偿责任；陈晓琪、陈克政、济宁商校、滕州市第八中学、滕州市教委赔偿齐玉苓精神损害赔偿费50000元。

（3）后续发展：

本案的判决虽早已经作出并生效，但还存在一些后续发展的情况。2008年12月8日，最高人民法院审判委员会第1457次会议通过了法释〔2008〕15号决定，名为《关于废止2007年年底以前发布的有关司法解释（第七批）的决定》，其中写明为进一步加强民事审判工作，依法保护当事人的合法权益，根据有关法律规定和审判实际需要，决定废止2007年年底以前发布的27件司法解释（第七批）。废止的司法解释从公布之日起不再适用，但过去适用司法解释对有关案件作出的判决、裁定仍然有效。而在被废止的司法解释中，关于齐玉苓案的法释〔2001〕25号批复列明其中。由此，引发了广泛争议。

请回答：

（1）我国《宪法》关于公民受教育权是如何规定的？保障公民受教育权的相关法律有哪些？

（2）试分析本案二审法院裁判结果的法律要点。

3. 结合材料回答问题。

【材料】

热点案件：王鹏举报公务员考试作弊遭刑拘事件。

（1）事件回放：

2010年11月23日，宁夏吴忠市公安局利通区分局民警赴甘肃将在甘肃省图书馆工作的图书馆助理馆员王鹏刑拘。王鹏此前多次发帖举报大学同学马晶晶在公务员招考中作弊。马晶晶父亲时任宁夏回族自治区扶贫办副主任，母亲时任宁夏回族自治区吴忠市市委常委、市政协主席。后吴忠市市委、市政府责成吴忠市有关部门对利通区公安分局刑事拘留王鹏案进行了依法审查。审查结果是，利通区公安分局在办理王鹏案件中存在过错，将本应属于自诉法律程序的案件按照公诉案件办理，属于错案。2010年12月1日，利通区公安分局对王鹏解除刑事拘留。

（2）宪法聚焦：

公民检举权的保护与平等权保护以及公民人身自由的保护。

请回答：

（1）我国《宪法》关于公民检举权的相关规定是怎样的？本案当事人王鹏是否享有检举权？

（2）国家机关限制公民人身自由应当遵循哪些法律规定？本案中的吴忠市公安局利通区分局刑事拘留王鹏的行为是否合法？

参 考 答 案

绪论　珍惜大学生活　开拓新的境界

一、单选题

1. C	2. B	3. A	4. D	5. D
6. A	7. B	8. B	9. D	10. A
11. A	12. D	13. D	14. B	15. B
16. C	17. A	18. A	19. A	20. A
21. D	22. B	23. C	24. D	25. D
26. C	27. B	28. B	29. D	30. C
31. B	32. C	33. B		

二、多选题

1. AD	2. BC	3. ABCD	4. AB	5. ABCD
6. BCD	7. AB	8. ABD	9. AD	10. AC
11. ABC	12. ABCD	13. AB	14. ABCD	15. ABCD
16. ABCD	17. ABCD	18. ABCD	19. ABC	20. AB
21. ABCD	22. ACD	23. ABCD	24. ABD	25. AD
26. ABCD	27. ABCD	28. ABC	29. ABD	30. ABCD
31. ABD	32. ACD	33. ABCD	34. ABC	35. ABCD
36. ABCD	37. AD	38. ABCD	39. ABCD	

三、判断题

1. 错	2. 错	3. 对	4. 对	5. 错
6. 对	7. 对	8. 对	9. 错	10. 对
11. 对	12. 对	13. 对	14. 对	15. 对
16. 错	17. 对	18. 对	19. 对	20. 错
21. 对	22. 对	23. 错	24. 错	25. 错
26. 对	27. 对	28. 对	29. 对	30. 对

31. 对   32. 错   33. 对   34. 对   35. 错

第一章 追求远大理想 坚定崇高信念

一、单选题

1. D	2. A	3. C	4. B	5. B
6. A	7. D	8. A	9. C	10. A
11. C	12. A	13. B	14. C	15. D
16. A	17. B	18. A	19. B	20. D
21. C	22. C	23. C	24. C	25. C
26. B	27. C	28. B	29. C	30. A
31. C	32. D	33. C	34. C	35. C
36. D	37. B	38. B	39. B	40. C
41. B	42. A	43. D	44. D	45. C
46. D	47. D	48. B	49. A	50. C
51. C	52. C	53. A	54. D	55. B
56. C	57. A	58. D	59. D	60. B
61. C	62. B	63. D	64. D	65. B
66. B	67. B	68. B	69. D	70. C
71. D	72. B	73. D	74. A	75. D
76. D	77. D	78. D	79. D	80. C
81. B	82. C	83. D	84. B	85. A
86. C	87. A	88. C		

二、多选题

1. ABC	2. ABC	3. CD	4. ABCD	5. ABC
6. ABCD	7. ABC	8. ABCD	9. ABCD	10. ACD
11. BCD	12. ABCD	13. ABD	14. ACD	15. ABCD
16. AC	17. ABC	18. ABC	19. AD	20. ABC
21. ABCD	22. AC	23. ABD	24. ABCD	25. AD
26. BCD	27. ACD	28. ABC	29. ABD	30. ACD
31. ABC	32. ACD	33. AB	34. BC	35. BC
36. ABCD	37. ACD	38. BCD	39. BC	40. BD
41. BD	42. BC	43. ABC	44. ABD	45. BCD
46. AB	47. AC	48. ABD	49. BD	50. BC
51. ABCD	52. BCD	53. ABCD	54. ABC	55. ABC
56. AB	57. BC	58. ABCD	59. ABCD	60. ACD
61. ABCD	62. BCD	63. BD	64. ABCD	65. AD

| 66. BD | 67. ABD | 68. ABCD | 69. ABD | 70. ABC |

三、判断题

1. 对	2. 错	3. 错	4. 对	5. 对
6. 错	7. 错	8. 对	9. 对	10. 错
11. 对	12. 错	13. 对	14. 对	15. 错
16. 对	17. 错	18. 对	19. 对	20. 对
21. 对	22. 对	23. 对	24. 错	25. 错
26. 错	27. 错	28. 错	29. 错	30. 对
31. 对	32. 对	33. 对	34. 对	35. 对
36. 错	37. 错	38. 错	39. 对	40. 对
41. 对	42. 错	43. 对	44. 对	45. 错
46. 错	47. 对	48. 对	49. 对	50. 对
51. 错	52. 错	53. 错	54. 对	55. 错
56. 错	57. 错	58. 错		

第二章 弘扬中国精神 共筑精神家园

一、单选题

1. B	2. B	3. C	4. A	5. D
6. C	7. B	8. D	9. A	10. A
11. C	12. C	13. A	14. A	15. B
16. C	17. A	18. A	19. A	20. D
21. B	22. D	23. D	24. B	25.
26. A	27. D	28. D	29. B	30. D
31. C	32. D	33. D	34. A	35. C
36. A	37. D	38. B	39. C	40. C
41. C	42. C	43. B	44. B	45. C
46. B	47. D	48. C	49. D	50. B
51. D	52. B	53. A	54. C	55. D
56. C	57. D	58. A	59. A	60. A
61. C	62. A	63. C	64. C	65. B
66. B				

二、多选题

1. ABCD	2. ABC	3. ABC	4. ABCD	5. AB
6. ABC	7. ABC	8. ABCD	9. ABCD	10. AC
11. ABCD	12. ABC	13. ABCD	14. ABCD	15. ABD

16. ABD	17. CD	18. AC	19. ABC	20. ABCD
21. ABCD	22. BCD	23. ABCD	24. AB	25. BCD
26. ABC	27. ACD	28. CD	29. ABC	30. ACD
31. ABCD	32. ABCD	33. ABC	34. ABC	35. ABC
36. ACD	37. ABCD	38. ACD	39. ABCD	40. ABCD
41. BCD	42. ABCD	43. AB	44. ABC	45. ABCD
46. ABD	47. ABCD	48. ABCD	49. ABCD	50. ABCD
51. ACD	52. ABD	53. BCD		

三、判断题

1. 错	2. 错	3. 对	4. 对	5. 错
6. 对	7. 错	8. 对	9. 错	10. 对
11. 对	12. 对	13. 错	14. 错	15. 错
16. 错	17. 对	18. 对	19. 对	20. 对
21. 错	22. 错	23. 对	24. 对	25. 错
26. 错	27. 错	28. 对	29. 错	30. 错
31. 对	32. 对	33. 错	34. 对	35. 错
36. 错	37. 错	38. 错	39. 对	40. 错
41. 对	42. 错	43. 错	44. 对	45. 对
46. 对	47. 对	48. 对		

第三章　领悟人生真谛　创造人生价值

一、单选题

1. B	2. B	3. B	4. B	5. B
6. C	7. B	8. B	9. C	10. A
11. B	12. D	13. D	14. D	15. C
16. A	17. B	18. D	19. C	20. B
21. A	22. A	23. B	24. C	25. A
26. D	27. D	28. D	29. C	30. B
31. C	32. D	33. D	34. B	35. B
36. C	37. D	38. A	39. B	40. C
41. D	42. D	43. D	44. D	45. D
46. C	47. A	48. D	49. C	50. A
51. D	52. B	53. B	54. A	55. A
56. D	57. A	58. B	59. A	60. B
61. D	62. A	63. D	64. D	65. B
66. A	67. D			

二、多选题

1. ABC	2. BCD	3. ABD	4. ABD	5. ABCD
6. ABCD	7. BCD	8. ABC	9. ABCD	10. ACD
11. BCD	12. ABCD	13. ACD	14. BCD	15. ACD
16. ABC	17. ABCD	18. ABCD	19. ABCD	20. ABCD
21. ABCD	22. ABCD	23. ABCD	24. ABC	25. ABD
26. ABC	27. ABCD	28. ABC	29. ABD	30. ABCD
31. ABCD	32. ABCD	33. ABCD	34. ABCD	35. ABCD
36. AB	37. CD	38. ABCD	39. AB	40. ABCD
41. ABD	42. ABCD	43. BCD	44. AC	

三、判断题

1. 错	2. 错	3. 错	4. 错	5. 错
6. 错	7. 对	8. 对	9. 错	10. 错
11. 错	12. 错	13. 错	14. 对	15. 对
16. 对	17. 对	18. 对	19. 错	20. 对
21. 对	22. 错	23. 对	24. 对	25. 对
26. 对	27. 对	28. 对	29. 错	30. 对
31. 对	32. 错	33. 对	34. 错	35. 对

第四章　注重道德传承　加强道德实践

一、单选题

1. B	2. B	3. B	4. B	5. B
6. C	7. C	8. C	9. A	10. C
11. C	12. A	13. B	14. C	15. D
16. A	17. C	18. B	19. C	20. D
21. A	22. A	23. D	24. D	25. A
26. C	27. A	28. C	29. B	30. B
31. B	32. A	33. C	34. C	35. A
36. B	37. A	38. A	39. A	40. B
41. C	42. A	43. C	44. B	45. D
46. D	47. B	48. C	49. A	50. A
51. A	52. D	53. D	54. B	55. A
56. C	57. A	58. D	59. B	60. B
61. D	62. B	63. B	64. C	65. C
66. A	67. A	68. B	69. B	70. B

71. D   72. D

二、多选题

1. ACD	2. ABCD	3. BD	4. ABD	5. ABCD
6. BCD	7. ABCD	8. ACD	9. ABCD	10. ABC
11. ABD	12. ABC	13. ABCD	14. AC	15. ABD
16. AD	17. BC	18. ACD	19. ABC	20. BD
21. ABCD	22. ACD	23. ABCD	24. ABCD	25. ACD
26. AB	27. ACD	28. ABD	29. AC	30. BCD
31. ABD	32. BCD	33. ABC	34. ABCD	35. BCD
36. ABCD	37. ABCD	38. ABD	39. BCD	40. ABCD
41. ABCD	42. ABCD	43. BCD	44. ABCD	45. ABCD
46. ABC	47. AB	48. ABC	49. ABCD	50. ABCD
51. CD	52. BCD	53. ABCD	54. AD	55. ABC
56. ABCD	57. ABCD	58. BCD	59. ABCD	60. ABCD

三、判断题

1. 对	2. 错	3. 错	4. 对	5. 对
6. 对	7. 对	8. 错	9. 对	10. 对
11. 错	12. 错	13. 对	14. 对	15. 错
16. 错	17. 对	18. 对	19. 对	20. 对
21. 对	22. 对	23. 对	24. 对	25. 对
26. 对	27. 错	28. 对	29. 对	30. 对
31. 错	32. 对	33. 对	34. 对	35. 错
36. 对	37. 错	38. 错	39. 对	40. 对
41. 对	42. 对	43. 对	44. 对	

第五章　遵守道德规范　锤炼高尚品格

一、单选题

1. D	2. B	3. D	4. D	5. D
6. D	7. A	8. B	9. B	10. C
11. C	12. A	13. D	14. C	15. D
16. D	17. A	18. C	19. C	20. A
21. D	22. A	23. C	24. B	25. A
26. D	27. B	28. D	29. A	30. A
31. A	32. D	33. D	34. A	35. B
36. B	37. A	38. A	39. C	40. D

41. A	42. B	43. C	44. D	45. C
46. A	47. A	48. A	49. C	50. B
51. C	52. D	53. C	54. A	55. B
56. C	57. A	58. A	59. A	60. B
61. A	62. A	63. B	64. C	65. D

二、多选题

1. ABC	2. ABCD	3. CD	4. ABC	5. BCD
6. BCD	7. ABD	8. ABCD	9. ABCD	10. ABCD
11. ABCD	12. BCD	13. ABCD	14. ABCD	15. BC
16. ABC	17. ACD	18. ABCD	19. ABC	20. BCD
21. ABCD	22. AC	23. AB	24. ABCD	25. BCD
26. ABCD	27. ABD	28. ABCD	29. BCD	30. ABCD
31. ABC	32. BD	33. ABCD	34. AC	35. ABD
36. ABC	37. ABCD	38. ABC	39. ABCD	40. ABC
41. ABD	42. ABC	43. ACD	44. ABCD	45. ABC
46. ABCD	47. ABCD	48. ABCD	49. ABCD	50. ABCD
51. ABCD	52. BCD	53. AB	54. ABC	55. BCD
56. ABC	57. ABCD	58. AD	59. ABCD	60. ABC
61. ABD				

三、判断题

1. 对	2. 错	3. 错	4. 错	5. 错
6. 错	7. 错	8. 错	9. 错	10. 错
11. 对	12. 对	13. 对	14. 错	15. 对
16. 对	17. 对	18. 对	19. 对	20. 对
21. 对	22. 错	23. 对	24. 对	25. 对
26. 对	27. 错	28. 错	29. 错	30. 错
31. 错	32. 错	33. 对	34. 错	35. 错
36. 对	37. 对	38. 错	39. 错	40. 错
41. 错	42. 错	43. 对		

第六章　学习宪法法律　建设法治体系

一、单选题

1. C	2. C	3. A	4. A	5. A
6. B	7. D	8. C	9. D	10. A
11. C	12. A	13. C	14. B	15. A

16. C	17. D	18. D	19. D	20. D
21. A	22. A	23. A	24. C	25. C
26. D	27. B	28. A	29. D	30. B
31. C	32. C	33. D	34. A	35. A
36. A	37. D	38. B	39. A	40. D
41. A	42. C	43. A	44. B	45. D
46. C	47. A	48. A	49. B	50. B
51. A	52. B	53. D	54. B	55. C
56. B	57. B	58. B	59. B	60. D
61. A	62. B	63. A	64. A	65. C
66. C	67. C	68. D	69. D	70. D
71. A	72. B	73. D	74. C	75. D
76. A	77. A	78. B	79. A	80. A
81. A	82. B	83. D	84. C	85. A
86. B	87. A	88. C	89. A	90. A
91. D	92. B	93. A	94. A	95. B
96. C	97. D	98. A	99. B	100. C
101. D	102. C	103. D	104. D	105. A
106. C	107. B	108. A	109. C	110. B
111. D	112. D	113. B	114. D	115. C
116. C	117. A	118. A	119. A	120. B
121. B	122. D	123. B	124. C	125. C
126. D	127. A	128. A	129. C	130. D
131. C	132. B	133. A	134. C	135. B
136. D	137. D			

二、多选题

1. BC	2. ABC	3. ABD	4. AB	5. ABCD
6. BCD	7. BCD	8. CD	9. BD	10. ABCD
11. ABC	12. ABCD	13. AB	14. AB	15. AB
16. ABCD	17. AC	18. BCD	19. AD	20. ABCD
21. BCD	22. AB	23. ABCD	24. ABCD	25. ABCD
26. BCD	27. ABC	28. AB	29. ABC	30. ABC
31. ABCD	32. AB	33. ABCD	34. ACD	35. ABCD
36. BCD	37. AB	38. ABCD	39. ACD	40. ACD
41. ABC	42. ABCD	43. AD	44. CD	45. CD
46. ABCD	47. AB	48. ABCD	49. AB	50. AD
51. ABD	52. AC	53. BC	54. ABC	55. AB

56. AD	57. BD	58. ABC	59. ACD	60. AC
61. CD	62. ABC	63. ABCD		

三、判断题

1. 错	2. 对	3. 错	4. 错	5. 对
6. 对	7. 错	8. 错	9. 对	10. 错
11. 错	12. 错	13. 错	14. 对	15. 错
16. 错	17. 错	18. 对	19. 对	20. 错
21. 对	22. 错	23. 错	24. 错	25. 错
26. 对	27. 对	28. 错	29. 对	30. 对
31. 错	32. 对	33. 对	34. 对	35. 对
36. 错	37. 对	38. 对	39. 错	40. 错
41. 对	42. 错	43. 错	44. 对	45. 对
46. 错	47. 对	48. 错	49. 对	50. 错
51. 对	52. 对	53. 错	54. 错	55. 错

第七章　树立法治观念　尊重法律权威

一、单选题

1. C	2. D	3. B	4. D	5. A
6. C	7. A	8. D	9. D	10. D
11. B	12. B	13. B	14. B	15. A
16. C	17. D	18. D	19. C	20. D
21. B	22. A	23. D	24. C	25. C
26. D	27. C	28. D	29. A	30. A
31. B	32. A	33. C	34. C	35. A
36. D	37. B	38. A	39. C	40. B
41. A	42. B	43. A	44. D	45. D
46. B	47. D	48. C	49. B	50. C
51. A	52. D	53. D	54. C	55. A

二、多选题

1. ABD	2. ABCD	3. BC	4. ABCD	5. BCD
6. BD	7. ACD	8. BC	9. ABCD	10. ABCD
11. ABD	12. ABC	13. ABCD	14. CD	15. BC
16. ABCD	17. AD	18. BCD	19. CD	20. BCD
21. ABC	22. ACD	23. ABCD	24. AB	25. ABCD
26. ABD	27. BD	28. ABC	29. ABD	30. AB

31. ABCD 32. ABCD 33. ABC

三、判断题

1. 对 2. 错 3. 对 4. 对 5. 对
6. 对 7. 对 8. 对 9. 错 10. 对
11. 错 12. 错 13. 错 14. 对 15. 对
16. 错 17. 对 18. 对 19. 错 20. 错
21. 错 22. 对 23. 对 24. 错 25. 对
26. 错 27. 错 28. 错 29. 对 30. 对
31. 对 32. 对

第八章 行使法律权利 履行法律义务

一、单选题

1. C   2. A   3. B   4. D   5. B
6. A   7. C   8. C   9. D   10. B
11. B 12. A 13. C 14. C 15. A
16. D 17. B 18. C 19. C 20. C
21. B 22. B 23. B 24. A 25. A
26. B 27. A 28. C 29. D 30. B
31. A 32. C 33. D 34. A 35. D
36. A 37. B 38. A 39. B 40. A
41. C 42. A 43. B 44. B 45. A
46. A 47. C 48. B 49. C 50. C
51. D 52. A 53. C 54. C 55. A
56. C 57. A 58. C 59. A 60. B
61. A 62. D 63. D 64. D 65. A
66. B 67. C 68. A 69. C 70. D
71. C 72. D 73. C 74. D 75. A
76. D 77. B 78. D 79. C 80. D
81. C 82. D 83. C 84. A 85. B
86. C 87. C 88. A 89. D 90. C
91. B 92. A 93. D 94. A 95. B
96. D 97. A 98. A 99. D 100. A
101. B 102. D 103. B 104. A 105. A
106. C 107. D 108. D 109. B 110. D
111. B 112. A 113. C 114. A 115. C
116. C 117. D 118. D 119. A 120. C

二、多选题

1. ABCD
2. ABCD
3. ABD
4. ABD
5. ABC
6. ABCD
7. ABCD
8. ABCD
9. ABC
10. ABCD
11. ABD
12. AB
13. BD
14. ABCD
15. AB
16. CD
17. AB
18. AB
19. ABD
20. BCD
21. ABCD
22. ABCD
23. BCD
24. ABC
25. BC
26. BCD
27. ABC
28. AD
29. AD
30. ABC
31. ABC
32. ABCD
33. ABC
34. ABCD
35. ABCD
36. BCD
37. BC
38. AB
39. ABCD
40. ABD
41. ABD
42. ABCD
43. BD
44. ABCD
45. ABC
46. ABCD
47. BC
48. ABC
49. ABCD
50. ABD
51. BD
52. AC
53. ABC
54. BC
55. ABCD
56. ABCD
57. ABC
58. ABCD
59. ABCD
60. ABD

三、判断题

1. 错
2. 对
3. 错
4. 对
5. 对
6. 错
7. 错
8. 错
9. 错
10. 错
11. 错
12. 对
13. 对
14. 对
15. 对
16. 对
17. 对
18. 对
19. 错
20. 错
21. 错
22. 对
23. 错
24. 对
25. 错
26. 对
27. 对
28. 错
29. 对
30. 对
31. 对
32. 对
33. 错
34. 错
35. 错
36. 错
37. 错
38. 对
39. 对
40. 对
41. 错
42. 对
43. 错
44. 对
45. 对
46. 错
47. 对
48. 错
49. 对
50. 错
51. 对
52. 错
53. 错
54. 错
55. 错
56. 错
57. 对
58. 错
59. 对
60. 对